세속화의 폭풍우가 몰려온다

© 2020 by Fidelitas Corporation, R. Albert Mohler Jr., LLC

Originally published in English under the title *The Gathering Storm*
by Nelson Books, an imprint of Thomas Nelson.
Nelson Books and Thomas Nelson are registered trademarks of HarperCollins Christian Publishing, Inc.

Published in association with the literary agency of Wolgemuth & Associates, Inc.

Published by arrangement with Thomas Nelson, a division of HarperCollins Christian Publishing, Inc. through rMaeng2, Seoul, Republic of Korea

This Korean Edition ⓒ 2023 by Reformed Practice Books, Seoul, Republic of Korea.

이 한국어판의 저작권은 알맹2를 통하여 Thomas Nelson와 독점 계약한 개혁된실천사에 있습니다.
신 저작권법에 의해 한국 내에서 보호받는 저작물이므로 무단 전재와 무단 복제를 금합니다.

세속화의 폭풍우가 몰려온다

지은이	R. 앨버트 몰러 Jr.
옮긴이	오현미
펴낸이	김종진
초판 발행	2023년 4월 14일
등록번호	제2018-000357호
등록된 곳	서울특별시 강남구 선릉로107길 15, 202호
발행처	개혁된실천사
전화번호	02)6052-9696
이메일	mail@dailylearning.co.kr
웹사이트	www.dailylearning.co.kr

책값은 뒤표지에 있습니다.
ISBN : 979-11-89697-33-4 (03230)

문화 전쟁과 교회 위기

세속화의 폭풍우가 몰려온다

THE GATHERING STORM

R. 앨버트 몰러 Jr. 지음
오현미 옮김

개혁된실천사

목차

추천의 글들 • 7
머리말 • 11

1장　서양 문명 위로 몰려오는 폭풍우 • 19
2장　교회에 몰려오는 폭풍우 • 41
3장　인간의 생명 위로 몰려오는 폭풍우 • 66
4장　결혼 제도 위로 몰려오는 폭풍우 • 90
5장　가정 위로 몰려오는 폭풍우 • 111
6장　젠더와 성 문제 위로 몰려오는 폭풍우 • 129
7장　미래 세대 위로 몰려오는 폭풍우 • 175
8장　몰려오는 폭풍우와 문화의 엔진 • 201
9장　종교의 자유 위로 몰려오는 폭풍우 • 225

결론 • 260
부록 • 277
감사의 말 • 293
미주 • 296

추천의 글들

"앨 몰러가 펴낸 이 설득력 있는 신간의 핵심에는 '우리가 무엇을 믿느냐'는 우리가 살아가는 방식에 깊은 영향을 끼친다는 근본 진리가 자리 잡고 있다. 우리 문화 구석구석에서 호전적이고 강경한 세속주의가 발흥하고 있다는 것을 무시하거나 일축해 버리려 한다 해도, 대다수 신앙인들은 그 사실을 잘 알고 있다. 몰러 박사는 신앙적 가치의 훼손이 어떤 식으로 생명의 시작 단계에서부터 마지막 단계에 이르기까지 여러 가지 첨예한 국가적 문제의 원인이 되는지를 보여 준다. 이 책은 그리스도인들과 그 동지들이 우리를 점점 에워싸는 위협적 세력에 대해 알고 이를 극복할 수 있도록 시기적절한 경고를 준다."

▎ **마이클 메드베드**, 라디오 토크쇼 진행자, 《*God's Hand on America*》 저자.

"문화와 도덕이 부패하는 현실 한가운데서 앨버트 몰러는 이 세대의 가장 예리한 사상가이자 자기 생각을 단호히 전달하는 사람 중 하나로 우뚝 서 있다. 이런 은사를 비롯해 다른 여러 은사들이 이 책에 풍성하게 드러난다. 이 책에서 몰러는 이 시대 그리스도인들 앞에 주어지는 가지각색의 과제들을 분류하여, 성경에 가장 충실한 방식으로 이를 헤쳐 나갈 길을 능숙하게 처방한다. 몰러의 말에 따르면, 이 시대는 절망할 때가 아니라 정신을 똑바로 차리고 확신과 담대함을 지녀야 할 때다. 이 책이 널리 읽히고, 사람들이 이 책의 메시지에 귀 기울이기를 기도한다."

Ⅰ 제이슨 K. 앨런, 미드웨스턴 침례신학교와 스펄전 칼리지 총장

"앨버트 몰러 박사는 이 새 저서에서 '말기 모던 시대를 살고 있는 우리는 중심이 지탱될 수 없을지도 모르는 거대한 붕괴의 현실을 목도하고 있다'고 경고한다. 몰러 박사는 쓸데없는 걱정으로 사람들의 마음에 소요를 일으키는 사람이 아니다. 그래서 나는 앨 몰러가 걱정한다면 여러분도 걱정해야 한다고 말하고 싶다. 여러분은 심히 걱정해야 한다. 이 책은 동원령이라기보다, 어떤 일에 관해서든 다른 편의 주장에 여전히 귀를 열어 놓고 있는 모든 사람들을 겨냥한 진심 어린 호소다. 몰러는 좀처럼 희망의 징후를 찾을 수 없는 난제들의 영역을 관측한다. 다시 말하거니와 걱정하라. 심히 걱정하라. 하지만 무력해지지는 말라. 읽으라. 생각하라. 기도하라. 이 책을, 그리고 앨 몰러가 하는 모든 말을 출발점으로 삼으라."

Ⅰ 휴 휴위트

"정치, 경제, 문화 권력을 향해 도덕적이고 영적인 진리를 말하기는

결코 쉽지 않다. 하지만 때와 장소에 따라 이 일은 더 어렵기도, 덜 어렵기도 하다. 오늘날에는 그 일을 행하기가 실로 매우 어렵다. 그 때문에 그리스도인 중에도, 그리스도인이 아닌 사람 중에도 이런 일을 하려는 사람이 별로 없다. 설교자, 교사, 일반인들이 침묵을 지킨다. 어떤 이들은 기독교를 비롯해 세상의 다른 주요 종교의 도덕적 가르침에 상반될 뿐만 아니라 '자유 가운데 배태되어, 사람은 모두 평등하게 창조되었다는 명제에 헌신한' 국가로서의 미국 건국을 포함해 우리 자신의 문화 역사에서 최선의 것을 형성해 온 자연법과 자연권의 원리에 상반되는 이념들에 굴복하기까지 한다. 하지만 앨버트 몰러는 묵인하거나 침묵하라는 협박을 거부한다. 몰러의 목소리는 권력을 향해 진리를 말하는 굽힘 없는 예언적 목소리다. 몰러의 음성이 기독교 공동체 구석구석에 들리고 유념되어야 한다."

❙ **로버트 P. 조지**, 프린스턴 대학교 법학과 교수

"이 책에서 앨버트 몰러는 우리 시대의 주요 세계관과 문화적, 도덕적 도전을 다루면서 왜 이런 것들이 우리가 이해해야 할 중요한 사안인지 그 이유를 알려 준다. 그는 그리스도인들이 이런 문제들의 광범위한 의미를 파악하려고 고심한 예가 너무나 많다는 것을 인식하고서, 신학적 지식을 기반으로 한 시기적절한 책을 통해 우리 삶의 모든 영역에서 진행되고 있는 세속화를 훨씬 더 명확히 볼 수 있게 해준다. 더 나아가, 21세기의 가장 예리한 기독교 사상가로 손꼽히는 몰러는 개인과 가정과 교회, 그리고 문화 전반에서 실제로 위기에 처한 부분

에 관한 긴박한 경고를 지혜롭고 통찰력 있게 제공한다. 이 탁월한 책은 전국의 목회자, 기독교 교육자, 성도들이 반드시 읽어야 할 필독서다. 강력히 추천한다!"

❙ 데이비드 S. 다커리, 국제 기독교교육연맹 총재, 사우스웨스턴 침례신학교 신학교수

"앨버트 몰러의 이 새 저서는 서양 세속주의의 물결이 넘실거리며 교회에 영향을 끼치는 현실에 대해 염려하는 모든 사람을 위한 책이다. 이 책에서 교회를 다루는 장은 내가 속한 연합 감리교단이 결혼과 성 문제를 두고 벌인 분쟁을 인용하는데, 그 분쟁은 역사적 의미가 있는 기독교의 윤리적 가르침을 양보하는 행태에 관해 모든 그리스도인을 경계시켜야 한다. 이단적 신학과 윤리는 이제 자유주의 주류 교파 안에만 존재하는 위협이 아니다. 이단적 신학과 윤리는 이제 복음주의 교회들 안에서도 소용돌이친다. 몰러는 이 물결이 소용돌이칠지라도 반석이신 분을 덮치지는 못할 것임을 우리에게 일깨워 준다."

❙ 마크 툴리, 종교와 민주주의 연구소 소장

머리말

윈스턴 처칠은 내가 중학교 2학년이었을 때부터 나를 매료시키고 영감을 준 인물이다. 인류 역사상 가장 위대한 지도자 중 하나인 처칠은 어느 시대에서든 가장 흥미로운 인물로 손꼽혔다. 처칠은 역사라는 무대 위에서 인생을 살았고, 자신이 그 무대에서 중요한 역할을 하고 있다고 믿었다. 실제로 모던 시대에 자유가 존속하는 것은 처칠을 빼놓고는 이야기할 수 없다.

그런데 한 가지 중요한 의문이 늘 나를 괴롭혔다. 윈스턴 처칠은 나치의 위협의 발흥에 대해 어떻게 그렇게 정확한 예언적 경고를 할 수 있었으며, 그럼에도 그 경고가 어떻게 그렇게 오랫동안 무시될 수 있었을까 하는 의문이다. 이는 20세기의 심히 당혹스러운 일 중 하나다.

1930년대의 상당 기간 동안 처칠은 영국에서 정치적으로 소외되어 있었다. 그 시기는 처칠의 '광야 시절'이었으며, 이때 처칠은 나치 독일의 발흥을 경고하였으나 영국(그리고 유럽 대부분)의 정치 계층은 처칠의 눈에 보이는 것을 보지 않으려 애썼다. 제1차 세계대전의 공포가 아직도 어제 일만 같았고 너무도 압도적이었기 때문이다.

하지만 처칠의 경고는 옳았고, 영국이 독일을 상대로 전쟁을 선포하고 마침내 나치의 침략 행진을 중단시키려는 조치에 나선 바로 그

날 처칠은 영국 정부로 복귀하게 되었다. 그것이 바로 1940년 국왕 조지 6세가 처칠을 버킹엄 궁으로 불러 수상 직을 맡아 주기를 청한 이유다. 그 이후 일은 역사 그 자체다. 전쟁이 끝난 후 처칠은 여섯 권에 이르는 방대한 전쟁사를 썼는데, 그 중 유럽이 긴 세월 동안 나치의 위협을 부인한 것을 다룬 제 1권에 "몰려오는 폭풍우"라는 제목을 붙였다. 몇 년 전 이 제목이 내 관심을 끌었다. 처칠의 단어 선택은 완벽했다. 처칠은 공공연히 몰려들고 있던 폭풍우를 상세히 기록했다. 그것은 보려고만 했다면 모두가 볼 수 있었을 폭풍우였다. 처칠은 당시 자신의 주장을 요약하면서 이 1권을 "영어권 사람들이 우둔하고 경솔하고 선량해서 악한(惡漢)의 귀환을 허용한" 사연이라고 설명했다.[1] 물론, 이들은 악한의 귀환뿐만 아니라 재무장까지 허용했다.

나는 윈스턴 처칠이 자신의 책에 사용한 제목을 이 책에 차용했다. 이미 몰려들어 모습을 드러내고 있는 폭풍우를 기독교 교회의 신실함에 대한 엄청난 도전으로 보기 때문이다. 실제로 이 폭풍우는 이미 한 세기가 넘도록 지평선상에 존재하면서 역사를 통해 진전해 왔지만, 우리 시대에 들어 극적으로 세력이 강화되고 속도도 빨라졌다. 몰려오는 이 폭풍우는 세속 시대라는 폭풍우다.

역사에서 유사한 예를 찾는 것은 언제나 불충분하다. 세속 시대라는 폭풍우는 나치 위협의 발흥처럼 그렇게 쉽게 정체가 규명되지도 않고, 한 가지 운동이나 한 지도자 혹은 쉽게 요약되는 일련의 개념에 초점을 맞추지도 않는다. 그러나 착각하지 말라. 그것은 폭풍우이다.

내가 처칠의 제목을 빌려온 주목적은 처칠의 주요 논점 또한 차용하기 위해서다. 즉, 신실함을 유지하기 위한 첫 번째 과제는 현실 이해에 달려 있다는 것이다. 폭풍우에 대해서 알고 그것을 있는 그대로 파악하는 것이 필수적인 첫 단계다.

점점 더 세속화되어 가는 우리 시대의 특성은 그리스도인들에게 새롭고도 힘겨운 일련의 도전을 제시한다. 우리는 서유럽 국가들과 캐나다의 문화에서 기독교가 물러나는 것을 목도했는데, 이제는 미국에서도 마찬가지다. 미국에서는 몇몇 지역의 교회 출석률이 건실하다는 것과 대다수 미국인들이 어떤 의미에서 여전히 그리스도인으로서의 정체성을 주장한다는 일반적 사실을 어렵지 않게 주장할 수 있지만, 이 수치도 빠른 속도로 낮아지고 있다.

2019년 10월, 퓨 리서치 센터(Pew Research Center)에서는 "미국에서 기독교의 퇴조가 빠른 속도로 계속되고 있다"는 중요한 새 보고서를 발표했다. 이 연구는 미국인들에게 종교에 관해 물었을 때 65퍼센트가 그리스도인이라고 밝히긴 했지만 사실상 이는 단 십여 년 만에 12퍼센트가 줄어든 수치였다고 지적한다.[2] 이 계산은 쉬이 미래에 투사해 볼 수 있다. 보고서는 그리스도인으로서의 정체성이 퇴조하는 현상이 비교적 젊은 미국인들 사이에서 특히 두드러졌고, 35세 이하 연령의 1/3은 그 어떤 종교에도 소속되지 않았다고 한다. 우리 미국인들은 우리가 예외적인 나라라고, 세속화는 유럽의 현실이지 우리의 현실이 아니라고 오랫동안 믿어 왔다. 그러나 이제 더는 그런 환상을 품을 여유가 없다. 다소 지체된 시간표에 따르고 있을 뿐 미국도 유럽과 똑같은 궤적을 밟고 있다.

우리가 목격하는 이 과정에서 가장 친숙한 단어는 세속화이다. 학자들은 공격적으로 이 표현을 논의하지만, 이는 모던 시대가 밝아온 이후 현대 사회에 뿌리를 내려 오고 있는 하나의 과정을 가리킨다. 이는 현대 사회를 사는 사람은 모두 정말 세속적이거나 불경한 사람이 된다는 뜻이 아니라, 서양 문명의 도덕적/영적 세계관을 구축한 기독교가 이제 쫓겨나고 있다는 뜻이다. 사회 자체가 점진적으로 세속화된다는 것이다.

세속 시대를 사는 사람들이라고 해서 반드시 자기 자신을 세속적이라고 밝히는 것은 아니다. 그들은 스스로를 "영적인" 사람으로 생각할 수도 있으며 자기 집안이 어떤 종교에 소속되었다고 말하면서 그것을 집안의 정체성으로 내세울 수도 있다. 핵심 쟁점은 사회가 세상에 대한 근본적 설명이자 인간 사회의 도덕 구조로서의 기독교 유신론을 멀리한다는 것이다. 기독교 진리의 주장은 사회 문화 속에서 구속력 있는 권위를 상실했다. 이것은 가장 중요한 현실이다. 대다수의 세속적인 사람들은 세속적 정체성을 공격적으로 주장하지는 않지만, 성경적 기독교는 이제 더는 사람들의 양심에 구속력을 갖지 못하거나 그들의 근본 가치관의 근거가 되지 못한다.

유럽을 배경으로 세속화를 탁월하게 관측한 학자 올리비에 루와(Olivier Roy)는 세속화 이론에 관한 논의가 핵심 포인트를 놓치고 있다고 올바로 주장한다. 즉, 서양 사회는 점차적으로 "탈기독교화"(dechristianization) 되어가고 있다는 것이다. 서글프게도 루와의 지적처럼 "탈기독교화는 절대 뒷걸음질하지 않는다."[3]

때로는 세속주의자들이 그러한 과정을 요구하기도 하는데, 이들은 하나님을 믿는 믿음을 인간 진보의 큰 장애물로 본다. 대개의 경우 진짜 난제는 세속주의가 아니라 세속화로서, 세속화의 과정은 어떤 사회에서 아무 논의 없이, 혹은 알아차리지 못하는 사이에 일어난다. 기독교 유신론, 즉 성경을 바탕으로 하나님과 세상을 이해하는 관점이 지녔던 구속력 있는 권위는 사라져 가고, 새로운 세계관이 이를 대체했다.

역사가 톰 홀랜드는 최근의 저서 《도미니언 : 기독교는 어떻게 서양의 세계관을 지배하게 되었는가》(Dominion : The Making of the Western Mind, 책과함께 역간)에서 우리 문명은 기독교가 맡은 중심 역할 없이는 이해할 수 없다고 주장했다. 홀랜드는 우리의 세속 시대도 기독교라는 역사적 틀과 별개로는 이해할 수 없다고 말했다. 그는 모던 시대의 주요 도덕적/정치적 운동의 발흥을 상세히 기록한 후에, 그 운동들이 비록 세속적 이념을 따를지라도 결국은 기독교가 지니는 도덕적 힘의 확장에 해당한다는 주장을 펼쳤다. 한 놀라운 문장에서 그는 이렇게 말했다. "기독교의 전제들이 여전히 융성하기 위해 실제 그리스도인들이 필요하지는 않았던 것 같다"[4]

이 문장은 믿는 그리스도인들에게는 말이 안 된다. 기독교 신앙 없이 기독교의 도덕이 오래 존속할 수 있다는 것은 한 마디로 사실이 아니다. 비교적 광범위한 문화 안에서 성경적 기독교의 잔존하는 영향이 한동안 존재했지만, 모던 시대 말기의 압박과 특히 성 혁명의 위세는 그 잔존하는 영향력마저 잠식해 들어가며 공공연히 기독교를 대적하고 있다.

우리 시대의 문화가 현재 세속화되어 가는 상태지만 그럼에도 기독교 없이는 설명 불가능하다는 홀랜드의 말은 옳다. 그러나 이제 우리 시대 문화의 운전석에 앉은 이들은 그 역사를 부인하고 기독교 세계관을 사회의 주변부로 밀어내려고 전력을 다하고 있는 게 분명하다.

세속 시대는 부도 수표를 남발한다. 인권을 옹호한다면서 인간의 존엄성과 자연권에 대한 주장은 약화시킨다. 종교의 자유 같은 기본적 권리를 희생시키면서 동성 결혼 같은 새로운 권리를 창안해 낸다. 인간의 존엄성을 가치있게 여긴다고 하면서 수많은 태아를 낙태시킨다. 이런 양태는 이외에도 수없이 많다.

반세기 전, 독일의 지식인 에른스트 볼프강 뵈켄푀르데(Ernst-Wolfgang Böckenförde)는 "자유롭고 세속화된 상태는 그 상태 자체가 보장하지 못하는 규범적 전제 위에 존재하는가?"[5]라는 한 가지 질문을 제시했는데, 이는 오늘날 '뵈켄푀르데 딜레마'(Böckenförde Dilemma)로 알려져 있다. 이는 우리 시대의 핵심 딜레마다. 현대 서양의 세계관은 그 세계관을 탄생시킨 기독교 세계관과 단절된 채로는 인간의 존엄성이나 인권, 혹은 옳고 그름에 관한 그 어떤 객관적 체계도 설명하지 못한다. 퀘이커교 신학자 D. 엘튼 트루블러드가 여러 해 전 경고했다시피, 미국과 그 동맹국들은 빠른 속도로 '절화 문명'(cut-flower civilizations)이 되어갔으며, 기독교라는 뿌리에서 잘려나간 이 문명은 시들어 죽을 운명이었다.[6]

지금 보수 신학자들과 정치 이론가들 사이에서는 처칠이 말하는 "영어권 세상"에서 소중히 여겨져 온 자유 개념의 틀이 된 고전적 자유주의(classical liberalism) 전통에 관한 문제를 두고 떠들썩한 논쟁이 있다. 고전적 자유주의는 영국과 미국의 정치 전통의 질서정연한 자유와 입헌적 자치(自治)의 중심 논거를 제공하였다. 하지만 고전적 자유주의(미국에서 보수주의 정치 주장과 진보주의 정치 주장 두 가지 모두를 낳은)는 이제 무너지는 중이다.

현재 힘을 규합하고 있는 폭풍우의 핵심 실체는 도덕적 자유주의(moral liberalism)이며, 이는 사회의 탈기독교화 없이는 설명될 수 없다. 도덕적 자유주의는 기본적으로 대학교에서부터 엔터테인먼트 산업, 예술 분야, 대중 매체, 실리콘밸리의 유명인사들에 이르기까지 미국 사회에서 영향력 있는 대다수 분야를 지배하는 도덕적 방침이 되어 왔다. 도덕적 세계관에서 초현대적(hyper-modern)이라는 것은 초자유주의적(hyper-liberal)이기도 한 것 같다(이 책에서 저자는 앞으로 자유주의에 대해 거듭 언급하는데, 저자가 말하는 자유주의는 고전적 자유주의를 가리키는 것이 아니고, 도덕적 자유주의를 가리키는 용어이다. 도덕적 자유주의는 진보주의와 일맥상통하며 보수주의의 대척점에 서 있는 이념이다. —편집주).

그리스도인은 이 시대의 도덕적 자유주의를 넉넉히 버텨낼 수 있을 만큼 성경의 진리를 믿는 믿음이 확고한가? 기독교의 문화 형식은 많은 부분 탈기독교화되어 길들여져 오고 있고, 이름뿐인 기독교는 빠른 속도로 사라지고 있다. 성경의 진리를 따르는 어떤 교회에 소속됨으로써 얻을 수 있는 사회적 자본은 전혀 없다. 그런 신분을 가지면 이제 오히려 사회적 자본이 소실될 것이다. 자유주의 개신교가 문화적 기독교의 정수(精髓)가 되었고, 문화는 기독교보다 우세한 지 오래다. 미국의 복음주의자들과 그 외 보수적 그리스도인들은 이런 체제의 적(敵)으로 간주될 각오가 되어 있는가?

정치학자 패트릭 J. 드닌은 정치적/도덕적 자유주의에는 이런 혼돈을 인식하는 의식조차 결여되어 있다고 본다. 드닌의 말을 빌리자면, "가족·공동체·종교적 규범과 제도의 붕괴는, 특히 자유주의(liberalism)가 진전해도 별 혜택을 받지 못하는 사람들 사이에서, 자유주의에 불만을 품고 종교적 규범을 회복하고자 하는 결과를 낳지 못했다. 이제 종교적 규범의 가치를 깎아내리는 문화에서, 그런 행동은 노력과 희생을 요구하는 일일 것이다."[7]

윈스턴 처칠의 큰 덕목 한 가지는, 폭풍우가 올려오는 것을 알아차리고 용기와 확신을 가지고 그 폭풍우 속으로 들어가는 능력이 있었다는 것이다. 오늘날 미국의 그리스도인들은 바로 그러한 과제에 직면하고 있다. 우리는 폭풍우를 보고 알며, 그 폭풍우에 맞서는 용기를 보여 주어야 한다. 이 세속 시대에 그리스도께 신실하려면 우리는 폭풍우를 보아야 하고 알아야 한다.

처칠이 제2차 세계대전을 다룬 그의 훌륭한 역사서 1권을 끝맺으면서 말했듯이 "진실이 몽상보다 낫다."[8]

1

서양 문명 위로 몰려오는 폭풍우

　서양 문명은 마치 우리 눈앞에서 불타고 있는 듯하다. 수 세기에 걸쳐 노트르담 드 파리(Notre Dame de Paris)로 알려져 온 대성당이 4월 어느 날 하룻밤 사이에 불타버렸고, 그 피해는 재앙에 가까웠다. 구백 년이 넘도록 파리를 상징하던 위풍당당한 성당은 연기 피어오르는 잿더미가 되어 버렸다.

　노트르담의 상징적 이미지는 인간의 건축 기술을 보여 주는 위업 그 이상이다. 성당은 서양 문명의 정수를 보여 주는 기념비로 우뚝 서서, 유럽인들의 정체성 발전에서 기독교가 담당한 중심 역할을 상징했다. 실제로 성당 구조물의 설계 자체가 고딕 건축의 등장을 나타냈는데, 고딕 양식은 다른 무엇보다도 하나님의 초월성과 영광을 보여 주고자 하는 건축 양식이다. 건물 공간 안으로 들어오는 사람이 그 속에서 스스로를 왜소하게 느끼도록 하려는 것, 거의 티끌처럼 느끼게 하려는 것이 고딕 건축의 의도다. 끝이 없어 보이는 수직의 선(線)들은 시선을 위로 끌어올리고, 그 순간 공간의 장대함에 보는 이는 숨이 멎을 듯하다. 성당 건축 양식이 보내는 메시지는 명쾌하다. 우주는 온통 하나님의 영광에 관해 말한다는 것이다.

유럽의 대성당들, 그리고 그 밖의 지역에 대성당을 뒤이어 생겨난 건물들의 의도는 전체 사회를 향해 기독교의 정체성을 압도적으로 진술하려는 것이었다. 수 세기 동안 유럽의 풍경은 성당이, 그리고 하늘을 향해 치솟은 성당 망루와 첨탑이 지배할 터였다. 그리고 이런 풍경이 전하는 메시지는 분명했다.

노트르담 성당 화재 사건과 서양 문명의 위기 간의 연관성은 누구에게나 확연했지만, 이런 연관성을 깨달은 사람은 거의 없었던 것 같다. 서양 문명에 얽힌 사연은 유럽의 성당들 없이는 이야기할 수 없다. 노트르담 같은 성당이 수 세기 동안 유럽 도시들의 스카이라인을 지배한 사실은 서양 문명을 가능하게 한 세계관이 마련되는 데 기독교가 중심 역할을 했음을 가리킨다. 기독교 신학과 윤리의 기본 교의가 유럽 문화의 상부구조를 이루어, 그 문화의 도덕성, 기본 진리, 우주에 대한 이해, 의미 있는 언어를 제공했다.

그런데 그 모든 것이 불타고 있었다. 하지만 서양 문화의 가치에 대한 위협은 진작부터 불타오르고 있었다. 노트르담의 역사는 서양 문명에 대한 기독교의 지배가 근본부터 점차 허물어진 과정을 기록한다. 세속주의의 폭풍우가 밀려오는 현상은 아마도 세상에 가장 잘 알려졌을 성당 이야기를 통해 설명될 수 있다. 노트르담 대성당의 화재 이야기는 단순히 벽돌과 회반죽 이야기가 아니라, 기독교 세계관의 토대를 허물어 그 영향력을 말살시키려는 세속주의의 결의와 그로 인한 슬픔을 포착한다.

시대 이야기

프랑스 혁명이 파리 시가지를 휩쓸었을 때, 급진적 혁명주의자들은 프랑스에서 기독교의 유산을 뿌리 뽑으려 했다. 1793년 10월 10일, 혁명주의자들은 노트르담으로 행진해 들어가, 동정녀 마리아 상을 치우고 그 자리에 이성의 여신 상을 세웠다.

전적으로 기독교 세계관 위에 틀이 마련되고, 세워지고, 터가 닦인 한 사회는 그렇게 스스로에게서 기독교의 흔적을 일소하려고 했다. 프랑스 혁명은 종교적 믿음이 아니라 이성 숭배교가 지배하는 세속적 세계관의 급진적 이상을 추구했다. 그러나 예상되었던 대로 이성 숭배교는 실패했다. 이성 숭배교는 혁명 운동을 지탱할 수 없었다. 프랑스 혁명은 하나님을 보좌에서 몰아냄으로써 프랑스 사회를 "공포"(The Terror) 속으로, 광기와 살인의 대혼란 속으로 던져 넣었다. 세속주의는 문명을 수립하고 사회의 질서를 잡을 역량이 없다는 것을 혁명은 폭로했다.

그래서 1794년, 이른바 최고 존재 숭배교(Cult of the Supreme Being)가 이성 숭배교를 대체했다. 어떤 면에서도 이는 프랑스인들이 아브라함과 이삭과 야곱의 하나님에게로 돌아간다는 표가 아니었다. 이들은 성경이 말하는 삼위일체 하나님에게로 돌아가지 않았다. 대신 프랑스인들은 자신들의 형상으로 새로운 신을 창조했다. 이들은 혁명의 열정을 견제할 힘이 필요하다 생각하고 이런 역할을 해주기를 바라는 마음으로 새로운 우주적 신을 창조했다.

이어서 1801년, 나폴레옹이 로마 가톨릭교회를 다시 프랑스의 국교로 제정했지만 이는 명백한 계략이었다. 교회는 황제 나폴레옹 보나파르트의 독재적이고 전체주의적인 체제에 굴종하는 지위로 남았다. 나폴레옹은 자신의 제국 안에 있는 교회에 자율권을 허용하지 않았다. 하지만 나폴레옹은 도덕적 제도로서의 교회의 가치를 알고 있었고, 질서정연한 사회를 위해서는 이런 제도가 꼭 필요하다고 보았다. 나폴레옹은 기독교 전통을 실용적인 관점에서 보았다. 기독교를 한 사회의 세계관의 기초라기보다 질서 유지를 위한 도구로 본 것이다. 실제로 20세기 초 프랑스 정부는 노트르담 대성당을 포함해 프랑스에 있는 주요 교회 건물에 대해 소유권을 주장하기까지 했다.

그러므로 노트르담 대성당을 다시 지어야 하는 이는 프랑스 정부이지 로마 가톨릭교회가 아니다. 가톨릭교회는 그 성당을 활용하기는 해도 성당을 소유하지는 않는다. 더 나아가, 프랑스인들은 이제 노트르담 대성당의 미래를 두고 큰 논쟁을 벌이고 있다. 노트르담은 일정한 건축 양식을 갖추고 과거의 위용을 되찾을 것인가, 아니면 이제 포스트모던 시대의 혼돈을 나타내는 기념물이 될 것인가? 후자가 될 가능성이 더 높다.

세속주의의 폭풍우가 지평선 부근에서 천둥을 치며 우르릉거릴 때는 대개 위압적이거나 주눅 들게 하지 않는, 단순한 날씨 변화 정도로 보인다. 하지만 세속주의는 한 문명을 유혹해, 그것을 수 세기 동안 떠받쳐온 토대에서 멀어지게 만든다. 노트르담 이야기는 세속주의의 최종 단계를 가리킨다. 한때 기독교가 문화의 중심임을 입증하는 증거였던 건물이 이제는 그저 한 도시의 기념물이자 프랑스 국민 의식의 상징이다. 실제로 프랑스 대통령 에마뉘엘 마크롱은 성명을 발표하여 그저 국가의 보물을 잃은 것을 애도했는데, 그 안에는 신학적 성찰이나 프랑스라는 나라의 기독교적 유산에서 이 성당이 지니는 의미에 대한 인식이 결여되어 있었다.

이런 태도는 이제 더는 놀랍지도 않다. 이런 반응 패턴은 프랑스에 국한되지 않는다. 무언가 근본적인 것이 우리 문화 전체의 모양을 재형성해 왔다. 유럽에서는 이 과정이 현재 크게 진전된 상태이며, 이제 캐나다에서도 유럽과 같은 탈기독교화가 광범위한 현실이 되고 있다. 이런 면에서 캐나다 사회는 국경을 마주하고 있는 미국보다는 유럽을 더 많이 닮았다. 미국에서도 우리는 동일한 과정이 진행 중이고 게다가 속도도 빨라지고 있는 것을 볼 수 있다. 결국 이 과정은 전체 문화의 모양을 바꿀 것이다. 이 일은 바로 지금, 바로 우리 눈앞에서 일어나고 있다.

세속화의 진전

서양의 새로운 문화/도덕 환경은 진공 상태에서 생겨나지 않았다. 계몽주의 시대가 밝아온 이래 거대한 지적 변화가 서양 문화의 모양을 형성하고 재형성해 왔다. 이러한 엄청난 지적 변천의 핵심에는 현실이 세속적으로 재구성되는 현상이 자리 잡고 있다.

'세속적'(secular)이란 용어는, 이 시대의 사회학적/지적 대화의 관점에서 볼 때, 어떤 구속력 있는 유신론적 권위나 믿음이 부재하는 것을 가리킨다. 이는 '세속주의'(secularism)로 알려진 하나의 이념(ideology)이기도 하고, '세속화'(secularization)로 알려진 하나의 결과이기도 하다.

세속화는 이념이 아니다. 세속화는 하나의 개념이자 사회학적 과정으로, 이 과정에 의해 사회는 덜 유신론적 사회가 된다. 이는 우리 사회가 전반적으로 덜 기독교적이 된다는 의미다. 어떤 사회가 점점 더 현대성을 띠게 됨에 따라 그 사회는 종교적 믿음에서 벗어나게 된다. 즉, 성경이 말하는 하나님을 믿는 믿음이 사회를 결속시키는 구속력 있는 권위를 제공하고 공통의 도덕과 세상에 대한 공통의 이해, 그리고 인간으로 산다는 의미에 대한 공통의 개념을 제공해 주던 상황에서 벗어나게 된다. 세속화되고 있는 사회는 유신론적 믿음이 점점 줄어들다가 급기야 그런 구속력 있는 권위가 존재했다는 기억조차 사라지는 지경에 처하게 된다.

유럽의 세속화는 이백 년이 넘는 시간의 흐름에 따라 진행되어 왔다. 철학자들이 방안에 앉아 즐기는 유희로 시작된 것이 이제 사회의 이념적 엔진이 되었다. 프랑스 혁명 같은 사건이 세속화의 촉매였지만, 이십 세기 들어서서는 두 차례의 파괴적 세계 대전이 세속화를 촉진했다. 여러 가지 이유로 미국은 유럽의 세속화 일정을 뒤쫓지 않았다. 적어도 한 세기 동안 미국은 지식 계층을 당혹스럽게 할 만한 방식으로 서양 사회의 세속화에 저항했다. 스칸디나비아의 몇몇 나라에서는 규칙적으로 교회에 출석하는 사람이 전체 국민의 2퍼센트도 안 되는 반면, 미국은 40퍼센트의 인구가 규칙적으로 교회에 나간다고 주장하는 것으로 추산된다. 미국인들 대다수가 적어도 말로는 하나님을 믿는다고 한다. 이런 통계를 보고 미국의 그리스도인들은 미국인 대다수가 하나님·도덕·세상의 의미에 관한 일반적 믿음을 공유한다고 믿어 왔다.

하지만 사람들에게 잘 알려진 미국인들의 삶에는 유럽의 세속화와 줄곧 보조를 맞춰 온 한 가지 영역이 있다. 바로 미국의 대학들이다. 세속화가 궁극적으로 종교적 믿음이 지니는 구속력 있는 권위가 증발되어 버리는 현상을 말할진대, 이는 확실히 미국의 대학 문화에 널리 퍼져 왔다. 대다수 미국 대학들에 가까이 다가갈수록 세속적인 공적 공간에, 즉 지적인 면에서의 세속적 공간에 그만큼 가까이 다가가게 된다. 게다가 문화에 동력을 제공하는 이들은 지적 엘리트들이다. 이들이 청년들에게 최적의 영향을 끼치기 위해 집결 형식으로 모이는 곳이 어디인가? 바로 대학 캠퍼스다. 지식 계층과 학계 엘리트들은 대다수 미국인들이 알고 있는 것보다 훨씬 더 급진적인 시각을 대표하는 이들로서, 이들은 미래가 어디에 있는지를 알고 있었다. 바로 젊은이가 미래라는 것 말이다.

과거에 미국은 대체적으로 세속화에 저항해 왔으나, 세속화는 고등교육 제도 안에서 살아 움직이고 있으며, 세속적인 지적 엘리트들의 영향하에 세속적 세계관을 탑재해 온 여러 세대의 학생들을 통해 결국 온 나라에 퍼져나갔다. 이렇게 미국의 지적 상황은 양적으로나 질적으로나 이십 년 전의 상황과는 다르다. 유럽 국가들에 밀어닥친 세속 사상의 폭풍우는 이제 대서양 너머로 확산되었다. 이제 미국 사회에서도 도덕과 윤리와 총체적 세계관의 혁명적 변화가 일어나고 있으며 그 결과가 뚜렷이 드러나고 있다.

무슨 일이 벌어지고 있는 것인지 처음으로 파악하고자 했던 미국과 유럽의 사상가들은 종교, 구체적으로 기독교의 쇠퇴를 모던 시대(modern age)가 자동적으로 촉발하는 하나의 과정으로 생각했다. 모던

하다는 것은 곧 하나님을 믿는 믿음을 버리는 것을 의미했다. 낡아빠진 기독교 도덕은 서서히 사라지고, 새로운 성 도덕을 포함해 새로운 세속적 도덕이 그 자리를 대체할 터였다.

그러나 현실에서 입증되었다시피, 일반 대중은 지적/정치적 엘리트들의 특징인 완고한 무신론과 불가지론을 추종하지 않았다. 그보다, 밀레니얼 세대 사이에서는 종교에 대한 심각한 무관심 현상이 점점 커져나갔다. 예일 대학교 법학과 교수인 스티븐 카터의 말을 빌리자면, 하나님은 취미가 되었고, 진지하게 취미 생활을 하는 사람은 점점 줄어들고 있었다.[1]

세속화를 연구하는 통찰력 있는 학자 중 한 사람인 피터 버거는 미국이 세속화되고 있기는 하지만 유럽에서 목격되는 것과는 다른 양식을 따르고 있다는 결론에 이르렀다.[2] 버거의 설명처럼, 이십 세기 미국에서는 기독교를 비롯해 종교 전반이 무언가 비(非)인지적이고 자기 마음대로 선택할 수 있는 일로 바뀌었다. 신앙과 교리는 중요성이 덜해졌고 의미도 줄어들었다. 그 결과 기독교 도덕의 전통이나 그 외 종교 전통의 구속력 있는 권위는 실종되었다. 결론을 말하자면, 우리의 친구와 이웃 중에는 여전히 하나님을 믿는 믿음을 고백하는 이들이 많지만, 그 고백에 결부된 도덕적 권위나 진지한 지적 내용이 갈수록 희박해져 가고 있다. 외부의 시각으로 볼 때 미국은 유럽과 같은 속도로 세속화되는 것으로 보이지는 않지만, 실제적으로는 하나님을 믿는다는 신앙고백에 내포된 진정한 신학적, 영적 알맹이가 줄어들어가고 있다. 미국은 미국 나름의 노트르담 순간(Notre Dame moment)으로 미끄러져 들어가고 있다. 그리고 미국 사회는 대다수 미국인들이 생각하는 것보다 훨씬 더 세속적이다. 지금 그 안의 주도적 추세가 가리키는 방향을 보면 앞으로 훨씬 더 공격적인 세속화가 진행되리라는 것을 알 수 있다. 미국은 유럽과 비슷해지기 시작했으며, 빠른 속도로 유럽을 따라잡을 것으로 보인다.

버거는 종교에 대한 지각(知覺) 있는 헌신이 붕괴되고 이것이 구속력 있는 권위의 몰락과 짝을 이루어, 하나님 혹은 신앙 원칙에 대한 믿음이 적대적 문화가 제시하는 세속 의제에 신속히 항복하게 될 것이라고 예측했다. 비교적 규모가 큰 문화에서 바로 이런 일이 벌어지고 있다. 십 년 전만 해도 전반적인 여론 조사상 미국인들 다수가 동성 결혼에 반대했다. 하지만 우리 세대에는 십 년 전에 여론 조사 대상이었던 바로 그 사람들을 포함해 미국인 대부분이 동성 결혼 문제에 그때와는 상반되는 도덕적 판단을 내렸다. 버거의 설명처럼, 문화의 트랜드가 우리 사회의 알맹이 없는 신앙적 헌신에 등을 돌리자, 사람들은 자신이 속한 사회의 입장을 존속시키기 위해 동성애에 대한 자신의 도덕적 판단을 기꺼이 버렸다. 이들은 문화의 진보주의자들이 지시한 대로 "역사의 바른 편에 서기" 위해 자신의 종교적 믿음과 도덕적 판단을 조정했다.

지난 이십 년 사이 비교적 더 선명히 전개되어온 일 한 가지는, 미국인들이 가장 소중히 여기는 "제일의 자유"인 종교의 자유와 새로이 창안된 성적 자유 사이의 충돌이다. 가장 긴박한 충돌은 2015년 대법원이 동성 결혼을 합법화하면서 발생했다. 최근에는 전체 LGBTQ[여성 동성애자를 가리키는 레즈비언(Lesbian), 남성 동성애자를 가리키는 게이(Gay), 남녀 모두에게 성적 매력을 느끼는 바이섹슈얼(Bisexual), 출생할 때의 성과 사회적으로 생활하는 성이 다른 트랜스젠더(Transgender), 성 정체성을 고민하는 사람인 퀘스처닝(Questioning), 성소수자 전체를 포괄하는 퀴어(Queer)의 머리글자로 만들어진 표현—역자주) 운동이 누구든 성 도덕과 결혼에 관해 역사적이고 성경적인 입장을 고수하려고 하는 사람에게 명백한 도전이 된다는 점이 뚜렷해졌다.

그래서 2020년 대통령 선거의 배후에서 벌어지고 있는 일들을 보면 사방에 퍼져 있는 세속주의가 서양 문명의 전통적 토대를 재규정하려고 한다는 사실이 더 확연히 드러난다. 민주당의 예비 선거에서는 세속주의를 요구하는 속도가 특히 두드러졌다. 후보자들 다수는 최대한의 좌파 성향을 보이면서, 사 년 전만 해도 민주당으로서 생각도 할 수 없었을 급진적 입장으로 다른 후보를 능가하려고 했다. 뉴욕주 상원의원이자 한때 민주당 대선 후보 지명전에도 나섰던 키어스틴 질리브랜드 같은 사람이 그리스도인도 낙태를 할 수 있다는 낙태 찬성론을 퍼다니 도대체 우리는 어떤 정치 현실에 빠져든 것인가?

실제로 사우스벤드(South Bend)시의 시장 피트 부티지지가 대선 후보로 나선 것은 이런 동향의 주요한 사례 역할을 한다. 남성과 결혼한 동성애자인 부티지지는 자신이 그리스도인이고 성공회 교도라고 밝히면서, 자유주의적 기독교의 재발흥을 요구한다. 부티지지의 입장에서 보면, 전통 기독교의 성 도덕 퇴조는 곧 인간의 섹슈얼리티의 해방이다. 그는 자신이 그리스도인이라고 공언하면서 실제로는 결혼의 참 정의(定義)를 비롯해 기독교의 타협할 수 없는 가르침을 손상시키고 있다. 하지만 이 진리와 교리 없이는 참 기독교도 없다. 부티지지는 세속화되고 있는 기독교의 상징적 인물이다. 부티지지의 입후보는 우리 문화에서 기독교에 대한 이해가 급진적으로 변천하고 있으며, 기독교가 그 역사적, 성경적 뿌리에서 벗어나 성경의 명시적 가르침을 떠나려 한다는 것을 보여 준다. 더 나아가 부티지지는 기독교 신앙이 세속적이고 진보적인 의제 아닌 다른 결론으로 자신을 이끌지 못했으며, 그것은 그 무엇에도 구애받지 않는 낙태를 포함하여 성 혁명의 모든 주장을 지지한다고 주장했다. 부티지지는 역사적 기독교의 가르침을 배격하기 위한 신학적 논거를 만들어 내려고 했다. 그는 새로운 세속적 정통주의(new secular orthodoxy)만이 성경을 읽는 유일하게 실행 가능한 방식이라고 단언했다. 그는 공공의 광장에 종교의 자리를 마련했지만, 그것은 자신의 세속화된 신학과 조화되는 종교만을 위한 자리였다.

부티지지의 입후보는 정치적으로 중요한 의미를 갖지만, 우리 문화가 어느 방향으로 나아가고 있는지를 보여 주는 지표로서 훨씬 더 중요하다. 역사적 기독교는 이제 점점 더 노골적으로 배척되고, 문화적으로 아무 의미 없는 존재로 지위가 격하되고 있다. 또는 부티지지의 경우에서처럼 기독교는 진보적 도덕이라는 새로운 '원'에 맞도록 재정의된다.

신앙의 불가능성

캐나다 철학자 찰스 테일러는 서양 세계에 미친 세속화의 영향과 결과를 면밀히 추적해 왔다. 테일러가 그의 중요 저서 《세속 시대》(*A Secular Age*)에서 설명했다시피, 모던 시대 사람들이 신학적 확신과 종교적 원칙을 견지하는 방법은 과거 사람들이 믿음을 유지하던 방식과 근본적으로 다르다.³ 모더니티는 종교적 믿음을 잠정적이고 선택적인 것으로, 전근대 세계에서보다 훨씬 덜 긴박한 문제로 만들었다. 테일러가 주목한 것처럼, 모던 시대 사람들은 종교적 믿음을 가질 때 믿기로 '선택'을 하는데, 이는 과거 사람들은 하지 않았던 일이다. 많은 이들에게 신앙은 이제 개인의 자율성을 발휘하는 문제에 지나지 않는다.

또한 테일러는 서양의 역사가 지적인 면에서 세 개의 시대로 정의될 수 있음을 보여 주어 우리에게 도움을 준다. 그 세 개의 시대는 불신앙이 불가능했던 계몽주의 전(前) 시대, 불신앙이 가능했던 계몽주의 후(後) 시대, 그리고 신앙이 불가능한 말기 모던(late-modern) 시대다. 계몽주의 전 시대에는 믿지 않는 게 불가능했다. 성경이나 다른 어떤 형태의 초자연주의에 호소하지 않고는 세상을 설명할 수 없었다. 초자연적 세계관, 특히 서양에서는 기독교 세계관 아닌 다른 어떤 세계관은 쉽게 접할 수 없었다. 이단들은 있었지만, 이단들 중에 진짜 무신론자는 없었다. 비록 혼동이 있긴 했지만, 모두가 모종의 유신론을 믿었다.

그 모든 상황은 계몽주의 및 대안적 세계관을 접할 수 있게 됨에 따라 달라졌다. 이 새로운 대안적 세계관 덕분에 사회 구성원들은 기독교나 다른 유신론 체계의 초자연주의를 배척하고 대신 자연주의적 세계관을 받아들일 수 있게 되었다. 바로 이 지점에서 불신앙이 가능해졌다. 하지만 이러한 지적 풍토에서도 보통 수준의 교육을 받은 사람이 기독교 세계관을 배척한다는 것은 여전히 있음직하지 않은 일이었다. 인생을 유신론적으로 설명하는 게 비유신론적 세계관에 비해 여전히 더 일반적이고 구속력 있고 설득력 있었던 까닭이다.

하지만 현대를 사는 많은 사람들에게는 제3의 지적(知的) 상태가 우세하다. 현대인들의 정신적/사회적 세계에서는 신앙을 갖는 게 불가능하다. 이는 지적 엘리트들과 사회의 문화 형성을 주도하는 이들에게 유신론은 유용한 세계관이 아니라는 뜻이다. 우리 현대 사회의 특권층들은 그들의 주변에 신앙 있는 그리스도인이 한 사람도 없는 경우가 많다. 그들은 더 이상 기독교적 사고방식의 잔재에 시달리지도 않는다. 그들은 정말로 세속적이다.

의미심장한 것은, 테일러가 이 불신앙을 꼭 집어 말하기를, 자기를 계시하시며 자존하시는 하나님에 대한 의식적 헌신의 결핍이라고 지칭한다는 점이다. 세속화라고 해서 모든 종교를 다 배척한다는 말은 아니다. 테일러는 초(超) 세속화된 현재의 미국 문화에서 사람들은 흔히 자기 자신을 신앙적인 사람 혹은 영적인 사람으로 생각한다고 지적한다. 테일러의 말에 따르면, 세속화는 인격적인 하나님, 권위를 가질 뿐만 아니라 이 권위를 행사하시는 하나님을 믿는 믿음을 배격한다. 테일러는 세속 시대를 가리켜, 모종의 영성을 개인적으로 체험하려 하면서도 하나님의 인격적 권위는 배척하는 상반된 모습으로 깊은 곤경에 빠진 시대라고 묘사했다. 구속력 있는 권위가 바로 쟁점인 것이다.

이러한 문화적 상황에서 그리스도인은 신종(新種) 지적 무법자가 되고 만다. 유신론적이거나 신학적인 주장을 바탕으로 토론을 벌이는 것은 명제나 질문이 아니라 의무를 제시함으로써, 혹은 '존재'(is)가 아니라 '당위'(ought)를 말함으로써 모던 시대 말기의 기본 법칙을 어기는 행위가 된다. 물론 어떤 '당위'는 여전히 남아 있지만, 명령과 법과 권위를 나타내는 표현은 명백히 세속화되었고 용의주도하게 유효 범위가 축소되었다. 미국의 세속화에는 전례도 없고 최종 단계도 없는 도덕 혁명이 수반되었다. 개인의 자율과 성취를 향해 달려 나가는 진보의 문화적 엔진은 인간이 완전히 스스로를 규정하게 될 때까지 멈추지 않을 것이다. 이 과정은 인간 해방 프로젝트를 위해 기독교의 도덕을 노골적으로 배척할 것을 요구한다.

1983년, 신학자 칼 F. H. 헨리는 다음과 같은 선지자적 경고를 남겼다.

> 현대 문화가 인류 초기 문명을 삼켜 버린 망각에서 벗어나고자 한다면, 법과 정의의 영역에서, 자기를 계시하신 하나님의 뜻을 회복하는 것이 절대적으로 중요하다. 신격화된 통치자나 신격화된 우주 같은 이교적인 그릇된 개념, 혹은 자연법이나 자연적 정의라는 유사(類似) 기독교 개념으로 돌아간다면 필연적으로 환멸을 가져올 것이다. 초월적 권위에 호소한다고 해서 그게 다 하나님이나 인간을 참으로 섬기는 일은 아니다. 법과 인권과 복지 문제를 자신들의 주권 영역으로 포함시켜 이 땅의 모든 지도자들은 신의 역할을 열심히 선점하고 성경이 계시하는 살아 계신 하나님의 존재를 모호하게 만든다. 대안은 분명하다. 성경이 말하는 하나님께로 돌아가든지 아니면 무법의 깊은 구덩이에서 멸망하든지 둘 중 하나다.[4]

훨씬 전의 글에서 헨리는 성경의 하나님께로 돌아가는 것을 가로막는 단 하나의 가장 큰 지적 장애물이 무엇인지 이미 규명했다. 1976년에 발간된 헨리의 여섯 권짜리 대 저작 《신, 계시, 권위》(*God, Revelation, and Authority*, 알맹e 역간)의 제1권은 다음과 같은 말로 시작된다. "현대 서구인은 궁극적 진리에 대해 점점 더 불신하며 어떤 확실한 말에도 가차없이 의문을 품는다."[5] 기독교 세계관의 권위로 돌아가는 것을 방해하는 이 장애물은 하나님의 계시된 권위의 문화적 영향에서 벗어나는 것으로 시작하는 악순환의 한 부분이다. 기독교 세계관에서 벗어나면 결국 궁극적 진리를 불신하고 보편적 권위를 배척하는 결과로 이어지며, 이어서 성경의 하나님께로 돌아가는 길을 감추게 된다.

세속주의 발흥 이야기는 기가 막힐 지적/도덕적 혁명이다. 세속주의의 발흥은 과장이 아니다. 믿고 싶지 않겠지만 우리는 세속주의가 어디에나 퍼져 있다는 것을 인정해야 한다. 이 지적 혁명이 자신은 이 혁명에 반대한다고 믿고 있는 많은 사람들의 세계관까지 바꾸어 놓았다. 다른 건 몰라도, 현대 사회에서 신앙을 가진 많은 사람들은 이제 신학/이념 소비자로 행하면서 새로운 지적 의상(衣裳)을 끊임없이 사들인다. 그러면서도 그들은 스스로를 전통적 신자로 여긴다.

성경의 권위를 고수하는 기독교 목회자와 신학자와 사상가들은, 궁극의 도덕적 권위를 가지고 자신의 피조물에게 당위를 말씀하며 자신의 법과 명령에 따라 최종적으로 심판하실 자존하시는 하나님의 자기 계시에 기초하여 문화에 참여함으로써 규칙들을 깬다. 이 문화는 "너는 ~할지니라", "너는 ~하지 말지니라"라는 말로 우리에게 말씀하시는 어떤 신에게 점점 더 저항적이 되어가고 있다. 그리스도인이 주 예수 그리스도를 믿는 신자요 성경의 계시에 매인 사람으로서 모든 대화에 돌입한다는 사실은 이들이 새 규칙들을 깨지 않고는 대화를 시작할 수 없다는 뜻이다. 그리고 규칙을 깨는 사람은 규칙을 만드는 사람에게 환영받지 못한다는 것을 우리는 기억해야 한다.

우리는 항의해야 한다

이 책을 읽는 그리스도인들은 둘 중 하나의 반응을 보일 것이다. 첫째는, 극도로 절망한 나머지 과거, 그것도 대개 이상화(理想化)된 과거를 그리워하는 그릇된 향수에 빠져 커피숍 한구석에 틀어박히는 것이다. 그러나 성경을 믿는 그리스도인으로서 우리는 현재를 살면서 미래를 위해 다음 세대를 준비하라는 부름을 받았다.

두 번째 반응도 잘못이기는 마찬가지다. 우리는 선거에서 한 번만 이기면 세속적 사고가 후퇴할 것이라 믿으면서 정치적 승리에서 구원을 기대할지도 모른다. 달리 말해, 그리스도인은 사회적, 정치적 운동을 통해 사회를 구원하려 할 수도 있고, 실제로 그런 시도를 해 왔다. 선거의 중요성을 깎아내려서는 안 되고 그리스도인이 투표권과 관련해 책임감 있게 청지기직을 이행해야 한다는 사실을 폄하해서도 안 되지만, 정치적 승리가 궁극적이고 지속적인 평화를 확보해 줄 것이라고 감히 믿어서도 안 된다. 구원은 한낱 정치를 통해 임하지 않는다. 우리에게는 정치 운동이 필요하지 않다. 우리에게 필요한 것은 신학적 항의다.

참된 기독교와 참된 복음 설교는 성경의 권위에 확고히 헌신하는 데 달려 있다. 그것이 바로 계몽주의 시대 이래로 성경의 영감과 성경의 무오성, 성경의 권위가 끊임없이 공격당해 온 이유다. 계몽주의 시대에 데카르트, 로크, 칸트 같은 모더니스트 철학자들은 궁극적으로 서구인들의 생각에서 진리의 개념을 바꾸어 놓은 일련의 질문들을 서구 문화에 들이밀었다. 그리고 그 결과 모든 진리에 합리성의 비판 모델을 전체주의적으로 강요하게 되었다. 오직 과학적 데이터만이 객관적으로 이해되고, 객관적으로 정의되고, 객관적으로 방어될 수 있다는 것이다. 다시 말해, 모더니스트 세계관은 특별 계시 개념을 허용하지 않으며, 세상의 역사에 초자연적 간섭이 있을 가능성을 공공연히 공격했다. 이렇게 해서 모더니티는 주 예수 그리스도의 교회에 의미심장한 지적 위기를 제공했다.

미국에서는 실용주의로 알려진 철저히 미국적인 철학 또한 성경의 궁극적 권위와 진실성에 도전을 던졌다. 실용주의는, 진리가 사회적 절충의 문제이고 사상은 그저 도구일 뿐으로, 이 도구가 '참'인지는 현재의 특정한 요구를 충족시키는지의 여부에 따라 결정된다는 개념이다. 실용주의자의 눈으로 볼 때 사상이란 현실의 난제에 대한 잠정적 대응에 지나지 않으며, 진리는 그 정의상 시간·장소·필요·사람에 따라 상대적으로 달라진다.

우리들이 대부분 인식하고 있다시피 모더니티는 포스트모더니티에게 길을 내주었는데, 포스트모더니티는 한마디로 최신판 모더니티일 뿐이다. 포스트모더니즘은 새로운 풍조의 모더니즘으로서 모더니즘을 논리적으로 확장한 것에 지나지 않는다. 포스트모더니스트들은 모든 진리 개념은 사회적으로 고안된 것이라고 주장하면서 진리 자체에 대해 전면전을 벌인다. 이는 서양 문명에 독소를 주입한 세속화의 결과다. 세속화가 포스트모던 시대를 낳았으며, 이는 종교적 권위나 신학적 권위를 전면적으로 무너뜨리는 데 치중하는 해체 프로젝트로 귀결되었다.

그리스도인은 뒤로 물러나서도 안 되고 그릇된 소망에서 구원을 찾아서도 안 된다. 그리스도인은 하나님이 주신 능력을 마지막 한 방울까지 다 짜내고, 성령의 능력에 전적으로 의지하며, 기도를 통해 마지막 한줌까지 확신을 그러모으고, 흔들림 없는 용기를 내서 이 세속의 순간에 항의해야 한다.

모더니즘이라는 합리주의자의 주장이나 포스트모더니즘이라는 해석학적 허무주의에서 벗어나는 유일한 길은 계시의 교리뿐이다. '솔라 스크립투라'(sola Scriptura, 오직 성경) 교리로 돌아가야 한다. 그리스도인은 종교개혁자들이 우리에게 물려준 성경의 영감과 권위 교리 안에서 이 세대의 온갖 철학적, 신학적 문제에도 불구하고 하나님의 말씀에 대한 확신을 가질 수 있다는 점을 기억해야 한다. 하나님은 이치에 맞는 방식으로, 우리가 알아들을 수 있는 말로 우리에게 말씀해 오셨으며, 또한 우리에게 계시의 선물을 주셨으니, 계시란 하나님이 은혜로이 자신을 드러내시는 것이다.

서양 문명 위로 몰려오는 폭풍우, 즉 유럽 같은 곳에 철저한 도덕적 혼돈을 낳은 세속주의는 짙은 그늘과 어둠으로 수평선을 덮었다. 이 무자비한 폭풍우를 수많은 사람들이 찬미해 왔다. 하지만 그리스도인은 특이한 곤경에 빠져 있다. 우리는 이웃을 참으로 사랑하기 때문에 문화와 대립할 수 있다. 우리는 선하고 신실한 것, 인간의 존엄을 증진하고 정의와 의를 지탱하는 것을 보존하기 위해 힘을 다한다. 하지만 우리는 어떤 문화에 궁극적 충성을 바칠 수는 없으며, 오직 주 예수 그리스도께만 충성한다.

오늘날의 복음주의자들은 마르틴 루터나 장 칼뱅 같은 사람들의 신학적 후계자로서 기독교 교리와 도덕 안에서 혁명에 대한 요구에 항복할 수 없다. 성경의 신적 영감과 권위를 단언하는 자세가 16세기 이후 복음주의 신앙의 핵심으로 서 있었고, 이천 년 넘게 기독교 신앙의 후사(後嗣)로 존재해 왔다. 우리는 수 세기에 걸쳐 존재해 온 신자들과 더불어, 성경이 말할 때 하나님께서 말씀하신다고 고백하는 사람들이다. 성경만이 생명과 교리를 위한 최종적 권위다. 어떤 의미에서 기독교 신학은 그 한 가지 명제의 정확함에 달려 있다.

기독교 교회는 성경의 권위에 대한 헌신과 주 예수 그리스도에 대한 헌신 없이는 길게 존속할 수 없다. 성경의 권위가 없다면 우리의 신학적 확신은 더 큰 사회의 세속주의를 그대로 반영할 것이다. 그렇게 되면 우리는 일관되고 지속적인 확신보다는 억측을 지지할 것이고, 우리의 설교는 공허한 약속을 남발하는 행위 외에 그 무엇도 아니게 되어 의미를 상실할 것이다.

세속 시대의 폭풍우에서 불어오는 적대 세력의 맹렬한 바람을 계속 마주하는 만큼, 그리스도인인 우리는 계속 신실해야 한다. 참이라고 알고 있는 것을 이야기하고 말해야 한다. 인간의 번영을 감소시키는 모든 그릇된 복음과 모든 그릇된 세계관에 항의해야 한다. 기독교 신앙의 핵심을 이루는 신학적 확신들, 예를 들면, 성경의 수위성(首位

性)과 권위를 단단히 붙들어야 한다. 성경이 바르게 선포되고, 교회가 세워지며, 복음의 메시지가 방방곡곡에 퍼져나가는 광경을 반드시 보아야 한다.

모든 권위

세속 시대는 우리 문명을 가능하게 하는 바로 그 조건을 훼손한다. 우리가 마주하는 세속화의 폭풍우는 모든 권위를 부인하고 주관적 자아를 보좌에 앉힌다. 곧 유신론과 성경적 세계관의 족쇄에서 해방된 인간이라는 그릇된 개념을 보좌에 앉힌다. 우리 눈앞에서 몰려오는 폭풍우는 체제를 바꾸겠다고 위협한다. 곧 인간의 자유와 자율이라는 미명 아래 새 제국을 시작하겠다고 위협한다. 그 결과는 참담할 것이다. 사회가 객관적 진리를 버리면, 이상한 나라의 앨리스도 감히 탐험하려 하지 않을 토끼굴로 뛰어들게 된다. 그러므로 서양 문명 전체에 폭풍우가 몰려오는 때에는 이 책을 읽기 시작하는 게 적절하다. 이 책의 매 장(章)은 다가오는 위기의 모든 측면을 하나하나 꼼꼼히 다루고 있다. 세속의 물결은 처칠과 영국이 영국을 위한 전쟁(Battle for Britain)에서 마주했던 나치 집단과 아주 비슷하다. 그들은 우리 사회의 모든 측면을 속속들이 개조하려 한다.

이제, 생각 있는 사람이라면 누구나 거대하고 강력한 힘이 세상을 재구성하고 있고 문화를 근본적으로 개조하고 있다는 것을 이미 시인한다. 하지만 그리스도인은 결코 공포에 질리지 않는다. 우리는 주 예수 그리스도를 믿는다. 우리는 진리를 마주하고 현실을 본다. 우리는 염려하고, 깨닫고, 부지런하며, 분별력 있고, 타인에게 다정하고, 때로는 상심하기까지 한다. 우리는 몰려오는 폭풍우를 있는 그대로 보며, 감히 그것을 부인하려고 하지 않는다.

예수님은 그분의 교회를 세우기 위해 제자들을 떠나기 전에 다음과 같은 우레와 같은 말씀을 남기셨다. "하늘과 땅의 모든 권세를 내게 주셨으니 그러므로 너희는 가서 모든 민족을 제자로 삼아 아버지와 아들과 성령의 이름으로 세례를 베풀고 내가 너희에게 분부한 모든 것을 가르쳐 지키게 하라 볼지어다 내가 세상 끝날까지 너희와 항상 함께 있으리라"(마 28:18-20).

그리스도인은 예수 그리스도의 복음으로 이 폭풍우에 맞서야 할 뿐만 아니라, 완전한 신앙으로 그렇게 해야 한다. 우리의 소망은 일시적인 정치적 승리에 달려 있지 않다. 물론 우리는 정치의 중요성을 안다. 하지만, 우리의 소망은 하나님의 보좌 우편에 앉아 계신 분에게 달려 있다. 그리고 그분을 통해 만물이 창조된 분에게 달려 있다. 우리는 십자가에 못 박히셨다가 무덤에서 살아나시고 하늘에 오르사, 온 우주를 다스리는 확고한 법칙을 세우신 분을 믿는다. 죽음은 패배했고, 뱀의 머리는 짓뭉개졌다. 하나님의 아들의 다스림을 찬탈하려는 세속주의의 시도는 인간의 어리석음의 극치다. 그 무엇도 우리 하나님을 이기지 못한다. 그 무엇도 복음의 능력에 저항하지 못한다.

그러므로 그리스도인은 침묵할 수 없다. 우리는 폭풍우가 몰려오는 것을 보고 있으며 그것이 무슨 의미인지 알고 있다. 그리고 우리가 무엇을 해야 하는지도 알고 있다. 우리에게는 현실적이고도 부인할 수 없는 정치적 책임이 있다. 실제로 우리는 낙태와 인간 생명의 존엄

같은 문제를 마주하고 있다. 우리는 아주 현실적인 문화적 책임을 감당한다. 우리가 문화를 생산하지는 못할지라도 우리는 문화 속에서 기동하며, 문화적 맥락 속에서 복음의 청지기 역할을 한다. 그리스도인으로서 우리에게는 많은 책임이 있지만, 복음의 소망은 단 하나이다. 우리의 소망은 예수 그리스도의 복음뿐이다. 우리는 "복음을 부끄러워하지 아니하노니 이 복음은 모든 믿는 자에게 구원을 주시는 하나님의 능력이 됨"(롬 1:16)이다.

우리는 이 세상 나라에서 충성스럽게 살라는 부르심을 받지만, 우리의 궁극적 충성은 오직 그리스도의 나라에만 바쳐져야 한다.

2

교회에 몰려오는 폭풍우

20세기 말 경, 거의 모든 교파 안에서 신학적 자유주의의 영향을 목격할 수 있었다. 최신화된 신학에 대한 요구, 즉 기독교가 세속 시대에 맞게 재정의되어야 한다는 요구 때문에 신학교, 지역 교회, 기독교 학교, 교단들이 변하고 있었다. 오래된 주류 교단들은 1970년대쯤 대부분 항복했다. 신학적 자유주의의 예언자들은 자유주의가 자신들의 교회를 구원하리라 약속했지만 사실상 그 교회와 교단이 텅 비게 된 것은 자유주의 신학 때문이었다. 이들 교회의 교인 수와 출석률은 곤두박질쳤다. 바로 얼마 전인 2018년, 캐나다의 한 자유주의 교단이 2040년 무렵이면 그 교단에 "회원 교회도 없을 것이고, 출석 교인도 없을 것이며, 헌금하는 사람도 없을 것"이라고 예측했다.[1] 그게 무슨 문제냐고? 이 같은 예측은 미국의 남 침례교 총회에서도 현실로 드러났고 그제야 보수주의자들은 20세기의 마지막 몇 년에 걸쳐 교단의 방향을 재정립할 수 있었다.

21세기가 밝아오자 사회의 세속화 조류가 뚜렷이 입증되었고 많은 교파 안에서 교세의 감퇴가 뚜렷이 나타났다. 성경을 전심으로 믿는 보수적 그리스도인들은 일련의 새로운 도전에 직면했다.

20세기 초에 활동한 위대한 장로교 신학자 그레셤 메이천은 현대 기독교의 상태와 개신교 자유주의의 발흥을 날카로운 시선으로 평가했다. 메이천은 자유주의 신학을 기독교 신학의 한 변형으로 보기보다는 그저 기독교인 척하는 완전히 새로운 종교로 취급했다. 메이천이 보기에는 그 무엇도 정통 기독교와 개신교 자유주의를 하나 되게 할 수 없었다. 정통 기독교는 성경이 말하는 하나님께 대한 신학적 충실을 추구하는 반면, 개신교 자유주의는 전적으로 새로운 종교로 변형되었다. 메이천은 자신의 유명한 저서에 《기독교와 자유주의》(*Christianity and Liberalism*)라는 제목을 붙임으로써, 자유주의는 기독교가 아니라 완전히 새로운 개별 종교라는 점을 분명히 했다.

자유주의 개신교와 세속화가 하나로 합쳐, 성경에 충실한 그리스도인에게 새롭고도 위험한 맥락을 만들어 냈다. 이 새로운 맥락은 누가 그리스도의 참 제자인지 드러낼 것이다. 그들은 우리 문화 안에서 진정한 기독교가 무엇인지를 끝까지 기억할 사람들이다. 세속화와 진보적 개신교의 융합으로 자유주의 신학은 문화의 시선으로 보기에 더욱 평범한 신학이 되었다. 세속 문화는 세속 신학조차도 필요로 하지 않으니 말이다. 세속 문화는 신학 같은 것은 아예 원하지도 않는다. 하지만 세속화의 영향 때문에 스스로 정통 신학에 충실하다고 생각하는 교회들에까지 때로 자유주의 신학이 스며들기도 한다. 세속주의는 복음을 설교하는 신실한 교회의 회중석에 앉아 있는 많은 사람들을 둔감하게 만들어, 자기도 모르는 사이에 이단 교리를 신봉하게 만든다. 규칙적으로 교회에 출석하면서도 현저하게 세속화되는 사람이 있을 수도 있다는 것을 알면 정말 놀랍다. 어떻게 그럴 수 있는가? 사실 신실한 기독교가 무엇인지 정의하거나 핵심 교리에 따라 사는 것을 매우 어려워하는 그리스도인들이 많다.

예를 들어 많은 교회와 교인들이 영원한 지옥의 실재와 존재를 말로는 동의하리라는 데에는 의심의 여지가 없다. 그렇다고 그들이 그것을 일관성 있게 믿는다는 의미는 아니다. 종교를 한낱 취미로 취급하는 세속적 풍조는 기독교 신앙의 본질을 교묘하게 재정의한다. 사회학자 크리스천 스미스(Christian Smith)는 이를 가리켜 '도덕주의적 치료 이신론'(Moralistic Therapeutic Deism)이라고 했는데, 스스로를 신실한 그리스도인이라고 여기는 많은 사람들이 지금 이것을 믿고 있다. 도덕주의적 치료 이신론은 세상을 창조한 어떤 현존하는 신을 믿는 믿음으로 이뤄진다. 이 신은 그저 사람들이 서로 마음이 맞고 서로에게 친절하기를 바란다. 그리고 이 신을 믿는 사람들의 인생 목표는 행복과 자아실현이다. 가장 기가 막힌 것은 아마 선행(善行)으로 천국에서 한 자리를 확보할 수 있을 것이라는 일반적 믿음일 것이다.

세속의 유혹은 믿음과 감정을 혼동하게 만들면서, 중요한 것은 느낌과 만족감뿐이라고 넌지시 말한다. 사회가 세속화되어 갈수록, 성실한 교인들도 부지중에 기이하고 비성경적인 사고방식과 신앙 양태를 채택하게 된다. 더 나아가, 우리를 에워싼 신학적 자유주의가 많은 교회들 안으로 침투해 들어가고 있다. 세속화는 교회에 소극적 압력과 적극적 압력을 다 행사한다. 사회가 성경적 도덕에 등을 돌리면 교회들이 문화적 적실성이라는 제단 위에 신앙고백의 확신을 제물로 바친다는 점에서 세속화의 압력은 소극적이다. 그리고 세속화는 흔히 신학의 본질적 주장을 포기하기를 노골적으로 요구한다는 점에서 세속화의 압력은 적극적이다. 지난 세기에 세속화의 요구는, 어느 정도 지적인 사람으로 인정받기 위해서는 동정녀 탄생과 몸의 부활 같은 교리를 버리라는 것이었다. 우리 시대의 세속화의 압력은 도덕적으로 그런대로 괜찮은 사람으로 여겨지려면 성경적인 성 도덕을 포기하라는 형태를 띤다. 그런데 그런 거래는 사회적으로도 절대 효과가 없다. 세속의 요구는 결국 시대정신과 상충되는 교리와 가르침을 모두 버리라는 것이다. 그러나 교회가 이런 가르침을 포기한다 해도 더 큰 사회는 그러지 않는다.

아무리 세속 시대일지라도 그리스도의 복음이나 그리스도께서 교회에 주신 영원한 약속을 정말로 위협할 수 있는 외부의 위협은 없다. 실제로 예수님은 마태복음 16장 18절에서 제자들에게 다음과 같은 약속을 주셨다. "내가 이 반석 위에 내 교회를 세우리니 음부의 권세가 이기지 못하리라." 죽음도 그리스도의 복음 안에 있는 하나님의 약속을 참으로 위협하지 못한다. 우리가 직면하는 큰 위협은 교회의 존재에 대한 위협이 아니라 교회의 신실함에 대한 위협이다. 우주의 그 무엇도, 심지어 세속화 풍조의 강풍과 격랑도 자신의 교회를 위한 그리스도의 약속을 무효로 만들지 못한다. 하지만 교회의 신실함은 늘 위태롭고, 세속 시대에는 특히 더 그렇다. 우리는 생각에서나, 설교에서나, 자녀 양육 방식에서나 늘 깨어 있어야 하고 분별력 있어야 하며 세심해야 한다. 사람들이 우리네 교회 안에서 세속화될 수 있다면, 가정에서 생활하는 동안에도 세속화될 수 있다. 확신과 신실함을 잃지 않도록 주의하지 않는다면 말이다.

소극적 세속주의

　세심히 관찰해 보면 소극적 세속주의가 교회에 침투해, 그리스도인들과 교단이 자유주의화되도록 넌지시 압력을 행사하는 것을 볼 수 있다. 소극적 세속화는 지나친 요구를 하기보다는 압력과 영향력을 교묘하게 행사하는 방식으로 작용한다. 소극적 세속화가 발생하는 것은 우리가 그저 문화를 호흡하고 문화의 메시지에 끊임없이 폭격당하기 때문이다. 할리우드, 뉴스 매체 등 문화 형성 세력들은 우리에게 바른 생각을 가진 사람, 문화적으로 수용가능한 사람들은 이런 것은 믿고 저런 것은 믿지 않는다고 섬없이 말한다. 문화가 설정해 놓은 기대 수준을 제시하며, 그에 의해 모든 것을(그리고 거의 모든 사람을) 변화시켜서 끌고 간다.

　마찬가지로 세속 시대는 교회와 그리스도인들에게 교묘한 영향력을 부단히 행사한다. 조심하지 않으면 교회들은 점점 교회 같아 보이지 않고 점점 주변의 세속 세상과 비슷해 보일 것이다. 어떤 의미에서는 자유주의 신학이 정통 신앙을 서서히 대체하기 시작한다. 또 어떤 경우, 교회들은 성경에 계시된 중요한 진리에 대해 이야기하거나 가르치기를 그냥 중단하기도 한다. 그냥 조용히 있기를 세속 시대가 요구하기 때문이다. 지옥 교리와 관련해 바로 이런 일이 일어나고 있다. 이 교리는 성경에 분명히 계시되어 있는데 말이다. 역사가 보여 주다시피, 지옥은 많은 교회들의 설교에서 그냥 자취를 감추어 버렸고, 누구도 이를 주목하지 않는 것 같았다. 이혼에서부터 복음의 배타성에 이르기까지 성경의 다른 여러 가르침에 대해서도 똑같은 일이 벌어지고 있다. 이런 면에서 침묵은 분명 금이 아니다. 진리를 가르치지 못하면 결국 그리스도의 사람들이 진리를 아예 알지 못하는 결과가 발생한다.

무신론 : 새로운 정통

캐나다 연합교회(The United Church of Canada)는 최근 언뜻 보기에 당혹스럽고 논란의 여지가 있는 한 가지 문제를 다루었다. 무신론자가 목사로 섬길 수 있느냐는 것이다. 문제의 목사는 그레타 보스퍼(Gretta Vosper)로서, 그녀는 무신론자임을 공언하고서 2008년에 《하나님이 있든 없든》(With or Without God)이라는 책을 저술하였다. 이 책은 하나님을 믿는 신앙을 하찮은 것으로 취급하고 신앙 대신 저자 자신의 도덕과 덕 개념을 그리스도인의 주된 표지로 내세웠다. 2013년 보스퍼는 자신의 무신론을 세상에 알렸고, 이어서 2015년에 쓴 한 편지에서 하나님이 세상에 임재하신다는 것과 역사적 사건 가운데 일하신다는 사실을 조롱하고 깎아내렸다. 보스퍼는 하나님이 존재하지 않기 때문에 세상 일에 책임을 질 수 없다고 주장했다. 하나님은 없고, 세상은 그 누구의 책임 아래에도 있지 않다는 것이 보스퍼의 주장이다. 사고(事故)는 그냥 일어나는 것이고, 하나님을 믿는 믿음은 시대에 뒤떨어진 세계관에 속한다.

흥미롭게도, 낡아빠진 신(神) 중심적 세계관에서 벗어나려 열심을 내는 와중에 보스퍼의 교회는 극적으로 규모가 줄어들었다. 보스퍼가 주기도문을 폐기하자 150명이던 출석 교인은 50명으로 줄어들었다. 회중의 2/3가 빠져나간 것이다. '문화적 적실성'은 사회의 주변으로 밀려난 교회를 구원하는 게 아니라 오히려 다량의 출혈을 일으켜 신속한 소멸로 이어지게 할 뿐이라는 게 드러난다.

보스퍼가 무신론으로 도발하자 캐나다 연합교회의 지역 재판국이 행동에 나섰는데, 보스퍼는 이에 대해 이단 재판이라는 이름을 붙였다. 지역 재판위원들은 보스퍼가 목사로 부적당하다고 판결하고 이 무신론자 목사의 목사직을 거의 박탈하는 조치를 취했다. 그러나 교단 총회에서는 이 사건을 최종 검토한 뒤 보스퍼와 화해하기에 이르렀다. 캐나다 연합교회 측은 조사를 종결하기로 한 결정에 대해 설명하면서 "이렇게 결정한다고 해서 하나님을 믿는 캐나다 연합교회의 믿음이 어떤 식으로든 달라지지는 않는다"고 진술했다.[2] 달리 말해, 이 교단의 견지에서 무신론과 유신론은 양립불가능하지 않다는 것이다. 하나님을 믿어야 한다는 요구는 하나님의 존재를 부인하는 현실과 모순되지 않는다는 것이다. 이는 최고 상회(上會)의 항복 선언이다. 캐나다 연합교회는 무신론이 목사들에게 있을 수 있는 사상 표현이라고 합법화해 줌으로써 사실상 주 예수 그리스도의 교회를 인도해야 할 모든 노선, 안전장치, 신념을 다 말소해 버렸다. 이제 도를 넘는 일 같은 것은 없다. 선 자체가 사라졌으므로 어떤 행동을 해도 선을 넘는 게 아니다. 캐나다 연합교회는 하나님을 믿는 믿음을 시대에 뒤떨어지고 유행에 뒤지며 논리에 맞지 않는 기독교 신앙의 교의(敎義)로 격하시켜 버렸다. 이는 교회가 복음을 저버릴 때 어떤 일이 벌어지는지를 보여 주는 하나의 비유, 심지어 풍자화가 되었다. 자, 이제 무신론자도 목사일 수 있다. 안 될 게 무엇인가?

보스퍼의 변호사 줄리언 팔코너는 캐나다 연합교회가 재판을 열기보다 화해를 택한 이유를 이렇게 설명했다. "양측 모두 이단 재판을 열 경우의 비용과 이득, 그리고 이것이 어느 쪽에게든 과연 유익한 일인지 오랜 시간 검토했고, 결과 자체가 모든 것을 말해 준다."³ 이 설명은 지극히 중요하고 비참한 현실을 드러내는 동시에 세속 이념이 교회를 어떻게 황폐하게 만드는지를 지적한다. 캐나다 연합교회는 비용 대비 이득을 분석한 뒤 이단은 차악(次惡)이라고 판단했다. 이 교단은 하나님을 믿는 신앙을 '포용성'에 대비하여 평가했고 포용주의를 신학적 충실성보다 더 가치 있게 여겼다. 교회를 위해서, 하나님을 믿는 믿음은 사라져 주어야 했다.

케빈 플랫(Kevin Flatt)의 책 《복음주의 이후 : 60년대와 연합교회》 (*After Evangelicalism : The Sixties and the United Church*)는 1960년대 이후 캐나다 연합교회의 신학적 몰락을 기록하고 있다. 신학적 헌신보다는 사회 정의에 대한 관심이 이 교단을 추동하는 힘이었다. 그래서 이 교단은 캐나다의 세속주의와 자유주의의 종이 되었다. 교단은 트랜스젠더 목사들을 선도적으로 채용했고, 낙태를 지지했으며, 동성 결혼이 캐나다에서 합법화되기 전부터 이를 옹호했다. 플랫의 분석은 이 교단을 신학적 타락으로 몰고 간 것은 "(시대 풍조를) 따라잡지 않으면 죽는다"는 수사(修辭)였음을 밝혀냈다.

캐나다 연합교회만 이런 게 아니다. 수많은 교단들이 이와 동일한 세속적 추동에 따라 움직인다. 이들은 이 세속 시대에 교회의 생존은 출발 때부터 교회를 인도해 온 교리와 복음의 진리를 버리는 데 달려 있다는 그릇된 소망 때문에 신학적 확신을 포기해 왔다. 하지만 이런 생각은 자유주의 교회들을 황폐화하는 결과를 낳았다. "따라잡지 않으면 죽는다"는 말은 사실 "따라잡으면 죽는다"는 의미인 것으로 드러났다.

교회를 잃다

2015년, 미 연방 대법원은 오십 개 주 전역에 걸쳐 동성 결혼을 합법화하는 결정문을 발표했다. 그 여파로, 새로운 성적 정통주의(new sexual orthodoxy)가 성경적 세계관을 상대로 강경한 요구를 하는 순간들이 생긴 게 분명하다. 동성 결혼 합법화는 이 기이한 새 물결을 헤쳐 나가려 애쓰는 교회들과 교단에도 영향을 끼쳤다. 우리는 캐나다 연합교회의 세속화와 비슷한 현상을 보게 된다. 캐나다 연합교회라는 교단이 이제 다른 교회들과 더불어 무신론자 목사의 합법성을 인정하여, 결혼과 성별(gender : 이 단어는 문맥에서 생물학적인 성 구분을 가리키는지, 아니면 사회·문화적 역할을 말하는지에 따라 '성별'로 옮기기도 하고 '젠더'로 옮기기도 했다—역자주)과 성에 관한 성경의 명백한 가르침에 혼란스러운 신호를 보내고 있다.

LGBTQ 혁명 이슈는 다음 장에서 다룰 테지만, 문화의 세속화가 어떻게 교회들을 이끌어 성경을 완전히 부인하게 만들고, 문화적 적실성을 유지하고 그저 교양을 갖추기 위해 성경적 결혼의 영광을 포기하게 했는지 깨닫는 것은 중요하다.

지난 해, 동성 결혼과 교회에 관해 할리우드 배우 두 사람 사이에 의견이 오갔다. 엘런 페이지가 트위터에서 크리스 프랫을 호출하며 당신이 "유명 배우에다 특정 집단 사람들을 혐오하는 단체 소속이라면, 그런 사실을 밝히지 않는 이유에 대해 의아해 하는 사람이 있다 해도 놀라지 마시라. 반(反)LGBTQ는 잘못이다. 찬성하는 쪽, 반대하는 쪽이 있어서는 안 된다. 그런 태도는 극심한 피해를 야기한다. 전면 중단하라. 모두에게 사랑을 보내라." 이 트윗에서 페이지는 프랫이 LGBTQ를 반대하는 교회의 교인이라고 고발했다. 문제의 교회는 조에 교회(Zoe Church)로, 힐송(Hillsong) 운동과 연관된 교회다. 의심의 여지가 없는 사실은, 페이지가 프랫만 표적으로 삼은 게 아니라 성경에 근거한 성윤리와 희미하게라도 연관된 무언가를 지지하는 단체나 교회들마저 직접적으로 겨냥했다는 것이다.

페이지의 트윗은 적극적 세속화를 대표한다. 신학적 헌신을 포기하라고 명시적으로 요구하는 것이다. 반면 이에 대한 프랫의 반응은 소극적 세속화에 가깝다. 프랫은 이렇게 말했다.

> 최근 내가 특정 집단 사람들을 혐오하고 반(反)LGBTQ 입장으로 악명 높은 교회에 다닌다는 말이 있다. 그것은 전혀 사실이 아니다. 내가 다니는 교회는 누구에게나 아무 조건 없이 문이 열려 있는 교회다. 내 이혼에 관해 성경이 하는 말에도 불구하고 우리 교회 사람들은 내가 한 걸음 한 걸음 내디딜 때마다 내 곁에 있어 주었고, 절대 비판하지 않고 그저 내가 가는 길에 친절히 동행해 주었다. 이들은 내게 사랑과 지지를 보내 주면서 엄청난 도움을 주었다. 나뿐만 아니라 다른 이들에게도 그렇게 해주는 것을 나는 수없이 많이 보았다. 성적 지향이나 인종, 성별과 상관없이 말이다. 신앙은 내게 중요한 일이지만, 어떤 교회도 나나 내 인생을 규정하지 못하며, 나는 어떤 교회나 어떤 단체 사람들의 대변인도 아니다. 내가 추구하는 가치가 나라는 사람을 정의한다.

우리는 이 세상에서 혐오를 줄여야 한다. 더는 안 된다. 나는, 사람은 누구나 주변의 판단에 얽매이지 않고 자기가 원하는 사람을 사랑할 자격이 있다고 믿는 사람이다.

마지막 문장이 현대의 세속적 정설을 한 마디로 말해 준다. "사람은 누구나 주변의 판단에 얽매이지 않고 자기가 원하는 사람을 사랑할 자격이 있다."

프랫의 답변은 우리를 유혹하는 세속화의 두 가지 결과를 드러낸다. 첫째, 프랫은 부담감 때문에 손에는 그리스도인으로서의 (모종의) 약속을, 동시에 다른 손에는 성 혁명에 합치되는 태도를 붙들려고 애쓴다. 분명히 말하자면 이 둘은 상호 배타적인 세계관이다. 하지만 우리를 유혹하는 세속화의 결과로, 그는 이 양립할 수 없는 두 세계관을 결합시키려고 애쓴다. 2017년, 뉴욕에 기반을 둔 힐송 교회 목사 칼 렌츠는 동성애와 동성 결혼에 관한 성경적 견해를 분명히 표명할 수 있는 몇 차례의 기회를 놓쳤다. CNN과의 인터뷰에서 렌츠는 "누군가를 향해 어떻게 살아야 한다고 말하는 것은 우리의 본분이 아니다. 그건 그 사람이 갈 길이다"라고 답변 아닌 답변을 내놓았다. 프랫의 항변과 렌츠의 발뺌은 성경적 기독교를 포기한 것에 다름 아니다.

그런데 프랫과 렌츠는 교회에 미치는 소극적 세속화의 더 큰 위험을 드러낸다. 바로 교회론이 사라지고 있다는 것이다. 그리스도의 교회는 어디에 있는가? 교회란 무엇인가? 참된 교회는 성경에 관한 직접적 질문에 답변 아닌 답변을 내놓지 않는다. 프랫과 렌츠는 빈약하기 그지없는 교회론을, 성경과 단절된 교회 개념을 드러내 보인다. 프랫은 "어떤 교회도 나나 내 인생을 규정하지 못한다"고 주장했다. 그러나 성경에 따르면 교회는 우리를 규정한다. 프랫은 교회가 자신을 규정한다는 것을 부인하지만, 성경은 그리스도께서 세우신 교회는 살아 계신 하나님의 가족으로서, 그리스도의 보혈로 산 귀한 존재이며, 복음의 대의(大義)를 위해 함께 언약 안에 있다고 가르친다. 그것이 바로 성경이 말하는 교회이다. 그런 교회, 그리스도께 대한 순종으로 함께 묶인 교회가 그 교회 구성원의 삶을 절대적으로 규정한다. 더 나아가, 렌츠가 2017년 CNN 인터뷰에서 보인 모호한 태도는 예수 그리스도의 교회의 명백하고도 영광스러운 정체성을 훼손한다. 렌츠는 교회를 권위도 없고 구성원들에게 그리스도의 제자가 되기를 요구할 책임도 없는 단체로 묘사했다. 예수님은 순종하며 따르는 사람들, 곧 그리스도와 그분의 나라의 영광을 위해 자기 목숨마저 기꺼이 바치고자 하는 하나님의 자녀들로 이뤄진 교회를 세우라는 사명을 제자들에게 주셨다.

그러므로 세속화의 소극적 압력은 신약성경에서 그리스도께서 세우신 교회의 구조를 필연적으로 손상시킨다. 문화가 계속 세속화되고, 많은 교회들이 복음의 대사로서의 권위를 포기하고 자아를 우상화하는 추세에 굴복함에 따라, 개인의 자율성이 객관적이고 보편적인 행동 기준을 찬탈한다. 다시 말하지만, 지상명령은 그리스도의 명령에 순종하는 제자 만들기에 관한 것이다. "그러므로 너희는 가서 모든 민족을 제자로 삼아…내가 너희에게 **분부한 모든 것을 가르쳐 지키게 하라**"(마 28:19-20, 강조는 필자가).

그리스도의 제자도는 행실·덕목·도덕에 관해 객관적 요구를 한다. 성경에 계시된 하나님은 자기 백성에게 명령을 발하시며, 하나님은 자신의 명령과 법에 따라 살기를 자녀들에게 요구하신다. 실제로 사도 요한이 기록한 것처럼 "하나님을 사랑하는 것은 이것이니 우리가 그의 계명들을 지키는 것"(요일 5:3)이다. 교회가 있는 곳에, 하나님께 거룩히 순종하기를 힘쓰는 신자들의 공동체가 있다. 거꾸로, 그리스도께 순종하여 사는 법을 말해 주지 않는 교회는 교회가 아니다.

소위 교회들이 성경의 권위를 흐릿하게 만들고 핵심 신학적 헌신들을 포기하면, 이들은 천천히 그러나 확실히 모더니티의 압력에 자리를 내어주고 있는 것이다. 실제로 문화적 적실성을 우상으로 삼으면 결국 신학적 혼란이라는 결과로 이어지며, 이는 용의주도하게 설정된 혼란이다.

소극적 세속화는 최소한 예수 그리스도의 신실한 제자임을 자처하는 사람들의 마음과 생각까지 왜곡시킨다. 우리는 사실 성경의 대담하고 주변에 반감을 일으키는 주장들을 믿지도 않고, 그리스도의 급진적 명령을 중심으로 우리 삶을 규제하지도 않는다. 세속 시대에는 만사가 다 절충 가능하게 보인다. 교리는 다시 정할 수 있다. 무엇이든 시대정신(zeitgeist)에 이의를 제기할 만한 것은 다 제거할 수 있다. 세속화 시대의 교회는 이 시대가 어떻게 우리의 생각까지도 재배열하고 개조하라고 유혹하는지를 늘 경계해야 한다. 이 유혹에 저항할 수 있는 유일한 힘은 하나님의 말씀의 성실한 선포에서 온다. 종교개혁자들은 이를 가리켜 "은혜의 통상적 수단"이라고 지칭했다. 성경을 일관성 있게 설교하고 가르치지 않는 곳에는 신학적 혼돈이 있을 것이다. 어쩌면 그보다 더 나쁜 일이 벌어질 수도 있다.

적극적 세속화

소극적 세속화가 교회에 아주 현실적이고도 무시하기 어려운 위협을 제시하는 반면, 적극적 세속화는 교회의 권위에 정면으로 맞서고 신학적 굴복을 노골적으로 요구한다. 세속 엘리트들은 자기들의 세계관과 대립하는 유신론적 세계관, 특히 기독교 세계관을 포기시키는 일에 일심으로 전념한다.

실제로, 기독교 세계관을 향한 세속주의의 적대감은 〈가디언〉(Guardina) 지의 한 기사 제목에도 잘 드러나 있다. "우리는 모든 영역에서 성차별을 배격하는데 왜 종교계에서는 이를 용인하는가?" 이 기사를 쓴 베아트리스 알바는 부모의 종교적 신념이 무엇이든 그 신념이 LGBTQ 의제에 적대적이라면 자녀에게 그 신념을 가르칠 권리가 없다는 섬뜩한 주장을 펼쳤다. 알바의 말대로라면, 사회는 이제 종교 단체, 교회, 심지어 개별 그리스도인이 더는 종교의 자유를 누릴 수 없는 지점까지 진보했다. 이들은 세속의 도덕 혁명에 굴복하든지, 아니면 사회를 떠나야 한다. 알바의 글은 유신론을 대적하는 세속주의의 십자포화를 대표한다. 세속 사회는 개인이나 기관, 교회 혹은 교단이 세속 세계관에 굴복할 때까지 절대로 관용하지 않겠다고 말한다. 이것이 기독교 공동체를 향한 세속화의 요구다.

기독교를 향한 세속화의 적극적 공격은 특정 신학 주장뿐만 아니라 공적 영역에서 그 신학이 표현되는 것까지 겨냥한다. 예를 들어 기독교 입양 기관이나 기독교 위탁보육센터 설립을 금지하거나 이런 기관에 대한 재정 지원을 철회하는 주(州)와 자치시가 얼마나 많은지 생각해 보라. 결혼은 한 남자와 한 여자가 하는 것이라는 아주 분명한 믿음 때문에 이런 기관들 상당수는 동성 커플에게 아이들을 입양 보내지 않으려 한다. 하지만 세속 혁명가들은 그런 입양 정책을 해롭고 차별적인 편견의 일종이라고 비난하며 끝장내려 한다.

실제로 바로 작년만 해도 트럼프 행정부는 도덕/성 혁명에 포위 공격당하는 기독교 입양 기관을 보호하겠다고 했다. 반면에 혁명가들은 이 기관들에게 입양 정책을 바꾸든지 문을 닫든지 하라고 거세게 요구했다. 오리건 주의 론 와이든 상원의원은 다음과 같은 발언으로 이런 기관을 신속히 응징했다. "종교적/성적 지향이나 성 정체성 때문에, 자격 있는 부모들의 입양 신청을 반려하고 아이들에게 안정된 가정을 마련해 주기를 거부하는 것은 부도덕한 행위다."[4] 분명히 해둘 것은, 동성 커플은 이런 기관을 통하지 않고도 얼마든지 다른 방식으로 자녀를 입양할 수 있다. 여기서의 실제적 쟁점은 입양 허용 여부가 아니라 기독교 세계관을 향한 분노다. 기독교 기관을 향한 그들의 메시지는 분명하다. 사회복지 기관을 세우거나 기금 마련하는 일을 계속하고 싶다면 기독교적 신념을 버리라는 것이다.

기독교에 대한 세속화의 습격은 때로 책 속에서 불쑥 튀어나오기도 하고 뉴스 헤드라인에 등장하기도 한다. 2018년, 〈USA 투데이〉에 침례교 목사이자 변호사인 올리버 토머스가 기고한 "미국의 교회들은 문자적 성경 해석을 거부해야 하며 동성애자들을 오해했음을 인정해야 한다"라는 제목의 기사가 실렸다.[5] 기사는 다음과 같은 도발적 진술로 시작된다. "진실을 직시할 때까지 교회는 지속적인 교인 유출을 경험할 것이다. 신실한 그리스도인이 된다는 것은 성경이 가르치는 모든 것을 다 받아들인다는 뜻이 아니다." 구체적으로 토머스는 성윤리와 관련된 성경의 가르침과 동성애를 명백히 정죄하는 구절들을 겨냥한다.

토머스의 말에 따르면, 교회의 오류의 근원은 잘못된 성경 해석이 아니다. 그보다는, 성경 자체가 틀렸다는 것이다. 성경 기자들은 동성애 행위를 잘못 정의하고 정죄한 시대와 문화 안에서 낡은 세계관에 매여 있었다는 것이다. 실제로 토머스는 오늘날의 교회를 괴롭히는 골치 아픈 문제들은 성경에 대한 그릇된 접근에서 비롯된다고 생각한다. 토머스는 이렇게 말했다. "우리는 우리 스스로를 이 궁지에 몰아넣었다. 사람들은 '성경이 그렇게 말하므로 나는 그렇게 믿는다, 그것으로 끝이다.'라고 말한다. 하지만 히브리인과 그리스도인의 성경은 아무런 오류 없이 완전한 상태로 하늘에서 내려오지 않았다. 성경은 인간이 기록했고, 그 사람들은 오류를 저질렀다." 단 몇 마디로 토머스는 교회가 배태된 이후 줄곧 고수해 온 입장을 부인했다. 성경은 거룩하며 살아계신 하나님의 영감 되고 권위 있는 말씀이라는 입장 말이다. 그는 '솔라 스크립투라'를 노골적으로 부인한다. 실로 이는 성경으로서의 성경을 부인하는 말이다.

토머스의 이런 고발을 추동하는 힘은 도덕이다. 성경은 토머스의 도덕적/윤리적 세계관에 상응하지 않는다. 그의 세계관은 LGBTQ 스펙트럼을 처음부터 끝까지 찬미하는 세계관이다. 성 혁명은 성경과 양립할 수 없다. 그래서 성경은 지난 시대의 잘못된(그리고 위험한) 문화 유물로 버려져야 한다. 이는 결국 성경의 권위를 철저하고도 무자비하게 공격하는 데까지 이른다. 진리는 이제 초월적 하나님에게서 나오는 영속적이고 객관적인 진리보다는 주관적 정서주의(emotivism)에 따라 정의되어야 한다.

기독교 세계관에 대한 이런 적극적 공격은 2020년 미국 대통령 선거에서도 숱하게 등장했는데, 그 중 가장 뚜렷한 예는 피트 부티지지의 입후보일 것이다. 부티지지는 자신의 신앙을 선거 운동의 피뢰침으로 이용했다. 우리는 지미 카터와 빌 클린턴 이후 피트 부티지지만큼 명시적으로 자신의 신앙을 논하는 민주당 후보를 본 적이 없지만, 부티지지의 신앙적 주장은 성경적 세계관에서 완전히 벗어나 있다.

실제로 작년의 한 연설에서 부티지지는 부통령 마이크 펜스를 직접 겨냥해, "마이크 펜스 같은 분들이 알았으면 하는 게 있습니다…나 같은 사람을 이해하는 게 어렵다 해도, 문제는 내게 있지 않습니다. 따지려면 나를 만드신 분에게 가서 따지십시오."라고 했다.[6] 여기서 문제가 되는 것은 부티지지의 동성애, 그리고 그가 남자와 결혼했다는 사실이다.

부티지지는 창조주의 존재를 인정하기는 한다. 하지만 그는 자신의 성 정체성이 창조주의 뜻의 연장(延長)으로 존재한다고 공언한다. 하나님이 그를 동성애자로 만드셨다는 것이다. 이는 LGBTQ 행동주의자들의 공통적인 주장으로, 부티지지의 입후보와 더불어 한층 목소리를 높이고 있다. 하지만 이 주장은 성경의 가르침과는 어느 면에서도 일치하지 않는다. 그런데도 부티지지는 복음주의 그리스도인들의 성경 이해가 점진적으로 발전해야 한다고 말한다. 그는 성에 대한 정통적인 성경 해석은 문화적으로 오래된 책에서 나온 구식 도덕일 뿐이라고 비판한다. 부티지지가 생각하기에 우리는 보편적 원칙은 유지하되 우리 시대의 도덕적 이념에 어울리지 않아 사회적, 문화적 불편을 초래하는 구절은 버려야 한다는 것이다. 간단히 말하자면 그리스도인은 비성경적인 관점에서 성경적 성을 재정의해야 한다는 것이다.

부티지지의 주장은 동성애와 LGBTQ 정체성을 창조주의 선물로 보라고 그리스도인들을 압박한다. 그리스도인들이 전근대적 세계관에서 벗어나 시대에 어울리는 성경 이해를 채택하지 못하면 역사의 그릇된 편에 서게 된다는 것이다. 이렇게 해서 이제 성경적 그리스도인들을 향해 문화적 압박을 가하게 된다. 부티지지의 요구는 항복하라는 위압적 요구에 다름 아니다. 그것도 영원한 중요성을 지닌 심원한 문제들에 대해 항복하라는 것이다. 부티지지 같은 사람이 대통령 후보 경선에 나섰다는 사실은 복음주의 그리스도인들에게 진보적 논의의 빛을 보고 지난 시대의 낡은 도그마를 배격하고 요구한다. 복음주의자들은 결혼·젠더·성·낙태 같은 문제에 대한 그들의 입장을 굽힐 때에만 공적이고 정치적인 토론장에서 한 자리를 차지하게 될 것이다.

성경적, 정통 기독교에 대한 적극적 공격은 교회 밖에서만 오는 게 아니라 교회 담장 안에서도 온다. 작년에 세계 전역의 많은 이들이 연합 감리교회(UMC) 특별 총회 결과를 예측했었다. 이 총회는 동성애에 관한 UMC의 교리적 입장을 논하기 위해 소집된 회의였다. UMC는 수십 년 동안 개신교 자유주의 쪽으로 기울어져 있었는데, 이는 자유주의 신학이 싹터서 자라도록 연료를 제공하였다. 많은 이들이 이 특별 회의는 결국 또 하나의 주류 교단이 문화적 변덕과 세속화의 위력에 굴복하는 한 예로 끝나게 될 것이라 여겼다. 하지만 그러한 예측은 크게 빗나갔다.

  수많은 방향 조종 끝에 UMC는 성경에서 말하는 성과 결혼에 대한 역사적 확언을 포기하려는 시도를 철회했다. 이 사건은 일종의 지진처럼 온 세상에 충격파를 안겼다. 총회는 결혼이 한 남자와 한 여자의 배타적 결합이라는 성경의 기준을 유지하고 LGBTQ 혁명을 거부했다. 이는 유례가 없는 일이었다. 이는 우리 눈앞에서 진행된 교회 역사였다. 오랫동안 신학적 자유주의의 특징을 지녀온 주류 개신교 교단이 LGBTQ라는 거인을 물리치고 결혼과 성에 관한 성경의 시각을 확언한 것은 지금까지 한 번도 없었던 일이다.

  성 혁명이 수많은 주류 개신교 교단을 겨냥하고 사로잡았을 때 UMC는 자신의 입장을 고수했다. 교회 안의 헌신적 보수주의자들은 교회를 떠나지 않았다. 이들은 확신에 찬 리더십으로 밀고 나가면서 세속주의와 자유주의 신학의 조류를 막고자 했다.

  그럼에도 세속주의의 적극적 압력이 UMC를 짓눌렀다. 이번에는 교회 내부에서 오는 압력이었다. 미국의 UMC 소속 교회 중 가장 규모가 큰 교회의 목사인 애덤 해밀턴은 인간의 성에 관한 본문을 포함해 성경의 모든 본문은 세 가지 서로 다른 범주로 구별되어야 한다고 말했다. 첫 번째 범주는 결코 "하나님의 뜻의 표현"이라고 할 수 없는 구절들이다. 두 번째 범주는 한때 하나님의 뜻을 표현했으나 이제 더는 그렇지 않은 본문들이다. 세 번째 범주는 "하나님의 뜻의 참 표현이자 앞으로도 언제까지나 그러할" 본문들이다.

  해밀턴은 하나님의 말씀의 무오(無誤)함을 거듭 부인했다. 거기서 한 걸음 더 나아가 어느 본문이 하나님의 말씀인지, 혹은 하나님의 말씀이었는지 인간이 판단해야 한다고 주장했다. 하나님의 뜻을 나타내지 않는 구절을 인간의 이성으로 판단해서 버려야 한다는 이 대담무쌍함은 더할 수 없는 오만이다. 게다가 해석 작업을 청부 받은 일단의 엘리트들이 이제 어느 구절을 어느 범주에 넣어야 하는지도 결정해야 한다고 한다. 어느 본문이 신속히 첫 번째 범주에 들어갈지 능히 짐작할 수 있다. 혼란은 혼란을 낳는다. 중요한 사항에서 항복하면 다른 모든 면에서도 항복하는 씨를 뿌리는 셈이다. 한 교회가 신앙의 근본 교리들을 버리면, 문화적 변종들이 적실성이라는 미명 아래 얼마든지 교회 안으로 들어올 수 있는 문이 열릴 것이다.

감리교의 분투 이후 가장 절박하게 깨닫게 된 것은, 자유주의화를 향한 압박은 절대 포기를 모른다는 사실이었다. UMC 특별 총회가 결혼은 한 남자와 한 여자의 결합이라는 교회의 역사적 정의(定義)를 수호한 이후에도, 그리고 성경이 말하는 성 도덕에 충실하겠다고 재다짐한 후에도, 진보 성향의 감독들은 LGBTQ 혁명의 더 높은 권위를 들먹이면서 교회의 권위를 계속 훼손했다. 특별 총회가 끝난 지 몇 달 지나지 않아, 분열의 위협이 대두하면서 UMC는 결국 쪼개질 것으로 보였다. 담대히 성경적 정통성을 수호하는 사람들에게 최종 승리는 없다. 적어도 이 세대에서는 말이다.

이 반석 위에

소극적, 적극적 세속주의와 세속화는 그리스도인의 신실함을 위협한다. 문화의 세속화는 교회에 도전을 던지며 무조건적 항복을 요구한다. 교회 담장 안에서 기둥 같은 교리를 포기하고 지배적 문화에 비추어 기독교 신앙을 좀더 "기꺼이 받아들일 만한" 것으로 재정의하라고 요구하면서 성경의 권위를 훼손하고 그리스도의 다스림을 전복하려는 시도가 계속해서 목격된다. 하지만 예수 그리스도의 교회는 언제나 그 책의 사람들(people of the Book)로서, 하나님의 말씀을 열심히 공부하는 데 전념하는 성경의 사람들로 살아야 한다. 성경은 다른 어떤 것에 의해 규범화될 수 없으며, 오히려 다른 모든 것의 기준이 되는 규범이다. 그리스도인은 성경의 권위를 확언해야 하며, 성경의 권위를 포기하는 것은 교회의 존재 자체를 위협하는 행동임을 늘 기억해야 한다. 교회가 있는 곳에는 성경에 헌신하는 공동체가 있다. 그런 공동체를 볼 수 없다면 교회가 없는 것이다.

그리스도인이 어떤 대가를 치르더라도 성경의 권위를 굳게 붙잡아야 하는 이유는 무엇인가? 마태복음 16장 13-18절에 그 이유가 기록되어 있다.

> 예수께서 빌립보 가이사랴 지방에 이르러 제자들에게 물어 이르시되 사람들이 인자를 누구라 하느냐 이르되 더러는 세례 요한, 더러는 엘리야, 어떤 이는 예레미야나 선지자 중의 하나라 하나이다 이르시되 너희는 나를 누구라 하느냐 시몬 베드로가 대답하여 이르되 주는 그리스도시요 살아 계신 하나님의 아들이시니이다 예수께서 대답하여 이르시되 바요나 시몬아 네가 복이 있도다 이를 네게 알게 한 이는 혈육이 아니요 하늘에 계신 내 아버지시니라 또 내가 네게 이르노니 너는 베드로라 내가 이 반석 위에 내 교회를 세우리니 음부의 권세가 이기

지 못하리라.

베드로는 예수님이 그리스도시라고 고백했을 때 인류 역사의 다른 어떤 사람과도 같지 않은 한 가지 고백을 했다. 어느 나라든 세상 사람들은 왕·여왕·민주적 지도자에게 권위를 부여한다. 미국만 보더라도 우리는 선출된 관리들을 공경하고 존경하며, 이는 이들이 맡은 직분 때문이다. 모든 나라의 시민들은 권위를 가지고 자신들을 다스리는 사람에게 충성할 의무가 있다. 그런데 베드로는 예수님이 그리스도시며 살아 계신 하나님의 아들이시라고 선언했는데, 이때 그는 우주를 다스리시는 참되신 왕의 보편적인 통치를 선언한 것이다. 유형의 나라들에 대한 다른 모든 시민들의 충성은 그리스도인들이 예수 그리스도·메시아·살아 계신 하나님의 아들에게 바치는 충성의 맹세 앞에서 무색해진다.

예수님은 베드로의 답변이 옳다고 확언하셨으며, 그와 동시에 자신이 그리스도시며 살아 계신 하나님의 아들임을 발견한 것은 인간의 발견이 아니라 하나님의 계시라는 점 또한 분명히 하셨다. 또한 그리스도께서는 베드로의 고백 위에 자신의 교회를 세울 것이라 선언하셨다. 이는 세속의 폭풍우를 마주하고 있는 이 세속 시대에 그리스도인답게 살기 위해 반드시 필요한 말씀이다. 교회와 교단이 세속주의의 위세에 굴복하는 것은 "반석", 즉 예수 그리스도의 주권(lordship)에서 벗어났기 때문이다. 예수님은 자신의 주권을 고백하여 확언하는 것이 교회가 서게 될 부동(不動)의 토대라고 제자들에게 말씀하셨다. 예수님은 교회가 그리스도와 그리스도의 주권이라는 반석 위에 서 있는 한 이 땅의 어떤 것도, 심지어 음부의 문들도 그리스도의 교회를 이기지 못할 것이라고 약속하셨다.

또한 그리스도의 주권은 교회가 그 신념대로 살며 그리스도의 모든 명령에 순종할 것을 요구한다. 교회의 도덕적 권위는 성적 부도덕의 추문을 묵인하고 성 폭력의 추문을 부인하는 행태 때문에 심각하게 타격을 입어 왔다. 예수 그리스도께 순종하는 교회는 성경의 도덕을 단지 설교만 할 수는 없다. 그 도덕을 삶으로 살아내야 한다. 그렇지 않으면 우리가 하는 말은 공허한 울림이 될 것이다.

결국 교회는 성도에게 최종적으로 전해진 신앙을 위해 싸워야 한다. 이는 우리의 믿음과 신학이 그리스도와 그리스도의 사도에게서 전해진 것이어야 한다는 뜻이다. 우리는 그리스도께서 자기 교회에 가르치셨고 성경을 통해 지금도 계속 가르치시는 그 신앙 위에 서 있다. 이는 신약 시대의 시작 시점부터 오늘날까지 참 교회가 믿고, 고백하고, 가르쳐온 신앙이다.

더 나아가 교회들은 교회의 첫 번째 표지로서 하나님의 말씀을 선포하는 일 위에 서 있어야 한다. 하나님의 말씀이 올바로 전해지지 않는 곳에는 교회도 없다.

또한 교회는 정체성의 인증마크로서 신앙고백에 대한 신실함 위에 서 있어야 한다. 성도에게 일단 전해진 신앙은 고백의 형식으로 표현되고 정의되고 수호되어야 한다. 그리스도인들은 신조와 고백문의 필요성을 대대로 새롭게, 대개는 수고스럽게 습득한다. 우리는 우리가 무엇을 믿는지 규정해야 하고, 그 고백에 나타난 정체성을 유지할 수 있도록 서로서로 책임성을 발휘해야 한다. 신앙고백이 없는, 혹은 이름뿐인 고백문만 있는 교회와 교단은 교리 면에서 스스로 무장을 해제하는 셈이다.

교회들은 전체적인 기독교 세계관을 위해 나서야 한다. 성경은 세상을 보는 포괄적이고, 참되고, 보편적인 시각만을 제공한다. 창세기에서부터 요한계시록에 이르기까지, 성경은 모든 세대에 걸쳐 교회를 훈련하고 교육한 순전한 신학을 제시한다. 교회가 존재하기 시작한 처음부터 지금 우리가 살고 있는 세속 시대에 이르기까지 성경은 세계관의 근원으로서 그리스도인들이 돌아가야 할 안전한 항구로서 일관성 있게 존재한다.

마지막으로, 교회들은 지상명령에 재헌신해야 한다. 이는 만방에 그리스도를 알리라는 명령이다. 그리스도를 안다는 것은 그분의 계명에 순종하는 것이다. 그리고 이것은 복음을 들고 땅 끝까지 간다는 뜻이다. 그리스도만이 복음은 우리를 구원하는 유일한 메시지임을 우리에게 일깨워 주시며, 이 복음을 만방에 전하는 것이 우리의 책무다. 이는 교회로서 우리가 취하는 공격 전술이다. 우리는 벽 뒤에 숨지 않는다. 우리는 복음을 들고 세상 모든 사람들에게로 간다. 세속화된 세상으로까지 말이다. 그것이 우리의 소명이다.

세속주의의 폭풍우가 교회 위로 몰려온다. 이 폭풍우는 우리에게 항복할 것을 요구하며, 그리스도인들이 항복할 때까지 포기하지 않을 것이다. 예수 그리스도의 교회를 위해 우리는 이렇게 밀어닥치는 폭풍우를 견딜 수 있다. 우리는 세속주의의 격랑을 버텨낼 수 있다. 이렇게 굳게 설 수 있음은, 우리가 반석 위에 서 있기 때문이다. 우리는 예수 그리스도께서 주님이시고 하나님의 아들이시며, 무덤을 정복하시고 그 무엇도 자신의 교회를 이기지 못할 것이라 약속하신 분이라는 흔들리지 않는 고백 위에 서 있다.

3

인간의 생명 위로 몰려오는 폭풍우

낙태는 모던 시대의 큰 도덕적 상흔(傷痕)으로 등장하고 있다. 낙태는 지구상에서 기술적으로 가장 진보한 나라들에서 문화가 죽음과 손잡은 기이한 현실을 보여 주는 대표 사례이다. 이 상흔은 미국에도 공공연히 만연해 있다. 어떤 의미에서 미국인들은 1973년 연방 대법원의 수치스러운 로 대(對) 웨이드 판결(Roe v. Wade decision : 여성의 낙태권을 사생활에 대한 기본권의 일종으로 인정하면서 낙태를 최초로 합법화한 판결—역자주) 이후 지난 반세기 동안 낙태 문제로 깊이 분열해 왔다. 하지만 다른 여러 나라의 경우와 달리, 그리고 미국에서 다른 많은 쟁점들에 관해서는 더 진보적으로 의견합일이 이루어지는 것이 지체되어 온 것과 달리, 낙태 논쟁은 지금도 격렬히 진행 중이고, 찬반 여부에 따라 미국의 정파(政派)들의 노선이 구체화되며, 대통령직에까지 영향을 끼치고 있다.

칼럼니스트 고(故) 찰스 크라우트해머의 말처럼 "사회가 진보화되고 있지만, 주요한 사회적 쟁점 중 낙태는 유일하게 이 추세 쪽으로 움직이지 않았다."[1] 이는 정확한 관측이다. 미국인들이 많은 사안에서 비교적 진보적으로 변화해 왔지만(특히 LGBTQ 문제에서), 낙태 문제에 관한 한 국민들의 인식은 여전히 깊이 양분되어 있고, 오십 년 간의 낙태 권리 활동은 진보적 의견합일을 이뤄내지 못했다. 이는 좋은 소식이다. 하지만 나쁜 소식도 있다. 태아가 뉴욕 주민의 태에서 사는지, 아니면 앨라배마 주민의 태에서 사는지가 아주 중요하다는 것이다.

미국 전역의 주에서 임신 말기 낙태 법안 지지를 약속함에 따라 낙태의 공포는 뉴스 머리기사에 날마다, 그리고 어느 때보다 치명적인 형태로 등장하고 있다. 이 법은 기본적으로 아기가 태어나는 순간까지도 낙태를 허용하려고 한다. 최근 뉴욕과 로드아일랜드에서 통과된 법안은 낙태 찬성 운동에 새 날이 열렸음을 알린다. 이 법안은 미국의 어떤 태아에게든 엄마 뱃속을 가장 안전하지 않은 곳으로 만들려고 한다. 언어적 표현력을 아무리 동원해 봐도 낙태 찬성 운동 의제(議題)의 지극히 소름 끼치고 가증스러운 야만성을 다 표현하지 못할 것이다.

과거에는 여성의 선택권을 옹호하던 이들도 보통 임신 후기에 낙태할 권리를 공개적으로 지지하지는 않았다. 하지만 낙태 찬성 운동 측이 부분 분만식 낙태를 금하는 것까지 요란스럽게 반대했을 때 진실이 드러났다. 대다수 미국인들은(일부 형태의 낙태권은 지지한다고 말하는 대다수 사람들까지) 만약 태아가 엄마의 태 밖에서도 살아남을 수 있다면 당연히 아기를 보호해야 한다고 주장했다.

그런데 이런 기류가 변했다. 낙태 찬성 세계관의 필연적인 결과는 임신 어느 단계에서든 낙태를 요구할 수 있다는 쪽으로 귀결된다. 이 급진적이고 독단적인 주장에 따르면, 미국의 각 주들은 여성이 임신 어느 단계에서든 자신의 건강과 관련된 어떤 이유로든 낙태할 권리를 보장해야 한다. 생사가 걸린 건강 문제뿐만 아니라 정서적이고 정신적인 건강 문제와 관련해서도 말이다. 낙태 찬성 운동의 치명적 논리는 지난 해 미국의 정치 현장, 특히 2020년 대통령 선거를 배경으로 훨씬 더 지독해졌다.

낙태 찬성 운동은 죽음의 문화의 씨앗을 뿌렸다. 이 운동은 생명의 존엄성을 파괴하고 부인하려 하며, 이제 그 결과를 똑똑히 볼 수 있다. 모든 인간은 하나님의 일반 은총의 확장이며 하나님의 형상을 지닌 존재라는 진리 위에 서 있는 도덕법을 내다버린 사회에서 바로 이런 일이 벌어진다. 죽음을 향한 행진이 반전되지 않는 한 머리기사는 더 소름 끼치고 더 지독해질 것이다.

실제로 2018년에 미국 상원은 낙태를 살아 있는 아기에게서 생명을 빼앗는 행위라고 법적으로 정의하고 영아살해를 금지하는 결의를 통해 사회에 만연한 이 죽음의 문화를 뒤엎고자 했다. 하지만 이러한 움직임은 낙태 시도 후에 살아서 태어난 아기들의 생명을 보호할 수 있을 만큼의 표를 얻지 못했다. 이 표결은 근간의 미국 정치사에서 가장 중요한 사건 중 하나로 손꼽히는 그와 동시에 매우 비극적이고 영향력 있는 사건이다. 인간의 생명을 보호하지 못한 이 최근의 실패 사례는 미국의 비참하고 끔찍한 죽음의 문화의 마지막 장을 나타낸다. 주로 낙태 찬성 운동이 그러한 문화를 추동하고 있다.

미 상원은 낙태 시도 후에 태어난 아기에게 의료적 도움을 제공하지 않은 의사를 처벌한다는 결의안 통과를 저지했다. 과반을 약간 넘는 의원들이 법안에 찬성표를 던진 반면 마흔네 명의 상원의원은 반

대표를 던졌다. 마흔넷이라는 숫자에 주목할 필요가 있다. 마흔네 명의 상원의원이 영아살해 금지 법안에 반대표를 던졌다. 이는 미국 역사의 소름 끼치는 순간이다.

작가이기도 하고 상기 법안의 주 발의인이기도 한 네브라스카 주 상원의원 벤 세스는 이렇게 말했다. "영아살해를 괜찮다고 생각하는지 동료 의원들 한 사람 한 사람에게 다 물어보고 싶다. 의회에 몸담고 있는 많은 사람들에게 예의 없는 일인 줄은 알지만, 솔직히 말해 그게 바로 우리가 오늘 여기서 이야기하고 있는 문제 아닌가…우리는 살아 있는 아기, 어설픈 낙태 시도를 이겨내고 태 밖으로 나온 아기들을 보호하는 국가인가?" 세스는 이 입법안을 가리켜 실패한 낙태 시도에서 살아남은 무고한 신생아의 생명을 보호해 줄 "영아살해 금지"법이라고 설명했다.

이 법안이 통과되지 못한 것은 낙태 찬성 운동이 그 이빨을 드러낸 것이다. 낙태 찬성 운동이 이 시대 민주당을 장악하고 있다. 낙태를 찬성하는 세력들은 이제 출산 예정일까지는 물론 예정일 후에도 낙태를 허용하는 급진적인 낙태 법안을 추진하고 있다. 이들은 모든 법적 상황하에서 낙태를 할 수 있어야 한다고 주장한다. 기독교 세계관은 잉태 순간에서부터 자연사할 때까지 매 순간 사람의 생명의 존엄성을 확언한다. 그래서 모든 낙태는 결국 태어나지 않은 아기를 살해하는 거나 마찬가지다. 전에는 가장 급진적인 낙태 찬성 로비스트들조차도 임신 말기 낙태를 공개적으로 열렬히 지지하기를 겁냈었으나, 이제는 모든 한계가 무너졌다. 넘지 못할 선도 없고, 낙태 찬성 이데올로기를 제어하는 절대적인 도덕 같은 것도 없다. 이들에게 유일한 절대

법칙은 낙태를 절대적으로 지지하는 것뿐이다.

민주당 의원 중에 단 세 명만이 당과 뜻을 달리하는 용기를 내어 영아살해를 금하는 이 법안을 지지했다. 이 의원들이 어느 주 대표들인지를 생각하면 이 사실이 놀랍지도 않다. 이들은 각각 웨스트버지니아, 펜실베이니아, 앨라배마 출신이었다. 흥미롭게도, 상원의원으로 일하면서 민주당 대통령 후보 지명전에 나선 모든 경쟁자들은 자신들이 영아살해를 금하는 이 법안을 반대했다는 것을 기록에 남기려고 안간힘을 썼다. 민주당은 대통령 선거가 있을 때마다 도덕적 방향으로 기울어지고 있다. 민주당은 이제 살아서 태어나는 아기들의 보호를 포기한 정당이다.

상원 회의장에서 공화당 원내 대표 미치 매코널은 제안된 법안을 가리켜 "신생아를 보호하려는 간단한 법안"이라고 했다. 또한 매코널은 민주당을 보면 "신생아의 생명권이 출생을 둘러싼 환경에 의해 조건지어질 수 있다고 말하는 듯하다"고 하면서 민주당을 고발했다. 상원의원 매코널은 민주당의 주장에 담긴 끔찍한 의미를 제대로 평가했지만, 최근 낙태 찬성 운동 측과 의회 내 이들의 협력자들은 미국 사회의 도덕적 나침반에서 생명의 존엄성을 자꾸 타파하려고 시도해 왔다. 민주당 의원의 다수는 심지어 태속에서 태아를 불법으로 심히 섬뜩하게 살해하는 것을 방지하는 부분 분만 낙태 금지령도 반대했다.

민주당이 추진하는 조치, 그리고 가장 급진적인 낙태 법안을 지지하는 민주당 후보들의 좌경화는 위협적인 죽음 문화의 발흥을 나타낸다. 사실 민주당은 상황이나 이유 또는 태아의 개월 수와 상관없이 모든 여성이 제한 없이 세금으로 낙태할 수 있게 하는 것을 목표로 하는 낙태 찬성 단체인 미국 가족계획 연맹(Planned Parenthood Federation of America)의 도덕적 의제를 차용하고 있다. 미국 가족계획 연맹의 전 총재 리나 웬은 이렇게 말했다. "오늘 투표가 무엇을 위한 투표인지를 크게 알려야 한다. 이는 여성의 건강과 권리에 대한 직접적 공격이다. 이번 법제정은 거짓말과 오보(誤報) 캠페인에 바탕을 두고 있다. 여성을 모욕하고, 의학에도 현실에도 존재하지 않는 행위 때문에 의사들을 범죄자로 만들려고 한 것이다."[2]

바로 이 지점에서 낙태 찬성이라는 의제의 논증은 붕괴되고 일말의 지적 정직성이나 일관성도 갖추지 못하게 된다. 첫째, 이들은 이런 행위가 존재하지 않는다고 주장한다. 하지만 이런 행위가 존재하지 않는다면, 영아살해를 불법으로 규정하는 법안에 왜 반대하는가? 낙태 찬성 측 주장은 도덕적/윤리적 추론에서 치명적 모순을 보여 준다. 이들은 이 법안에서 규제하는 행위는 실제로 일어나지 않으며 따라서 이를 불법으로 정해서는 안 된다고 주장한다. 이 입법을 반대하는 어떤 진술들은 유례없는 광기를 표출한다. 워싱턴 주 상원의원 패티 머리는 이 입법안을 가리켜 "명백히 반(反) 의사, 반 여성, 반 가족적"이라고 한다. 도대체 어떤 세상에서 영아살해를 금지하는 법안을 "반 가족적"이라고 생각할 수 있는가?

상원의원 머리는 계속해서 말했다. "이 법안은 법으로 제정될 수 없다. 발의자들은 이 법안이 이미 불법인 어떤 일을 불법으로 만들 거라고 주장한다. (이번 입법은) 공화당이 헌법이 보호하는 권리를 여성들에게 인정하지 않겠다는 목표를 향해 한 걸음 더 나아가게 해줄 뿐 아무것도 하는 게 없을 것이다."

이 의원은 자체 모순인 주장으로 하나씩 하나씩 구조를 쌓아 올렸다. 법안이 이미 불법인 어떤 일을 불법으로 만든 것이라면, 그 법안에 반대할 이유가 무엇인가? 그 일이 이미 불법이라면 이 법이 어떻게 여성의 선택권을 인정하지 않는 어떤 일을 할 수 있다는 말인가? 이런 행위는 벌어지는가, 벌어지지 않는가? 안타깝지만 이런 일은 실제로 일어난다.

이 법안을 반대하는 여론은 현실에 바탕을 둔 합리적 주장으로 보이지 않고 《이상한 나라의 앨리스》에 나오는 광기, 공상, 그리고 극단적 논리의 깊은 토끼굴을 닮았다. 생명을 우선으로 여기는 법안, 심지어 태 밖으로 나온 아기의 생명을 보호하려는 법안을 반대하면서 무모하고 근거 없는 주장들을 그럴 듯한 것으로 만들고 있다. 이제 말은 중요하지 않다. 정치인들은 성별(性別)을 이유로 낙태하는 것을 금하는 법안에 반대할 때도 동일한 유형의 논거를 댄다. 이들은 태아의 성별이 부모가 원하는 성별이 아니라는 이유로 낙태를 하는 일은 벌어지지 않는다고 주장하며(하지만 그런 일은 실제로 벌어진다), 그런 관행을 금하는 것은 잘못이라고 계속해서 주장한다. 다운 증후군 진단을 받은 태아를 낙태하지 못하게 하는 법률에 대해서는 이들의 논법이 달라진다. 이들은 그런 낙태가 벌어진다는 것은 인정하지만, 그래도 어쨌든 여성에게는 아기를 낙태할 권리가 있다고 주장한다. 비극적인 일은, 태속에서 다운 증후군 진단을 받은 엄청나게 많은 아기들이 지금 낙태된다는 사실이다. 우리는 이런 나라가 되었다.

어떤 이들은 단호한 태도를 보였다

상원이 영아살해 금지 법안을 통과시키지 못했고, 뉴욕이나 로드아일랜드, 버지니아, 일리노이 같은 곳에서 죽음의 문화가 부상하고 있음에도 불구하고, 어떤 주(州)는 인간 생명의 존엄성 위로 몰려오는 폭풍우에 대해 단호한 입장을 보였다. 이런 주들이 보여 주는 저력에 태아 생존권(pro-life) 운동 측은 힘을 얻어야 하지만, 낙태 찬성 운동 측, 특히 민주당 대선 후보 경선에 나선 사람들의 반응을 주목할 필요가 있다.

2019년 초, 뉴욕 주는 정상 출산 순간까지 낙태를 실질적으로 합법화하는 새로운 낙태 법안을 통과시켰다. 새로운 '생식보건법'(Reproductive Health Act)은 심지어 낙태를 뉴욕 주 형법에서 아예 삭제해 버렸는데, 이는 임신한 여성과 그 태아를 살해해도 이제 뉴욕에서는 단일한 살인 사건으로 취급되며 태아가 살해된 것은 아예 살인으로 여기지 않는다는 의미였다. 이는 낙태 찬성 운동 측이 지배하는 주(州)들을 통해 진척되는 치명적 논리다. 이러한 주들은 의료 보장 프로그램 등의 수단을 통해 직접 낙태를 위한 기금을 마련한다. 뉴욕 주 의회에서 법안이 통과되자 큰 환호가 터져 나왔다. 죽음의 문화에는 치어리더들이 있다.

슬프게도 뉴욕 주에서 일이 이렇게 전개되는 것을 보고 일리노이를 비롯해 다른 주들도 이를 모방하려 한다. 미국에서는 이제 낙태 정세가 선명하게 그려진다. 태아 생존권을 점점 더 존중하는 주들과 낙태를 점점 더 확실하게 찬성하는 주들의 지도가 생겨났다. 이 엄청난 도덕적 격차는 곧 정치 격차이기도 하다.

몇몇 주에서는 태아의 생명 보호를 위해 중요한 법안을 채택했다. 이러한 법안 및 그에 대한 반응은 미국이라는 나라에서 우리가 지금 서 있는 곳이 어떤 곳인지 아주 선명히 보여 주는 초상이다. 조지아 주지사 브라이언 켐프는 선거 운동 때 약속한 대로 태아 심장박동 법안에 서명했다. 이 법은 의사가 일단 태아의 심장 박동을 감지한 후에는 낙태를 못하게 한다. 태아의 심장 박동은 임신 6주로 접어들기만 하면 감지된다. 예측할 수 있다시피, 이 법안은 낙태 찬성 단체 측의 즉각적 반발을 불러일으켰다.

낙태 찬성 운동은 심장 박동 법안을 로 대(對) 웨이드 판결(임신 후 첫 삼 개월과 두 번째 삼 개월 대부분 기간 중의 낙태를 합법화하는 대법원 판결)의 결과로 여성들이 보호받을 수 있게 된 것에 대한 직접적 위협으로 본다. 즉, 태아 심장 박동 법안은 임신 후 첫 삼 개월 중의 낙태를 금하는데, 이는 낙태 찬성 운동 측이 묵과할 수 없는 일이다.

우리가 상상할 수 있는 모든 세력으로부터 낙태 찬성 의제를 위한 신속한 대응이 시작되었다. 정치인, 정치 단체, 낙태 옹호단체, 심지어 할리우드에서까지 조지아의 심장 박동 법안을 비난하는 목소리들이 쇄도했다. 사실 미국에서 문화 생산과 문화적 영향력의 가장 강력한 엔진은 할리우드임이 틀림없을 것이다. 태아의 생명 보존을 위한 법에 할리우드가 어떻게 반응하는지를 보면 미국에서 가장 강력한 문화/도덕 생산자들이 골치 아파하는 동향(動向)이 무엇인지 알 수 있다.

CNN은 한 기사에서 할리우드의 엘리트들이 조지아 주의 법을 어떻게 공공연히 적대시하는지를 열거했다. CNN의 보도에 따르면, 배우 알리사 밀라노는 "조지아 주 하원 의장 데이비드 랠스턴 및 주지사 브라이언 켐프에게 보내는 공개서한에서 이른바 심장 박동 낙태 법안에 대한 반대 의사를 표했다. 에이미 슈머, 션 펜, 알렉 볼드윈, 던 치들, 로지 오도넬, 패튼 오스왈트, 새러 실버맨, 미아 패로 같은 수많은 유명 연예인들이 밀라노의 생각을 지지한다는 뜻으로 그 편지에 서명했다."[3]

착각하지 말라, 이는 공공연한 강요 행위다. 문화 엘리트들은 조지아 주를 상대로 협박을 했다. 조지아 주가 굴복을 해서, 태아의 생명을 보호하려고 현재 진행 중인 경로를 바꾸지 않으면 할리우드는 이에 격노해 전력을 다해 대응하리라는 것이다. 할리우드는 조지아에서의 영화 제작활동을 철수할 것이며, 이때 조지아 주가 입을 손실은 27억 달러에 이를 것으로 추산된다. 〈할리우드 리포터〉의 보도에 따르면, 조지아 주에서는 작년 한 해 동안만 455건의 영화제작 작업이 이뤄졌다고 한다.

예의 그 할리우드 스타의 편지에는 이런 내용이 있다. "우리는 조지아에서 작업하고 싶습니다. 우리가 사랑하게 된 이 복숭아 주(The Peach State : 복숭아가 조지아의 주요 농작물인 것을 빗댄 호칭—역자주)의 멋진 사람들, 비즈니스, 그리고 지역 공동체를 계속 지지하고 싶습니다. 하지만 잠자코 그렇게 하지는 않을 것입니다. 그 법안이 시행될 경우, 우리는 여성들에게 좀 더 안전한 주로 우리 제작 산업을 옮겨가기 위해 할 수 있는 모든 일을 다 할 것입니다." 법안은 시행되었고, 할리우드는 약속한 대로 했다.

이 공개서한은 "안전"이라는 미명 아래 도덕적 의무를 규정했다. 누구를 위한 안전인가? 이는 태속에 살아 있는 아기를 위한 안전이 아니다. 다만 자기 몸 안에 있는 아기를 어느 시점에서든, 어떤 이유로든, 단칼에 끝장내고 싶어 하는 여성을 위한 안전이다.

다시 말하지만, 도덕 혁명은 여성의 태속에 있는 아기는 전혀 고려하지 않고 여성의 권리를 쟁점으로 만들었다. 이들은 도덕 방정식에서 태아를 삭제해 버렸다. 이들에게 유일하게 의미 있는 도덕적 문제는 여성과 그 여성이 자기 몸에 대해 갖는 자율권뿐이다. 할리우드를 비롯해 비슷한 생각을 가진 수많은 사람들에게 아기는 존재하지도 않는다.

조지아에 대한 문화적 폭격은 영화배우들뿐만 아니라 이들 뒤에 있는 작가들에게서도 쏟아져 나왔다. 구체적으로는 동부 아메리카 작가 조합과 서부 아메리카 작가 조합이다. 이 두 강력한 단체가 배우들에게 가세하여 공동 선언을 발표하며 조지아 주를 압박했는데, 이 선언에서 그들은 이렇게 말했다. "이 법 때문에 조지아는 우리 회원들을 비롯해 영화와 텔레비전 제작업자들이 일하기 힘든 곳이 될 것이다. 조지아 의회와 켐프 주지사가 그 법안대로 법을 만든다면, 우리 업계 종사자들 다수가 조지아 주를 떠나려 하거나 조지아 주에서 제작 활동을 하지 않기로 결정할 가능성이 높다. 그것이 바로 자기 몸을 통제할 수 있는 모든 여성의 권리를 노골적으로 공격하는 데 따르는 잠재적 비용이다." 이는 현대의 문화 권력에 의한 전면적 공격에 다름 아니다. 공동 선언은 조지아 주의 정책 제안을 고발할 뿐만 아니라, 이 일을 계속 추진할 경우(실제로 추진했다) 조지아는 이제 영화제작에 적

합한 장소로서의 역할을 하지 못할 것임을 확실히 한다. 할리우드는 조지아 주와 절연(絶緣)하리라는 것이다. 아니, 절연하겠다고 위협한다.

캠프 주지사가 법안에 서명하여 입법이 되자마자 또 한 가지 응징 조치가 뒤따랐다. 전국 여성 기구(National Organization for Women) 총재 토니 반 펠트가 다음과 같은 성명을 발표한 것이다. "사실 여성들에게는 안전하고도 합법적으로 낙태할 수 있는 헌법적 권리가 있으며, 이 경악스러운 입법상 음모는 다가올 선거에서 낙태 반대를 외치는 후보자에 대한 정치적 지지를 선전하기 위해 든든한 자금 지원 아래 잘 계산된 국가적 시도의 일환이다. 그 사이, 여성의 건강, 자율권, 행복 추구권은 심각한 위협 아래 있게 된다." 여성의 건강, 자율권, 행복 추구권의 제단에 태아들을 제물로 바친다니 우리는 도덕적으로 얼마나 잔혹한 세대로 빠져든 것인가?

심장 박동 법안이 여러 주에서 발의되자 미국 전역에서 태속의 생명 및 그 태아 고유의 가치에 관한 도덕적 논쟁이 유발되었다. 〈워싱턴 포스트〉의 조지 윌은 심장 박동 법안 발의자들의 목표는 "분명히 심장이 뛰고 있는 존재를 소멸시키는 일의 정당성 여부를 도덕적 차원에서 생각해 보게 하려는 것"이라고 했다.[4] 실제로 이 법안은 뛰고 있는 심장을 멈추는 게 도덕적으로 올바른 일인지 인간으로서 생각해 보기를 요구한다. 기독교 세계관을 바탕으로 우리는 임신 6주차에 들어서서 심장 박동이 감지될 때가 아니라 잉태되는 그 순간부터 생명의 존엄성을 확언한다. 생명은 전체가 신성하며 보호받을 가치가 있다. 또 한 가지 주목해야 할 것은, 주요 언론들이 "태아 심장 박동"이라는 표현을 쓰지 않으려고 각별히 노력하리라는 것이다. "심장 박동"이라는 말은 태아도 사람이라는 사실을 아주 힘 있게 지적한다. 이 표현은 태 안에 살고 있는 것이 한 아이라는 사실을 강조한다.

〈뉴욕 타임스〉는 존 빌 에드워즈가 루이지애나 주지사로 재선된 소식을 전하면서, 에드워즈가 "태아의 심장이 될 부분이 박동하기 시작한 후의 낙태를 금지하는" 법안에 서명했다고 알렸다.[5] 이 기사는 루이지애나 주 법을 다루면서 "배아의 맥박"(embryonic pulsing)이라는 표현을 사용했다. 세속 언론은 어떻게든 "심장 박동"이라는 표현을 쓰지 않으려고 애쓸 것이다. 이는 많은 것을 말해 주는 행동 방식이다. 태아가 사람이라는 사실을 다시 한 번 조롱하는 것이다.

그와 동시에, 이와 같은 도발은 낙태 찬성 단체의 최악의 모습을 보여 준다. 실제로 이는 어떤 대가를 치르더라도 낙태를 옹호하고자 하는 이들의 도착적(倒錯的)인 모습을 보여 준다. 조지 윌은 2018년 12월 28일자 〈뉴욕 타임스〉 논설을 인용했는데, 논설위원은 "태아에게도 온전히 형체를 갖춘 사람과 똑같은 권리가 있다"는 개념에 반대 의사를 표했다.[6]

또한 이 문제를 둘러싼 논쟁은 2020년 대통령 후보 경선에 나선 사람들에게서 아연실색할 논평들을 이끌어 냈다. 그럼으로써 이 문제는 단순히 여성들의 낙태권에 관한 문제가 아니라 신학적인 사안이라는 사실이 드러났다. 모든 사람이 다 신학자는 아니라는 것을 명심하라. 설령 뉴욕 주상원의원이거나 민주당 대통령 후보 경선에 나섰던 사람일지라도 신학자는 아니다.

상원의원 키어스틴 질리브랜드는 심장박동 법안이 통과된 직후 조지아에서 선거 운동을 중단함으로써 그 사실을 분명히 했다. 이 새 법에 비추어 낙태에 관해 논하는 패널 토론에서 신학자 질리브랜드는 낙태를 금지하거나 제한하는 법률은 "기독교 신앙에 반한다"고 말했다. 이는 면밀히 검토해 봐야 하는 발언이다.

상원의원 질리브랜드의 말을 이해하기 위해서는 상원의원 질리브랜드가 모든 사안에 대해 진보적이지는 않았다는 점을 기억하는 게 중요하다. 질리브랜드는 2009년 힐러리 로댐 클린턴이 국무장관이 되어 상원의원직을 반납하면서 공석이 생겼을 때 상원의원으로 지명되었다. 2006년 연방 하원의원으로 선출될 당시 질리브랜드는 블루독 민주당원(Blue Dog Democrat : 중도 보수파로 여겨지는 민주당원으로 구성된 미국 하원의 간부 회의—역자주)으로 알려져 있었으며, 총기 권리 옹호 단체인 전미 총기협회(National Rifle Association)에서 매우 높은 평가를 받기까지 했다. 그러나 상원의원으로 지명된 이후 질리브랜드는 점점 왼쪽으로 기울어지기 시작했다.

실제로 질리브랜드는 대통령 선거에 출마하면서 훨씬 좌파 쪽으로 변모해 갔는데, 낙태 문제에서 특히 그랬다. 질리브랜드는 연방 정부가 법을 만들어서 주 정부의 낙태 제한권을 어떤 식으로든 제한해야 한다고 주장했다. 또한 납세자의 돈이 낙태 기금으로 쓰일 수 없다는 것을 보장하는 하이드 수정안(Hyde Amendment)의 철회를 요구했다. 더 나아가 질리브랜드는 낙태 클리닉을 더 많이 만들어야 하며 낙태 시술에도 민간 보험과 메디케이드(Medicaid) 같은 국가 보험이 의무적으로 적용되어야 한다고 주장했다. 또한 연방 판사와 대법원 법관은 로 대 웨이드 판결을 유지하는 데 힘쓰는 사람으로만 임명하겠다고 공약했다.

이런 제안들은 요즘 미국에서 공직 선거에 입후보하는 민주당 후보들의 전형적인 제안이다. 충격적인 것은, 질리브랜드가 낙태를 금지하거나 제한하는 법은 "기독교 신앙에 반한다"고 말하여 이 토론에 신학을 개입시켰다는 점이다. 질리브랜드의 주장은 자유의지 교리에 뿌리를 두고 있는 게 분명하다. 질리브랜드는 이렇게 말했다. "기독교 신앙을 가진 사람에게 신앙의 교의 중 하나는 자유의지다. 우리 민주주의의 교의 중 하나는 교회와 국가는 구별된다는 것, 그리고 어떤 상황에서도 타인에게 자기 신앙을 강요해서는 안 된다는 것이다." 그의 말은 신학적 넌센스다. 하나님은 인간을 도덕적으로 책임을 다할 수 있는 존재로 만드신 후 태속에 있는 인간 생명을 파괴하기 위해 그 권세를 사용하라고 우리를 부르지 않으셨다. 질리브랜드의 주장은 말이 안 된다. 뿐만 아니라 치명적이기도 하다.

질리브랜드 의원이 하려는 말은, 인간의 책임을 확언하고 인간의 의지를 작동시켜 의사 결정을 한다는 것은 낙태 관련 법을 제정할 때 방관해야 한다는 의미라는 것이다. 이 상원의원은 도덕적 책임 면에서 인간이 의지를 본질상 주권적인 것으로 만든다. 하지만 이 절대적인 도덕적 자유가 현실에서는 어떻게 작용하는가? 법이 존재하는 것은 인간이 도덕적 책임을 인식하도록 하기 위해서일 뿐만 아니라 자유에 경계를 정하기 위해서이기도 하다. 예를 들어, 살인은 미국의 어떤 주에서든, 그리고 어떤 나라에서든 법을 거스르는 행위다. 시민들이 살인을 저지르지 않도록 어떤 제한을 두지 않을 정도로 정부가 자유의지를 고양시킨다는 것은 생각할 수 없는 일이다.

법이 인간의 양심을 어느 정도까지 구속하고 인간의 행동을 어느 정도까지 제한할 것인가에 대해서는 앞으로도 계속 정치적 논쟁이 있을 테지만, 인간 사회의 요체는 그런 법률의 존재 위에 세워진다. 모든 법은 다 인간의 자유를 제한한다.

질리브랜드 의원에게 있어, 여성이 낙태를 고려하고 선택할 자유는 누구도, 어떤 식으로도 제한할 수 없어야 하는 절대적 자유다. 본질적으로 그는 한 여성이 낙태를 고려하는 의사결정 과정에 어떤 제한을 두는 것은 기독교 신앙에 반한다고 말했다.

그러한 주장은 신학적 횡설수설이어서 치명적 혼돈에 이르게 된다. 그의 논증에는 사람이 도덕을 법제화할 수는 없다는 주장이 깔려 있다. 또한 그는 교회와 국가의 분리를 언급하면서 낙태 제한은 타인에게 신앙을 강요하는 한 예라고 말했다. 하지만 모든 법의 이면에는 언제나 깊은 도덕적 동기가 있다. 문제는 "우리가 누구의 도덕을 법제화하고 있는가?"이다.

여기서 우리는 세상에 비(非)신학적인 사람은 없고 궁극적으로 비신학적인 세계관도 없다는 점을 상기하게 된다. 세속적이고 비신학적임을 자처하는 세계관이 있을 수 있지만, 유신론을 거부한다는 점에서는 세속적 세계관도 신학적이다. 사실 모든 세계관은 인간 사회가 어떻게 체계화되고 질서가 잡혀야 하는지를 결정해야 한다. 모든 사회는 존재에 대한 질문에 답변해야 한다. 그리고 궁극적으로 모든 세계관은 '인간이란 무엇인가?'라는 질문에 답변해야 한다. 의도하든 하지 않든, 답변은 언제나 신학적일 것이다.

2018년, 앨라배마 주는 낙태를 실질적으로 금지하는 법을 최종 승인했다. 최종 절충에 따라 엄마의 생명을 위협하는 임신의 경우에는 제한적으로 예외를 두기로 했다. 이는 이 법안이 강간이나 근친상간에 의한 임신이라고 해서 무조건적인 예외를 두지는 않았다는 의미다. 법안이 상원에서 통과된 지 얼마 되지 않아 앨라배마 주지사 케이 아이비는 이 법안을 입법 조치했다. 앨라배마의 담대한 태도는 미국에서 낙태 논쟁 연대기에 새 장이 열렸음을 나타낸다.

앨라배마는 낙태를 철저히 금함으로써 유례없는 도약을 했다. 법안 발의자들은 이 전면적인 낙태 금지 조치를 1973년 대법원의 수치스러운 로 대 웨이드 판결에 대한 도전으로 규정했다. 다분히 전략적이고 의도적인 조치였다. 이는 "미국 헌법은 여성들에게 태아를 죽일 권리를 부여하는가?"라는 핵심 질문을 두고 벌어지는 헌법 전쟁이다.

낙태 찬성 측은 앨라배마 주 의회의 성별 구성에 의지해서 이 입법안을 기각시키려 했다. 실제로 앨라배마 주 의회의 35개 의석 중 31개 의석이 남성 의원이다. 그래서 낙태 찬성 운동 측은 여성이 자기 몸으로 해도 되는 일은 무엇이고 해서는 안 되는 일은 무엇인지를 일단의 남성들이 결정했다고 주장한다. 낙태 찬성 측은 이를 부당하다고 판단한다는 것이다.

하지만 이 주장은 더 큰 규모의 태아 생존권 운동 측의 남녀 구성을 고려하지 못한 주장이다. 태아 생존권 운동에 관련된 사람들은 대다수가 남성이 아니라 여성이다. 2018년 6월, 갤럽은 태아 생존권 의제에 여성 참여 비율이 더 높다는 여론 조사 결과를 발표했다. 앨라배마 주 의회는 주로 남성들인 반면, 이보다 규모가 큰 태아 생존권 운동을 대표하는 것은 다수의 여성이다. 여론 조사 때마다 여성이 남성에 비해 태아 생존권 운동에 더 열심이라는 결과가 나오며, 생각해 보면 이는 아주 일리가 있다. 뱃속의 아기와 가장 먼저 관계를 형성하는 것은 여성이니 말이다.

논쟁이 진행되는 중 일부 의원들은 법안에 예외 조항을 덧붙이려 했다. 전통적으로 낙태를 제한하는 법에는 대개 세 가지 예외 조항이 첨부된다. 임신을 지속하면 모체의 생명의 위태로워질 때, 강간에 의해 임신했을 때, 근친상간으로 임신했을 때가 바로 낙태가 허용되는 예외 상황이다. 앨라배마 의회는 임신이 모체의 생명을 위태롭게 하는 경우에만 예외를 허용하고 강간이나 근친상간에 의한 임신의 경우에는 예외를 허용하지 않기로 하고 법안에 서명했다. 이런 예외 상황들은 각각 세심한 도덕적 고려가 필요하다.

첫째, 자연발생적으로 모체의 생명을 위협하는 임신은 극소수다. 더 나아가, 기독교 세계관은 여성의 목숨이 위태로울 때 그 목숨을 구하는 것은 잘못이 아니라고 단언한다. 계획적인 낙태 행위가 잘못이지 분만 시도 중에 모체의 생명을 구해야 하는 불가피한 상황에서 행하는 낙태는 잘못이 아니다. 하지만 이런 위협적인 상황은 지극히 드물다.

한 가지 중요한 단서가 붙어야 하는데, 즉 여성의 육체적 생명이 걸린 경우라야 예외가 허용되지 건강을 위해서인 경우는 예외가 아니라는 것이다. 낙태 찬성 운동은 전략적으로 낙태 관리에 건강관리라는 이름표를 붙였다. 그래서 낙태를 반대하는 것은 곧 여성이 건강관리 서비스를 못 받게 하는 거나 마찬가지라는 논리를 편다. 하지만 건강이라는 단어의 의미에는 낙태 찬성 의제에 맞는 여러 가지 정의(定義)

가 포함될 수 있다. 건강은 심리적 건강이나 정서적 건강을 말할 수도 있으며, 이는 여성이 어떤 이유에서든 임신중절을 할 수 있다는 의미다. 하지만 앨라배마 법안의 예외 조항은 모체의 생명을 건강 문제와 구별한다. 이는 반드시 유지되어야 할 중요하고도 핵심적인 구별이다.

나머지 두 가지 예외 조항은 강간이나 근친상간으로 임신하게 된 경우를 다뤘다. 의원들은 이 두 가지 경우에도 예외를 허용하기 위해서 앨라배마 법안에 수정안을 제시했지만, 이 조치는 실패했다. 이 사안을 두고 벌어진 논쟁은 엄청나게 중요해서 우리가 반드시 주목할 필요가 있다.

잉태 순간 후에 사람의 생명이 시작되어 진전되어 나간다면, 잉태 순간부터 생명은 보호와 돌봄을 받아야 한다. 문제가 되는 도덕적 쟁점은 모체의 태속에 있는 태아의 생명이다. 태아의 존재론적 신분은 무엇보다 중요한 문제이며, 태아의 인간 됨은 인간의 존엄에 본질적인 부분이다. 이 존엄은 낙태 찬성 운동 측이 지워 없애거나 파괴할 수 없는 것이다. 잉태되는 순간부터 엄마의 태속에는 인간 생명이 존재한다. 그 생명은 파괴되어서는 안 된다.

인간 생명의 도덕적 현실이 그 생명이 존재하게 된 방식을 압도한다. 강간과 근친상간은 도덕적으로 엄청나게 불의한 행위이며, 사실 죄악이고 불법이다. 이런 행위의 도덕적 흉악함은 여성에게 말로 다 할 수 없는 해를 끼치며, 여성의 존엄에 대한 공격이다. 그러나 강간이나 근친상간으로 임신한 경우, 임신의 방식이 부도덕한 것이지 태속에 자리 잡은 생명이 부도덕하지는 않다.

그래서 기독교 세계관은 불법한 자녀는 없다고 이해한다. 생명은 모두 소중하다. 생명은 모두 보호받을 가치가 있다. 가장 열렬한 낙태 찬성론자일지라도 잉태 환경 때문에 어떤 아이를 가리켜 불법하다고 감히 주장하지는 않을 것이다. 잉태 환경이 아무리 끔찍하고 죄받을 만하더라도 태아의 존재론적 존엄과 도덕적 의미는 어떤 식으로도 부인될 수 없다.

지난 수십 년 간의 정치 현실 때문에, 태아 생존권을 옹호하는 사람들 다수가 강간과 근친상간으로 인한 임신에 대해서는 예외적으로 낙태를 허용하는 방향으로 흘러갔다. 로 대 웨이드 판결 전에도 태아 생존권 운동 측에는 이런 예외를 허용하는 이들이 많았다. 태아의 생존권에 대한 의견합일이 이 나라의 도덕에 널리 스며들어, 이런 예외를 필요 없게 만들 수도 있다는 희망을 품고 말이다.

광포한 반응이 앨라배마 땅으로 쏟아져 내렸다. 2020년 미국 대선을 위해 민주당 후보 경선에 나선 사람들이 특히 격노했다. 〈뉴욕타임스〉가 보도한 것처럼, 앨라배마 주의 이 조치를 가장 강력하게 비판한 이들은 유력한 여성 후보들이었다. 이를테면, 캘리포니아 주의 카멀라 해리스 상원의원, 매사추세츠 주의 엘리자베스 워런 상원의원, 미네소타 주의 에이미 클로버샤 상원의원, 뉴욕 주의 키어스틴 질리브랜드 상원의원은 여성을 위한 투쟁을 선거운동의 중심으로 삼았다. 실제로 질리브랜드 의원은 트위터에 이런 글을 남겼다. "이는 여성을 상대로 한 전쟁이며, 이제 필사적으로 싸워야 할 때이다."

조지아와 앨라배마 주에서 위와 같은 법이 제정된 후 미국인들은 민주당 후보들이 첫 번째 텔레비전 토론에서 활약하는 것을 지켜보았다. 이 토론에서 전 주택도시개발부 장관 훌리안 카스트로는 이렇게 말했다. "나는 생식의 자유만을 믿지 않습니다. 나는 생식의 정의를 믿습니다. 성전환자들까지 포함해서 모든 여성에게는 낙태할 권리가 있습니다." 낙태할 권리가 아주 보편화되었기에 이제 트랜스젠더 여성들에게까지 그 권리가 보장되어야 한다는 말인 것 같은데, 그건 그렇고 트랜스젠더 여성은 생물학적으로 남성이어서 아기를 낳을 수 없는 사람들이다. 여기서 진짜 논점은, 트랜스젠더 남성으로 확인되는 사람이 임신을 하더라도 낙태 권리가 보장되어야 한다는 것이다. 도덕적으로 제 정신이 아닌 낙태 찬성론이 한계에 도달했다고 생각했는데, 이제 우리에게는 그 한계를 더 멀리 밀어붙이는 후보들이 등장했다.

그리스도인과 인간 생명의 존엄성

지금 우리는 미국 역사의 분수령이 되는 순간에 서 있다. 2020년은 미합중국이 낙태라는 도전과 인간 생명의 존엄성 문제를 다룬 결정적인 해로 역사책에 기록될 것이다. 요즘 전국 단위의 모든 선거는 사실상 하나의 이슈를 놓고 하는 국민투표이다. 그리스도인은 골치 아픈 시류에 주목해야 하고 낙태 찬성 운동 측의 치명적 수사(修辭)에 면밀히 주의를 기울여야 한다. 미국에서 죽음의 문화는 시시각각 확산하는 것 같다. 이는 단지 정치적 사안이나 정책 논쟁이 아니다. 이는 합법적으로 대규모로 살해되는 실제 생명, 실제 인간을 다루는 문제다. 지난 일 년 동안의 사건들과 현재의 이 정치적 위기는 도덕적 MRI 역할을 한다. 즉, 미국이라는 나라의 윤리적 상태를 진단하는 시험이다.

지금의 풍조를 정밀 검사해 보면 끔찍한 진단이 나온다. 죽음의 문화가 전이(轉移)되어 전국으로 계속 퍼져나가고 있다.

이것만큼은 분명하다. 미국의 그리스도인들은 태아의 생명을 보존하기 위해 애쓰고 논쟁해야 할 뿐만 아니라 이 일을 위해 기도해야 한다. 지금은 나라의 도덕적 성격을 규정하는 결정적인 순간이다. 이 시기는 최고의 지식인과 법률가의 관심뿐만 아니라 모든 그리스도인의 기도 또한 요구한다. 부디 하나님이 자비를 베푸셔서 이 나라에 역병처럼 번져가는 죽음의 문화를 뒤엎어 주시기를 기원한다. 하나님이 우리를 도우사 이 땅에 태어나게 하신 것처럼 아직 태속에 있든 모든 인간 생명 하나하나를 보존하고 보호해 주시기를 기원한다.

그리스도인이 증언을 할 때는 공동체 단위로나 개별적으로 진지한 도덕적 숙고를 할 것을 촉구할 필요가 있다. 예를 들어 심장박동 법안은 거룩한 도전이다. 이 법안은 태 안에 있는 인간 생명의 발달 과정과 아름다움을 지적함으로써 창조주의 영광을 증언할 수 있는 대화의 기회를 만들어 낸다. 그리스도인은 이러한 토론의 무게를 안다. 이는 정치적 사안에 대한 단순한 공개 토론이 아니라 생명과 죽음이 걸린 문제다. 실제로 인간의 생명의 걸린 일이다. 그것이 바로 심장박동 법안에 관해 주변 사람들과 대화를 나눌 기회를 포착하는 것이 거룩한 소명인 이유다.

인간 생명의 존엄성을 지키는 것, 아무런 제한 없는 낙태 접근권을 요구하는 주장에 맞서는 것은 그리스도인에게 주어진 의무다. 낙태는 매년 수많은 인간 생명을 파괴한다. 우리는 침묵할 수 없다. 죽어가는 아이들이 태속에서 울부짖는 소리는, 우리가 최선을 다해 열심히 이 아이들을 위해 발언하고 이 아이들을 지켜 주고, 낙태를 근절하기 위해 있는 힘껏 애써 주기를 요구한다.

그러기 위해서 그리스도인은 무엇보다 먼저 기도해야 한다. 우리는 하나님이 간섭하시기를, 사람들의 마음을 바꾸어 주시기를, 세속주의의 바다에서 길 잃은 나라에 자비를 베풀어 주시기를 기도한다. 우리는 우리 자신을 위해 기도한다. 하나님이 우리에게 용기와 확신과 불쌍히 여기는 마음을 주시기를 기도한다. 낙태된 아이들을 위해서만이 아니라 덫에 걸린 기분인 여성들, 실행 가능한 선택은 오직 낙태뿐이라고 생각하는 여성들을 위해서 말이다.

둘째로 그리스도인은 하나님의 말씀으로 소양을 갖춰서 하나님의 창조 명령에 소중히 간직된 인간의 영광을 전하고 선포해야 한다. 인간은 인생의 모든 단계에서 하나님의 형상을 지닌다. 하나님의 형상을 지닌 존재들을 의도적으로 파괴하는 것은 인간남녀를 자신의 형상으로 지으신 우리 하나님의 영광을 교만하게 배신하는 행위다. 여기서 이 형상은 잉태되는 순간 시작된다. 그리스도인은 살아 계신 하나님의 능력 있는 말씀으로 준비를 갖춤으로써 인간 생명의 존엄성을 위해 싸워야 한다.

마지막으로, 생명이 모두 신성하다면, 그리스도인은 입양과 위탁 양육 활성화에 앞장서야 하며, 이런 도움이 없다면 낙태되었을 아기들을 기꺼이 맡아 돌볼 수 있어야 한다. 예수 그리스도를 믿는 이들은 아이들을 돌보는 일에 앞장서야 한다. 낙태가 종식되는 것을 보고자 한다면, 낙태라는 이 위기에서 살아남은 아이들에게 꼭 필요한 돌봄을 그만큼 제공해야 한다.

폭풍우는 몰려오고 있으며, 이미 수백만 태아들이 생명을 빼앗겼다. 이 나라는 도덕적, 윤리적 위기에 직면해 있다. 그리스도인이 이 폭풍우 속으로 뛰어들어서 인간 생명의 존엄성을 선포하지 않으면 재앙은 훨씬 더 파국적일 것이다. 우리는 침묵할 수 없다. 우리는 죽음의 문화가 제시하는 논리를 받아들일 수 없다. 죽음의 문화에 대한 현실적 답변은 생명의 복음뿐이다.

4

결혼 제도 위로 몰려오는 폭풍우

"친애하는 여러분, 우리는 신랑 신부가 하나님과 이 회중 앞에서 치르는 거룩한 혼인 예식에 함께하기 위해 여기 모였습니다. 결혼은 인간이 무죄할 때에 하나님께서 정하신 존귀한 예식으로서, 우리가 그리스도와 그분의 교회 간의 신비한 연합으로 들어가는 것을 상징합니다."

성공회 공동기도서에 나오는 이 친숙한 문구는 매주 다양한 형식으로 수천 번 되풀이되는 문구로서, 결혼을 지극히 기독교적인 제도로, 그리스도와 그분의 교회를 연합시키는 사랑의 모형으로 제시한다. 결혼은 이 "신비한 연합"을 상징하는 만큼, 결혼은 남편과 아내의 관계를 초월하는 어떤 약속을 가리킨다. 대다수 그리스도인이 이에 대해 적게나마 이해하고 있는가?

세속 세상이 결혼을 여타의 임의 계약과 마찬가지로 마음 내키는 대로 맺기도 하고 파기할 수도 있는 유사 법계약으로 가치를 격하시킨 것만도 부당한 일인데, 이보다 더 큰 비극은 그리스도인들이 결혼을 진지하게 여기지 않는다는 것이다. 성경에 따르면, 결혼은 창조주께서 인간의 행복 및 인간의 존속을 위한 장(場)으로 구상하신 제도이다. 뿐만 아니라 결혼은 하나님의 영광이 드러나는 장으로서, 결혼의 기쁨과 결혼이 주는 연단은 인간이 무슨 목적을 위해 창조되었는지를 가리킨다.

결혼은 우리의 행복, 우리의 거룩함, 우리의 온전함에 관한 일이 아니라 가장 중요하게는 하나님의 영광에 관한 일이다. 올바르게 결혼 생활을 시작할 때, 정결함으로 결혼 서약을 지킬 때, 결혼의 모든 유익을 적재적소에서 누릴 때, 하나님이 영광 받으신다.

우리의 주된 목적은 하나님을 영화롭게 하는 것이며, 결혼은 하나님이 더 큰 영광을 받으실 수 있는 수단이다. 죄인으로서 우리는 모두 자신의 즐거움, 자신의 성취, 자신의 우선순위, 부부끼리 조정하고 협의하는 일로서의 결혼 개념에 너무 관심을 기울인다. 하지만 결혼의 궁극적 목적은 하나님의 더 큰 영광이다. 하나님은 자신의 선물이 제대로 찬미되고 받아들여지며, 자신의 언약이 제대로 존중받고 지켜질 때 가장 크게 영광 받으신다.

우리의 포스트모던 문화에서는 결혼이 크게 존중받지 못한다. 많은 이들에게 결혼 언약은 동거 계약에 밀려 폐기되어 왔다. 개인의 자율이라는 윤리는 세상을 개인적 성취를 위한 장으로 생각하고 결혼을 철 지난 의무 문화의 고루한 유산으로 생각하는 세대를 거듭 만들어 내었다.

우리 시대는 자기표현의 시대다. 각 개인은 결혼을 통해 자기를 표현하며, 후에는 심지어 이혼을 통해서도 자기를 표현한다. 인생이란 자기표현 행위의 연속에 지나지 않는다.

이혼 문화는 결혼에 따른 의무와 신성한 약속을 기분 내키는 대로 일시적으로 진술하는 것이라고 둘러댄다. 오늘은 결혼하고 싶은 기분일 수 있고 내일은 결혼하고 싶은 기분이 아닐 수도 있다는 것이다.

오늘날의 문화는 성적으로 아주 혼란스러워서 성의 좋은 점이 결혼 서약 및 결혼에 따르는 의무와 분리되어 있다. 현대의 과학기술 덕분에 우리는 성관계를 가지면서도 아기를 낳지 않을 수 있고, 성관계 없이도 아기를 낳을 수 있으며, 결혼하지 않고도 성관계를 할 수 있고 아기를 낳을 수 있다. 많은 이들에게 결혼은 시대에 적절하지 않은 것이 되어 왔다.

어떤 이들의 경우는 더 심하다. 일부 페미니스트들은 결혼이 집안에 있는 감옥이요, 순진한 남녀에게 자유·자율성·성취감·해방을 주지 않기 위해 슬쩍 떠맡기는 가부장적이고 억압적인 제도라고 후려친다. 탈(脫)기독교 문화는 결혼이 본질적으로 신성한 제도라는 이 특성을 성가신 문제로 여긴다. 하나님을 믿지 않는 사회는 결국 결혼을 믿지 않을 것이다.

결혼에 대한 이런 도전에 더하여, LGBTQ 혁명의 폭풍우가 몰려와 결혼과 인간관계의 방향을 전면적으로 수정할 것을 요구한다. 성혁명은 기독교의 결혼관을 거부하고 새로운 윤리를 주입하면서, 인간이 인간을 위해 만든 게 아니라 하나님이 우리의 유익과 자신의 영광을 위해 만드신 제도를 근본적으로 재정의한다.

기독교의 고귀한 결혼관을 전심으로 믿고 따르는 그리스도인 커플은 스스로를 반(反)혁명분자로 보아야 한다. 아주 진정한 의미에서 이들은 반혁명가들이다. 이들은 여론의 격랑과 현대 도덕의 시류를 거슬러, 질서가 무너지고 정절의 가치가 하락하는 현실에 맞서고 있다. 하나님 앞에서 이들은 서로에게, 그리고 오직 서로에게만 헌신하는 모습으로 서 있다. 어떤 일이 닥치든, 이들은 서로를 위해 함께 살아간다.

출산

출산과 자녀 양육은 하나님의 결혼 구상에 없어서는 안 될 기둥이다. 때로 불임과 유산이 생기기도 하는데, 이는 이 세상에 내려진 저주의 표다. 하지만 이런 가슴 아픈 순간이 있다 해서 하나님이 구상하신 결혼의 인증마크인 출산의 중요성이 줄어들지는 않는다. 자녀는 결혼 제도에 주어지는 선물로서 반갑게 맞이해야 하며, 이 선물이 남편과 아내를 아버지와 어머니로 변화시킨다. 지금은 반(反)출생주의(자녀를 낳는 것이 도덕적으로 옳지 않다는 신념—역자주) 세대라서 어떤 이들은 자녀를 짐으로, 아니 그보다 더 나쁜 것으로 보기도 한다. 결혼이 출산을 지향한다는 사실, 즉 모든 결혼은 자녀라는 선물을 향해 열려 있다는 사실을 부인한다면 이는 결혼에 대한 성경의 시각 자체를 부인하는 것이다.

그런데 수치(數値)는 미국의 출산 상황의 암울한 현실을 드러내 보여준다. 지난 해 〈월 스트리트 저널〉에 "미국의 밀레니얼 출산률 격감"이라는 사설이 실렸다. 이 신문의 보도대로 미국의 출산율은 32년 만에 최저치를 기록했다. 1960년에서 2017년 사이 미국의 출산률(fertility rate : 여성 한 명당 출산율)은 사실상 반 토막이 났다. 출생률이 이렇게 극적으로 떨어진 시기는 경구 피임약 개발 시기와 맞아떨어진다.

산아 제한과 가족계획 때문에 자녀 낳는 것을 단순히 하나의 선택 사항으로, 참여할 수도 있고 참여하지 않을 수도 있는 하나의 계획으로 여기는 사람들이 생겨났다. 어떤 이들에게 자녀는 불편한 존재요 시간과 돈을 빨아먹는 거머리 같은 존재다. 실제로 이 사회의 많은 지도층 인사들이 임신 기간 중 어떤 단계에서도 이유 제한 없이 자유로이 낙태할 수 있어야 한다고 부르짖고 있다. 태중의 아기들은 언제든 희생시켜도 좋은, 조금이라도 불편을 초래하면 바로 없애 버릴 수 있는 편의용품이다. 우리가 사는 시대는 아기들을 성적 열정의 우연한 부산물 정도로 하찮게 여기는 시대다.

자녀를 낳지 말라는 도덕적 명령을 환경론과 연결 지으려 하는 또 다른 주장도 있다. 십 년 전쯤, 오리건 주립대학교의 과학자 두 사람이 연구 결과를 발표하면서, 탄소 배출을 제한하고자 한다면 자녀를 낳으려는 선택이 생태학적 평형 상태에 끼치는 영향을 고려해야 한다고 주장했다.

폴 머토와 마이클 슐락스는 〈지구의 환경 변화〉(Global Environmental Change)라는 저널에 발표한 논문 "개별 인간의 생식(生殖)과 탄소 유산"(Reproduction and the Carbon Legacies of Individuals)에서 그렇게 주장했다.[1]

이들은 "인구 성장이 지구적 차원의 탄소 배출 프로젝트의 핵심 구성요소인 것은 분명하지만, 자녀를 낳겠다는 개인의 선택이 환경에 미치는 결과는 상대적으로 덜 강조되어 왔다"고 주장했다. 사람이 저마다 자녀를 낳음으로 인해 생기는 "즉각적 결과"만 있는 게 아니라, 이 자녀들이 훗날 또 자녀를 낳을 경우 발생하는 "추가적 영향"도 있다는 것이다.

이 연구에 따르면, 한 여성이 자녀를 하나라도 낳겠다고 결정하면 생태학적으로 엄청난 결과가 생길 수 있다고 한다. 자신들의 주장을 입증하기 위해 이 연구자들은 가상의 여성 한 명이 "미래 세대에 어떤 유전적 기여"를 하는지 추적한 뒤 이에 수반되는 탄소 유산(carbon legacy)을 예측했다. 이들은 한 평범한 여성이 남기는 탄소 유산에 각 자녀가 9,441메트릭 톤(1메트릭 톤은 1,000킬로그램)의 이산화탄소를 추가하게 될 것이라고 단정한다.

이 연구자들이 "탄소 유산"을 정확히 예측하기 위해 상당히 깊이 고민한 점은 칭찬할 만하다. 이들은 아들이든 딸이든 자녀가 나중에 각자의 짝을 만나 출산을 해서 미래 세대를 생산할 가능성이 높다는 이해를 바탕으로 수치를 계산했다. 이들은 2050년쯤이면 여성 한 명이 1.85명의 자녀를 낳을 것이라 추측했다.

이 모든 것을 참작해서 머토와 슐락스는 미국에서 여성 한 명이 탄소 유산을 줄이기 위해 자신의 생활양식을 의미 있게 조정하면, 예를 들어 자동차 연비를 높이고, 주행 거리를 줄이며, 에너지 효율이 높은 기술을 채택하고, 물품 재활용을 한다든가 하면, 평생 486톤의 이산화탄소 배출을 막을 수 있다고 추정했다. 그런데 만약 자녀가 둘이면, 대기로 배출되는 이산화탄소의 양은 거의 40배에 달할 것이다. 달리 말해, 이 여성이 환경 의식을 갖고 조심하려고 노력한다 해도, 그 노력은 자녀 둘을 낳겠다는 결정에 제압되고 말리라는 것이다.

연구자들은 이렇게 주장했다.

분명한 것은, 생식과 관련된 개인의 선택이 그 사람의 유전적 계보에 기인하는 탄소 배출량에 극적인 영향을 끼칠 수 있다는 점이다. 개인의 일상 활동이 탄소 배출량에 어떻게 영향을 미치는지, 그리고 국가별 1인당 탄소 배출량의 엄청난 격차는 어떻게 설명되는지 반드시 이해할 필요가 있다. 하지만 생식의 결과를 무시하면 개인이 지구 환경에 끼치는 장기적 영향을 심각히 과소평가하게 될 수 있다.

어떤 의미에서 이런 과학적 보고서는 추측성 질문에 대한 가정적 답변일 뿐일 수도 있다. 그럼에도 여기엔 그 이상의 문제가 걸려 있다. 이 연구자들은 논문 앞부분에서 다음과 같이 주장하여 이 점을 확실히 했다. "우리의 기본 전제는, 사람은 자기 후손의 탄소 배출량에 책임이 있으며, 후손들과의 관계가 가까울수록 그 책임은 가중된다는 것이다."

이는 꽤 주목할 만한 주장이다. 이 두 연구자는 과학자 집단에 이 보고서를 발표했지만, 이들은 기후 변화라는 정책 과제 관련자라면 자신들의 주장을 고려해야 한다고 공개적으로 시인했다. 이들이 주장하다시피, "생식을 줄임으로써 아낄 수 있는 것이 생활방식을 바꿈으로써 아낄 수 있는 것에 비해 엄청나게 더 많은 것이 확실하다."

인간의 생식이 생태학적 재앙으로 이어지리라는 경고는 적어도 1960년대 이후로 자주 있었다. 일반적으로 이런 주장들은 흔히 한정된 천연자원과 환경 지속 가능성을 고려해야 한다는 말로 듣기 좋게 표현되어 왔다. 이제 한정된 천연자원과 환경 지속 가능성에 새로운 요소가 추가되어, 예상되는 환경 영향을 수량화하는 모델이 완성된다. 이 두 연구자는 "생식과 관련된 (개인의) 선택"을 고려하지 못하면 탄소 배출 수준을 줄이려는 다른 모든 노력이 사실상 실패할 것이라고 조언한다.

이 주장의 논리는 명확하고도 냉혹하다. 앞으로 과학적 분석이 공공 정책 제안으로 도약할 것이 거의 확실하다. 자녀를 낳겠다는 결정이 환경에 재앙이 될 수 있다는 경고가 예비 부모들에게 주어지기까지 시간이 얼마나 남았을까? 이제 우리는 아기들에게도 "배출 총량 거래"(cap and trade : 정부가 운용하는 탄소 배출 규제 제도로, 정부가 배출허용총량을 설정하면 대상 기업체는 정해진 배출허용범위 내에서만 온실 가스 배출을 할 수 있는 권리를 부여받으며, 이 권리는 기업체들 간에 거래될 수 있다—역자주)를 제안하게 되리라고 예상해야 할까?

그렇게 될 날이 멀지 않을 수도 있다. 실제로 작년에 여성 하원의원 알렉산드리아 오카시오 코르테스는 자신의 인스타그램에서 자녀를 낳을 생각을 하는 부모들의 도덕성에 의문을 제기했다. 코르테스 의원은 이렇게 말했다.

> 이 배의 방향을 바꾸지 않으면 지구는 재앙에 봉착할 것이다. 그러니까 기본적으로, 앞으로 우리 자녀들의 삶이 아주 힘들어질 것이라는 과학적 합의가 있으며, 따라서 젊은 사람들은 그래도 자녀를 갖는 게 좋을지 합법적 의문을 갖게 될 것으로 보인다. 20,000달러, 30,000달러, 100,000달러의 학자금 부채를 안고 대학을 졸업하는 탓에 자녀를

낳아 키울 여유가 없다는 금전적 이유 때문만은 아니다. "어떻게 해야 하나?"라는, 근본적으로 도덕과 관련된 질문 때문이기도 하다.

반(反)출생주의 철학은 생태학과 환경 지속 가능성 논의보다 훨씬 오래되었다. 환경에 대해 청지기 역할을 해야 하는 성경적 책임을 고려할 때, 그리스도인은 탄소 배출, 기후 변화, 지구에 대한 관심과 관련된 모든 연관 문제들에 정말 사려 깊게 참여해야 한다. 그럼에도, "탄소 유산"이나 환경적 위협의 관점에서 아기들을 바라보기 시작하면, 그것은 성경적 세계관을 버리는 행위다. 실제로, 자녀를 낳을 것이냐의 여부가 "근본적으로 도덕과 관련된 질문"이 되면, 그 사회는 설명할 수 없는 혼돈의 늪으로 빠져든 것이다. 인간은 "탄소 유산"으로 환원될 수 없으며, 자녀라는 선물은 결코 지구에 대한 폭력으로 볼 수 없다. 자녀를 낳아 기르는 일은 근본적으로 도덕과 관련된 질문이나 딜레마가 아니다. 하나님은 이 일을 선하고 영광스러운 일로 구상하셨으며, 실제로 생육하고 번성하라는 명령은 타락 전에 주어진 명령이다.

1970년대를 돌아보면, 그때도 인간 문명과 지구의 미래가 "인구 폭발"로 위협받을 것이라는 경고가 있었다.[2] 파울 에를리히(Paul Ehrlich)는 자신의 저서 《인구 폭탄》(*The Population Bomb*)에서, 1970년대에 대규모 기아(飢餓) 사태가 벌어져 수백만 명이 목숨을 잃을 것이라 경고했다. 그런 일이 일어나지 않았다는 것은 말할 필요도 없지만, 미국과 유럽의 지식인 계층은 여전히 출생을 제한함으로써 인구를 줄여야 한다는 세계관을 받아들였다.

사실 우리 사회가 직면한 큰 위험은 아기를 너무 많이 낳는 게 아니라 너무 적게 낳는 것이다. 십 년 전쯤 〈뉴욕타임스〉에 "아기를 안 낳는다고?"(No Babies?)라는 제목의 기사가 실렸다.³ 그리고 2019년 말에는 같은 신문에 "아기들의 종말"(The End of Babies)이라는 놀라운 제목의 기사가 실렸다.⁴

미국은 출산율이 극적으로 떨어지면서 장기적 국력 약화를 우려하게 되었다. 유럽의 상황은 훨씬 더 극적이어서, 합계 출산율(total birth rate : 여성 한 명이 평생 낳을 것으로 예상되는 평균 출생아 수—역자주)이 인구 대체율(population replacement : 전체 인구를 일정하게 유지하는 데 필요한 신생아 수—역자주)에 미치지 못하며, 이는 곧 경제 위기를 가리킨다. 일본의 현실은 정말 파국적이다.

우리는 인간 역사상 성관계와 자녀 낳기가 본질적으로 구별된 시대에 살고 있다. 이 모든 사실은 재앙을 가리키지만, 하나님께서 인간 사회의 중심 단위로 구상하신 선물인 결혼의 좋은 점을 생생히 강조하기도 한다.

실로 성경적 세계관은 자녀를 귀중한 선물로 받아들여야 한다는 명료한 메시지를 전해 준다. 자녀는 우연한 부산물도 아니고 행복하게 살 수 있는 삶에 끼어든 방해물도 아니다. 그렇게 믿고 행동한다면 이는 하나님에게서 영광을 강탈하는 거나 마찬가지다.

죄의 치료책

고린도전서 7장 2, 5절에서 사도 바울은 "음행을 피하기 위하여 남자마다 자기 아내를 두고 여자마다 자기 남편을 두라…서로 분방하지 말라…다시 합하라 이는 너희가 절제 못함으로 말미암아 사탄이 너희를 시험하지 못하게 하려 함"이라고 말했다. 고린도 교회 때문에 바울은 걱정이었다. 이들이 성적인 죄와 말도 안 되는 성적 부도덕에 유혹당하고 있었기 때문이다. 바울은 성적인 죄 때문에 고린도교회의 증거 능력이 훼손된다고 생각했다. 바울은 결혼을 가리켜 성욕이 적절한 환경에서 충족되게 함으로써 "정욕이 불같이 타"올라 신자들이 하나님께 범죄하는 일이 없도록(9절) 해 주는 합법적인 수단이라고 말했다.

하지만 세속의 폭풍우는 "불같이 타오르는 정욕"으로 말미암아 쾌락주의적 예술 형식을 지향하게 만든다. 결혼 관계 안에서만 행해진다는 제한을 배제시킨 적나라한 성이 우리 경제 이면의 에너지이고, 연예 산업의 소재이며, 광고의 최고 도구다. 세속화는 성경적인 성윤리를 오염시켰고, 성관계는 부부 사이로만 한정되어야 한다는 믿음을 낡아빠진 도덕적 퇴보이자 어찌할 도리가 없을 만큼 시대에 뒤떨어진 것으로 만들어 버린다. 세속주의는 문화를 이교화(異敎化)했다. 이 교도들은 거룩한 일들은 마치 저속한 것인 양 이야기하고 저속한 일들은 마치 거룩한 것인 양 이야기한다. 이교적 정신은 저속한 것을 예배하고 거룩한 일은 비방한다. 성도 이교화(異敎化)되어, 성에서 그 영광을 빼앗았고, 그 아름다움을 비워냈으며, 하나님이 정하신 성의 목적, 즉 결혼 언약의 테두리 안에서 누리는 은총이라는 목적에 해를 끼쳤다.

실로 남편과 아내에게 결혼 언약은 남자와 여자 사이의 관계를 보호하는 초월적이고 포괄적인 사랑을 은혜롭게 일깨워 주는 역할을 한다. 남편은 다른 누구도 아닌 오직 아내만의 것이고 아내는 다른 누구도 아닌 오직 남편만의 것이다. 하나님은 결혼 관계 안의 남자와 여자가 결혼 언약의 보호 아래서 열정을 나눌 수 있게 하신다. 이는 억압적인 가부장 체제가 아니고, 지난 시대에 사회적으로 구성된 개념도 아니다. 과거에는 그 개념이 인간을 안내했으나 이제는 우리 스스로 그 과거에서 해방될 수 있다고 생각해서는 안 된다. 하나님은 성이 남편과 아내 간 언약 아래서 안전히 꽃 피우게 하실 생각이었다.

기독교 세계관은 성에 대한 욕구를 결코 배격하지 않는다. 하지만 이 욕구는 결혼 언약 안에서 올바르게 발동되고 향유되어야 할 욕구다. 세상은 이것이 직관에 반하고 반문화적인 개념이라고 공공연히 헐뜯는다. 섹스를 욕망한다면, 어떤 식으로 욕망하더라도 그 욕망이 충족되기를 추구해야 한다는 것이다. 하지만 성경은 우리가 우리를 인도하는 다음과 같은 진리 위에 서 있게 한다. 즉, 성에 대한 욕구는 하나님에게서 온 것으로, 결혼의 테두리 안에서 거룩함을 향해 나아갈 수 있게 한다는 것이다. 결혼의 보호 아래 남편과 아내는 언약적 연합으로 합쳐서, 서로를 성적 만족의 수단으로 보지 않고, 애정이 깃든 친밀함으로 하나가 된다. 성은 결혼 언약 아래서 비로소 적절한 정체성을 갖게 된다. 즉 그것은 꾸준하고 헌신적인 사랑의 보호 아래 아름다움을 더한 행위가 되는 것이다. 세속주의가 그 정체성을 파괴하고 성을 쾌락주의적 열정에 넘겨주면, 하나님에게서 받은 이 선물의 기쁨은 감소된다.

유감스럽게도 예수 그리스도의 교회가 때로 남편과 아내를 위해 구상된 이 거룩한 제도이자 이 친밀한 관계에 불충실한 모습을 보이기도 한다. 많은 기독교 가정이 간음으로 괴롭힘을 당한다. 이는 하나님이 보시기에 역겨운 일이다. 남편과 아내가 공언한 언약을 무너뜨리기 때문이다. 간음은 남편과 아내 사이에 분노와 두려움을 불어넣고, 신뢰를 훼손한다. 게다가 음란물이 수많은 남편과 아버지, 자녀들의 텔레비전과 컴퓨터 화면에 해독을 끼친다. 이 재앙은 전염성이 강해서, 비그리스도인들을 맹공격한 후 많은 그리스도인들을 유혹해, 실제로는 줄 수 없는 쾌락을 약속하며 세월을 허비하게 만든다. 성욕은 결혼의 테두리 안에서 언약에 대한 충성을 지향하고, 결혼 제도와 연관된 모든 선한 것들을 가리켜야 하건만, 오히려 심각하게 부패해서 파괴적인 결과를 낳는다.

성욕은 부부 간의 정절, 언약에 대한 헌신, 출산, 한 몸 관계의 경이로움을 지향하기보다, 영적인 의미를 무시하고 감각적인 쾌락만을 강조하며 하나님이 원래 선을 위해 계획하신 것을 개인의 만족이라는 이름으로 멸망으로 향하는 길 위에 자리 잡게 함으로써 하나님에게서 영광을 강탈하는 열정으로 격하되었다. 음란물의 인기가 높아지는 현상에 대해 우리가 줄 수 있는 가장 중요한 답변은 기독교의 죄론에 뿌리를 두고 있다. 죄인인 우리는 하나님께서 자신의 피조물을 위해 완벽하게 구상하신 것을 부패시키며, 성을 난잡한 쾌락의 제전(祭典)으로 만들어 버렸다. 우리는 성을 결혼과 분리시켰을 뿐만 아니라, 우리 사회는 이제 결혼을 부담으로 여기고, 순결을 창피한 것으로 여기며, 성욕을 절제하는 태도를 심리적 장애로 여긴다. 죄론은 우리가 하나님의 영광을 지그문트 프로이트의 다형적 도착(polymorphous perversity : 사회의 규범적 성행동 밖에서 성적 만족을 얻을 수 있다고 하는 정신분석학적 개념—역자주)과 맞바꾼 그 이유를 설명해 준다.

포스트모던 시대는 엄청난 도덕적 도전을 던졌을 뿐만 아니라 불가사의한 일도 많이 일으켰다. 과학기술적 성취와 도덕적 혼란상은 대개 손을 맞잡고 찾아온다. 인터넷의 발달이 바로 그런 예를 가장 뚜렷이 보여 준다. 인간 역사상 최초로 십 대 청소년이 자기 방에서, 상상 가능한 온갖 성적 열망·변태·쾌락을 다 접할 수 있다. 오늘날의 청소년은 인적 없는 섬에 혼자 남겨지지 않는 한, 아버지가 결혼할 때쯤의 나이였을 때보다 성에 대해 더 많이 알 가능성이 높다. 게다가 대다수 세대가 상상으로만 알던 것을 이제는 유무료 웹사이트를 통해 얼마든지 볼 수 있다. 인터넷은 어떤 동네로든 통할 수 있는 음란물 고속도로를 깔아 주었으며, 이 도로에는 어느 단말기로든 혹은 누구의 개인 컴퓨터로든 빠져나갈 수 있는 출구가 있다.

음란물은 결혼의 신성함 및 한 몸 관계 안에서 누리는 성의 선함에 대한 가장 교활한 공격으로 손꼽힌다. 정결보다 방탕을 찬미하고, 성기(性器)의 쾌락 증진을 다른 모든 고려 사항보다 우선하고, 자아의 도착으로 말미암아 성적인 에너지(sexual energy)가 부패하는 현상은 결혼을 타락시키고, 무수한 해악을 낳으며, 결혼 관계를 파괴한다.

그리스도인은 결혼 언약에 충실함으로써 성 혁명에 맞설 수 있으며, 이는 하나님의 창조 명령을 통해 성의 선함을 세상에 증언하는 것이다. 그리스도인이 언약 아래서 성경적 성의 건전함을 드러낼 때, 서양 문명을 황폐하게 만들 뿐인 유례없는 성애(性愛)의 자유를 요구하는 이 세속의 폭풍우 한가운데 밝은 빛을 비춘다. 그리스도인은 부부의 침상을 보호하고 성적 정결을 발산함으로써 우리 사회가 하나님이 정하신 성경적 성의 찬란한 아름다움을 되찾게 도울 수 있다. 그리스도인 부모는 오직 결혼의 테두리 안에서만 올바르게 향유되는 선물로서의 성경적 성 개념을 자녀에게 조금씩 가르쳐야 한다. 그리스도인은 성에 관한 성경의 윤리를 굳게 붙잡음으로써 결혼의 참 광휘와 영광을 드러낸다.

평생의 동반자 관계

결혼의 위대한 목표 중 세 번째는 좋을 때나 나쁠 때나, 위로를 받을 때나 상실감을 느낄 때나, 병들 때나 건강할 때나, 죽음이 남편과 아내를 갈라놓을 때까지 평생을 함께하는 것이다. 이런 완전함의 신비는 둘이 하나가 된다는 말에 표현되어 있다. 한 남자와 한 여자가 결혼 서약을 주고받으면, 이 두 사람은 하나의 단일체가 된다. 서약 후에는 이제 아내 없는 남편, 혹은 남편 없는 아내를 말할 수 없다. 두 사람은 부부행위로 육체의 연합을 이룬다는 점에서, 그리고 부부의 유대로 형이상학적 연합을 이룬다는 점에서 하나가 되었다. 부부, 즉 남편과 아내로서 두 사람은 서로, 서로를 위해, 그리고 서로 간에 하나님의 영광을 위해서 산다.

실제로 창세기 2장에서 하나님은 아담이 혼자 사는 것이 좋지 않다는 뜻을 밝히셨다. 이에 대한 대책으로 하나님은 창세기 2장 18절에서 "내가 그를 위하여 돕는 배필을 지으리라"고 선언하셨다. 이 선언은 하나님이 창조 명령을 실행하셨음을 가리킨다. 아담은 혼자 있어서는 안 되며, 그래서 하나님이 친히 아담에게 돕는 배필을 만들어 주셔서 아담을 보완하게 하시리라는 것이다. 이어서 하나님은 들판의 온갖 짐승과 하늘의 모든 새들이 아담 앞을 행진하게 하셨다. 아담은 모든 동물을 면밀히 살핀 후 이름을 지어 주었으나, 온 창조 세상을 다 둘러보아도 자신에게 어울리는 배필은 없다는 것을 깨달았다. 그 무엇도 아담을 보완해 주지 못했다.

21절에서 하나님은 아담을 깊은 잠에 빠져들게 하셨다. 아담이 잠들어 있는 동안 하나님은 아담에게서 갈비뼈 하나를 취하여 그것으로 하와를 만드셨다. 다음 날 아침, 하나님은 하와를 아담 앞으로 데리고 가셨고, 아담은 이렇게 탄성을 질렀다. "이는 내 뼈 중의 뼈요 살 중의 살이라 이것을 남자에게서 취하였은즉 여자라 부르리라"(23절). 이 구절은 안도, 기쁨, 반가움의 말로 울려 퍼진다. 창조 세상의 모든 것을 다 본 후 비로소 이제 아담은 하나님의 은혜로 아내와 함께하게 되었다. 실제로 이 장은 다음과 같은 하나님의 주권적인 선언으로 끝을 맺는다. "이러므로 남자가 부모를 떠나 그의 아내와 합하여 둘이 한 몸을 이룰지로다"(24절).

창세기 2장의 이야기는 풍성한 신학적 의미를 담고 있다. 그리스도인들이 세속의 폭풍우에 맞설 수 있으려면 창세기 2장을 절박하게 기억하고 또 기억할 필요가 있다. 첫째, 창세기 2장은 결혼으로 이뤄지는 동반자 관계가 다름 아니라 하나님이 정하신 규례임을 보여 준다. 결혼은 단순히 사회적 적응 과정을 거쳐 만들어진 인간의 창작물이 아니다. 사회의 진화가 결혼을 만들어 내지 않았다. 남편과 아내, 남자와 여자의 동반자 관계는 우연히 생겨나지 않았다.

이 진리는 이 세속 시대를 정면으로 반박한다. 우리 사회는 결혼을 사회적으로 만들어진 편의용품 정도로 격하시켰다. 개인과 문화에 따라 달라질 수 있는 편리한 제도로 만든 것이다. 실제로 미 대법원이 2015년 동성 결혼을 합법화했을 때, 대법원장 존 로버츠는 대법원의 이 과감하고 유례없는 조치의 정체를 제대로 규명했다. 대법원이 "법적 판단이 아니라 의지의 행위"에 해당하는 다수의 결정으로 "결혼을 재정의했다"는 것이다.[5] 이 오버거펠(Obergefell) 판결의 여파로 사회는 이제 초월적이고 존재론적인 현실이 결혼을 규정하지 못한다는 혼인 주관론(marital subjectivism)의 혼란스러운 소용돌이 속으로 계속 빠져들고 있다.

둘째, 하나님은 결혼 연합 안에 상호보완주의적인 개념을 소중히 간직해 두셨는데, 상호보완주의란 남자와 여자가 똑같이 하나님의 형상으로 창조되었으되 각자 다른 성 역할로 서로를 보완하는 존재로서 평등한 존엄을 갖는다는 개념이다. 이는 가정과 교회에서 남자가 리더가 된다는 성경의 명백한 가르침에 순종한다는 의미다. 창세기에서 분명히 말하고 있는 것처럼, 성별은 부차적인 문제가 아니라 본질적 문제이며, 자신의 영광을 위해 결혼 제도를 만드신 하나님의 원래 구상의 한 부분이다. 남편과 아내가 서로를 필요로 하는 것은 하나님의 영광을 위해서다. 남자의 눈에 비치는, 여자의 만족은 하나님의 영광을 위해서다. 남편과 아내가 서로에 대해 만족하고 서로를 기뻐하는 것은 하나님의 영광을 찬양한다. 병들 때나 건강할 때나 죽음이 두 사람을 갈라놓을 때까지 남편과 아내로서 삶을 함께하는 것은 하나님께 영광을 돌린다. 남편과 아내의 한 몸 관계는 하나님의 영광을 위한 것이다. 그들은 남편과 아내로서 각자 하나님이 정하신 역할을 수행하면서 서로를 보완한다.

전술한 단락은 포스트모더니티와 세속주의 조류에 계속 문제가 된다. 이러한 성경의 증언은 성 혁명과 충돌한다. 성 혁명은 여자가 여자로 살려 하고 남자가 남자로 살려 하는 모든 시도를 비난하기 때문이다. 성 혁명의 메시지는 명백하다. 남자와 여자는 새로운 세속적 정의에 어울리게 남성성과 여성성을 재정의해야 한다는 것이다. 그리고 세속적 정의는 남편이 남편 역할을 하고 아내가 아내 역할을 하며 남자가 남자 역할을 하고 여자가 여자 역할을 하는 영광스러운 역할을 철폐하려 한다.

젠더에 대한 공격은 이 책 6장에서 비중 있게 다룰 예정인데, 우리는 이 공격을 이 세속 시대에 별것 아닌 것으로 가볍게 처리할 수 없다. 젠더는 여성을 억압하려고 만들어낸 시답잖은 도구라고 재정의하려는 시도는 남자와 여자를 독특한 역할로 창조하신 영광스럽고 은혜로우신 우주의 하나님의 뜻을 훼손하고 모독한다. 이 독특한 역할은 어떤 형태의 형벌도 아니고 특정한 성을 격하하려는 시도도 결코 아니다. 사회가 젠더의 진실과 미덕에서 벗어나려고 시도하면, 더 큰 혼란과 당혹스러움과 혼돈의 씨를 뿌릴 뿐이다. 하나님의 구상을 벗어난 삶은 멸망의 전조가 된다. 그러므로 그리스도인은 결혼 언약 안에 담긴 젠더의 영광을 회복하기 위해 모든 면에서 노력해야 한다.

상호보완주의라는 성경의 가르침은 결혼 생활에서 어느 성을 억압하기는커녕 하나님의 교훈에 따라 사는 부부 사이에 행복을 증진시킨다.

창세기 2장에서 확언하는 세 번째 신학적 진리는 하나님이 아담과 하와 사이에 세워 주신 한 몸 관계에 관한 것이다. 이 관계는 서로를 굳게 붙잡고, 서로를 절대 버리지 않는 관계다. 예수님은 마가복음 10장 8-9절에서 남편과 아내는 "둘이 아니요 한 몸이니 그러므로 하나님이 짝지어 주신 것을 사람이 나누지 못할지니라"라고 선포하시면서 이 현실을 설명하셨다. 달리 말해, 결혼은 남편과 아내 사이의 평생에 걸친 헌신이어야 한다. 결혼은 어느 한쪽이 취소할 수 있는 계약이 아니다. 결혼은 계약이 아니라 언약이다.

이런 현실에도 불구하고 이혼은 서양 문명과 예수 그리스도의 교회 안에 어둡고 가슴 아픈 그늘을 드리운다. 이혼은 교회가 인정하는 일의 대표적인 사례가 되고 있다. 그리스도의 이름을 지녔으면서도 너무나 많은 가정이 비참한 이혼을 겪고 있으며, 그 결과 깨진 가정 안에서 자녀들이 정신적 외상을 입고 있으며 결혼의 연합의 명예가 훼손되고 있다. 이혼 혁명은 결혼을 일시적이지는 않더라도 잠정적인 상태로 만들고 결혼이란 본질적으로 타협할 수 없는 개인의 자기표현 행위를 공개적으로 축하하는 행사에 불과한 것이라고 재정의하고 있다. 미국에서 이혼은 흔한 일이 되었고 우리의 문화적 대화에서 더 이상 주요한 도덕적 문제로 여겨지지 않는다. 하지만 이혼은 주요한 도덕적 문제다.

성 혁명의 궤도를 따라가 보면, 남편과 아내 어느 쪽에도 책임을 묻지 않는 이혼이 만연했고, 이 현상이 동성 결혼에 선행했음을 알 수 있다. 이혼이 부부 관계의 새로운 표준으로 군림하면서 평생 헌신하겠다는 공개적 언약으로서의 결혼 제도를 재정의했다. 사회가 일단 결혼을 도덕적으로 시의성 없고, 구속력 없는 약속으로 재정의했을 때, 곧 동성 결혼으로 넘어갈 수 있었다. 문화가 결혼 언약을 가볍게 버릴 수 있으면, 구속력 있고 성경적이고 실로 영광스러운 다른 모든 서약도 버릴 수 있다. 그런 서약으로 말미암아 결혼은 하나님을 영광스럽게 하는 아름다운 현실이 될 수 있었는데 말이다.

결론

이 모든 게 왜 그렇게 중요한가? 견실하고 순기능적인 문화는 안정적인 결혼 생활과 가정의 자양분을 요구한다. 건강한 결혼과 가정생활이라는 토대가 없으면 건강한 공동체의 장기적 존속은 불가능하다.

그리스도인은 하나님이 인간에게 주신 선물로서의 결혼을 주장해야 한다. 이는 인간의 번영에 없어서는 안 되는 선물이요, 한 남자와 한 여자의 평생에 걸친 연합에 한정되는 선물이다. 우리는 침묵해서는 안 되며, 창조주께서 우리를 위해서 그리고 자신의 영광을 위해서 설계하신 제도에 정면으로 반대하는 도덕 혁명에 합류할 수 없다. 우리는 한 남자와 한 여자로 구성된 거룩한 제도로서의 결혼을 주장하지 않을 수 없다. 한 남자와 한 여자는 일부일처의 언약적 연합 안에서 서로를 추구한다.

이 세속의 폭풍우 가운데 그리스도인인 우리의 책임은 아무리 강조해도 지나치지 않다. 우리에게는 성경이 말하는 결혼의 이상을 지탱할 책임이 있으며, 우리는 그 이상을 삶으로 살아냄으로써 이를 지탱한다. 결혼의 영광을 세상에 보여 주어, 음란물은 상상할 수도 없고 이혼은 우리 사전에서 지워지며 동성 결혼은 생각할 수도 없게 할 의무가 그리스도인에게 지워져 있다. 결혼 언약 아래서, 성령의 인도를 받아, 논파할 수 없는 하나님의 말씀 위에 설 때 그리스도인은 결혼의 아름다움을 펼쳐 보인다. 성경의 토대 위에 결혼을 세워 나갈 때 그리스도인은 사도 바울이 에베소서 5장에서 말한 것처럼 예수 그리스도의 복음의 신비를 나타내 보인다.

세속의 폭풍우가 결혼 제도 위로 모여든다. 이 폭풍우는 가정을 황폐하게 만들고, 부모와 자녀 사이를 잡아떼어 놓는다. 이 폭풍우는 결코 끝나지 말아야 할 사랑을 무너뜨린다. 하지만 그리스도인은 깊은 문화적 혼란 한가운데 비취는 빛으로서 결혼의 영광을 통해 하나님의 영광을 세상에 선포하는 일에 박차를 가할 수 있다.

5

가정 위로 몰려오는 폭풍우

1977년으로 돌아가 보면, 명민한 문화 관측자 크리스토퍼 래쉬가 《냉혹한 세상 속의 안식처 : 포위된 가정》(*Haven in a Heartless World : The Family Besieged*)이라는 주목할 만한 제목의 책을 펴냈다.[1] 제목만 봐도 이 책이 어떤 이야기를 하는지 알 수 있다. 가정은 이미 큰 곤경 속에 휩싸여 있다는 것이다. 래쉬는 과학기술 시대의 진전에 따라 점점 더 냉혹해지는 세상에서 가정은 안도감과 따스함을 주는 오아시스로서 반드시 필요하다고 주장하였다. 그런데 래쉬는 모더니티 시대에 가정이 고통받고 있다고 보았다. 마찬가지로 사회학자 피터 버거와 브리지트 버거도 "가정에서 벌어지는 전쟁"에 대해 경고했다. 그 두 사람은 가정이라는 단위가 경제적 고통이나 정부의 간섭 등 온갖 것에 의해 어떻게 파괴되고 있는지를 서술했다.[2]

크리스토퍼 래쉬의 책은 내가 고등학교를 졸업하던 해에 출간되었고, 피터와 브리지트 버거의 책은 그로부터 6년 뒤에 출간되었다. 당시 그들은 어떤 시대가 다가오고 있는지, 다음 몇 십 년 동안 우리네 가정이 어떻게 더 위험에 처하게 될지 전혀 모르고 있었다.

나는 부모님과 가정 이야기를 빼놓고는 내 인생을 설명할 수 없다. 오늘날의 나는 내 어머니와 아버지 안에 있는 하나님의 은혜에서 비롯한다. 두 분의 사랑, 헌신, 그리고 그리스도 중심적인 양육이 내가 받은 가정교육의 자양분이었다. 더 나아가, 결혼 후 꾸린 내 가정이 아니었다면 오늘날의 나는 없었을 것이다. 내 아이들은 나에게 많은 것을 가르쳐 주었고, 많은 세월 동안 풍성한 기쁨으로 채워 주었다. 그 기쁨은 지금도 줄어들지 않고 있으며, 이제 내 손자손녀들을 통해 오히려 더 커지고 있다. 가장 중요한 인물은 내 아내 메리다. 아내는 하나님이 내 인생에 주신 가장 큰 축복임이 틀림없다.

하나님은 가정이 이런 기쁨과 안정을 주는 곳이 되게 할 생각이셨다. 실제로 가정생활은 결혼과 마찬가지로 우연의 산물이 아니다. 하나님은 아담과 하와에게 생육하고 번성하라고 명하심으로써 태초부터 가정이라는 단위를 설립하셨다. 하나님은 성경 도처에서 가정 언어를 펼쳐나가시며, 예수 그리스도의 희생제사에 기반을 두고 있는, 살아계신 하나님의 가정에서 그 완전한 실현을 본다. 예수님은 자신의 속죄를 통해 새 가정을 시작하셨다. 이는 영원히 하나님과 함께 거하게 될, 그리스도 안에 있는 형제자매들로 이뤄진 영원한 가정이다. 가정은 사회적 필요에 따라 인위적으로 생겨난 사회적 구성물이 아니며, 하나님의 은혜와 복음의 영광을 보여 주는 기관으로서 사회가 제대로 기능하기 위해 반드시 필요하다.

하지만 세속화는 그 어떤 일, 어떤 사안에 관해서든 성경적 세계관을 용인하지 못하며, 용인하지도 않을 것이다. 사실 세속화의 폭풍우는 종교의 자유, 낙태 접근권, 결혼 관련 법 등의 공공 정책 사안들을 위협할 뿐만 아니라, 개별 가정을 향해서도 일제히 공격을 퍼붓는다. 현대의 "진보" 세력들이 가정을 공격하는 것은 장차 새로운 세계관의 제자가 될 사람들이 바로 우리의 자녀들이기 때문이다. 갈수록 더 적대적인 세속 문화가 이 세상을 총체적으로 지배하기 위해서는, 미래 세대의 양육에 있어 전근대적이거나 성경적인 세계관의 싹조차 잘라 버려야 하는 것이다.

부모의 권리의 종말

세속 세계관의 압박은 자녀 교육에서 부모의 역할을 축소시킨다. 어떤 사례를 보든, 어떤 이야기를 들어보든, 부모의 권리가 점점 내리막길로 향하는 현상을 기록하고 있다. 세속주의는 그 유혹의 장단에 맞추기를 거부하는 부모의 권위를 박탈하기를 원한다. 세속화에 반대하는 부모는 방정식에서 제외되어야 하는 것이다. 다음은 더 이상 가정을 소중히 여기지 않는 서양 문명이 어떤 도덕적 참화에 직면했는지를 보여 주는 사례들이다.

캐나다의 혼돈

바로 지난 해, 브리티시컬럼비아 주 대법원이 열네 살 여자 아이가 부모의 동의 없이도 남성 호르몬 주사를 맞을 수 있다고 명령했을 때 세상은 잠자고 있는 것 같았다. 법원은 아이의 부모가 아이를 부를 때 여성 대명사나 태명을 사용하면 가정 폭력 혐의를 받을 수 있다고 선언했다.

〈페더럴리스트〉 기자 제러마이어 키넌은 이 도덕적 혼돈의 끔찍한 이야기를 상세히 보도했다.[3] 아이 학교의 상담 교사가 아이에게 일찌감치 중학교 1학년 때 남자로서 정체성을 가지라고 권한 게 분명했다. 아이가 열세 살이 되었을 때 아이의 담당 의사와 브리티시컬럼비아 아동 병원의 동료 의사는 아이가 "더 남성적인 외모를 나타내기 위해서는 테스토스테론 주사를 맞기 시작해야 한다"고 결정했다. 키넌 기자의 보도에 따르면, 아이의 엄마는 호르몬 주사를 맞아야 한다는 의견을 받아들인 반면, 아버지는 "교차 성별 호르몬의 영구한 부작용을 걱정"했다. 키넌은 계속해서 이렇게 말한다. "딸아이의 정신 건강 문제가 아이의 성별 불쾌감(gender dysphoria, 자기가 다른 성으로 잘못 태어났다고 느끼는 상태—편집주)의 결과이기보다는 오히려 그 원인에 더 가깝지 않을까 생각한 아버지는 결국 어떤 돌이킬 수 없는 치료 과정을 시작하기보다는 아이가 조금 더 클 때까지 기다리는 게 좋겠다고 판단했다."

아버지의 염려와 부모로서의 권리에도 불구하고 의사는 단순히 아이의 동의 표시와 의사의 승낙을 바탕으로 호르몬 치료가 시작될 것이라고 부모에게 통지했다. 주치의는 미성년자법(Infants' Act)이라는 브리티시컬럼비아 주의 일반법에 따라 자신에게는 부모의 관리감독권을 빼앗을 권리가 있다고 주장했다. 아버지가 브리티시컬럼비아 주 법원에 금지 명령을 신청하자 판사는 "성별 불쾌감을 치료하는 의학적 처치에 동의할" 권한이 그 여자 아이에게 주어졌다고 판단했다. 아이의 아버지는 "정부가 나의 부모된 권리를 탈취했다. 정부는 내 딸을 실험실의 기니피그처럼 이용하고 있다"라고 비난했다.

아이의 아버지는 격분해서 물었다. "브리티시컬럼비아 아동병원은 5년 후 내 딸이 남자로서의 정체성을 거부할 때 그 자리에 있을 것인가? 아니다. 없을 것이다. 그들은 신경도 안 쓸 것이다. 그들은 숫자에만 관심이 있다." 키넌 기자는 성전환 전문병원에서 성별 불쾌감이나 성 정체성 장애 진단을 받은 대다수 아이들은 사실상 태어날 때 부여된 성별로 나중에 다시 돌아갔다고 때맞춰 보도했다.

성 혁명은 자체의 세계관이 어떤 결과를 낳는지, 그 세계관이 어떤 함축적 의미를 지니는지에 관해 괘씸하다 할 만큼 정직하지 못하다. 실제로 그 여자 아이의 아버지는 성전환 전문병원들이 행동주의자들의 엄청난 압력 때문에 아이들에게 신속 절차 성전환 치료를 한다고 생각했다. 아이의 아버지는 이렇게 말했다. "이 행동주의자들이 상황을 장악하고 있다. 그것은 아이들을 위한 일이 아니다. 그것은 자기 홍보와 자기 목적 달성을 위한 일이다."

실제로 세속의 폭풍우와 성 혁명은 성전환 이데올로기의 표준화를 목표로 한다. LGBTQ 혁명가들은 성인 성별 불쾌감의 문호를 열어젖힘으로써 사회의 도덕적 토대를 갉아먹었으며, 이들이 호르몬 치료와 성전환 의료 절차를 밟으려 하는 아이들에게까지 자신들의 논리를 확장하는 것은 시간문제일 것이다. 하지만 제아무리 애쓴다 해도 성 혁명가들은 아이들에게 제안하는 내용을 결코 표준화하지 못할 것이다. 그들의 이야기를 들으면 심각한 도덕적 염려와 격분을 피할 길이 없다. 이는 아이들이 세뇌당한 것을 향한 격분일 뿐만 아니라 부모의 권리를 부인한 것에 대한 분노이기도 하다.

캐나다에서 벌어진 이 이야기는 성 혁명가들의 의제가 얼마나 전

복적인 목표를 지녔는지 보여 준다. 이제 그들은 부모의 권리를 겨냥한다. 그들은 가정생활을 붕괴시키고 가족 간의 유대를 파괴한다. 브리티시컬럼비아 주 법원의 판결은 부모의 모든 권리를 무효화하는 문을 열었다. 자녀는 나이가 몇 살이든 자율적 존재로 간주되는 추세다. 어린아이들과 십 대 청소년들은 행동주의자들과 의료진의 안내와 조언, 심지어 압박을 받아, 자기 몸으로 무엇을 할지 스스로 결정할 수 있게 되었다. 뿐만 아니라, 부모가 트랜스젠더 자녀를 실제 생물학적인 성으로 감히 언급하면 이 부모는 가정폭력에 관한 법률을 위반한 혐의를 받을 수 있다.

이는 뒤틀린 판타지 소설이 아니다. 실제 사람들, 실제 판사, 그리고 엄청나게 실제적인 결과가 따르는 실제 경우다.

혁명가들이 그들의 세계관의 논리를 법령화하면 그 사회는 도덕의 방향을 재설정하게 된다. 성 혁명은, 성인에게 성별은 한낱 사회적으로 구성된 것일 뿐이며 성 정체성은 개인에게 달려 있다는 주장으로 시작되었다. 하지만 그 논리가 성인에게 적용되면, 불가피하게 청년과 어린아이들에게도 적용된다. 성별 유동성이 고정된 도덕규범으로 해체 구축되는 현상은 모든 연령의 사람에게 확산될 것이 틀림없다. 이들은 모든 개인, 심지어 어린 아이들도 자신의 성 정체성을 결정하고, 선언하며, 그에 따라 호르몬 치료 등을 받을 수 있는 자율성을 소유하고 있으며, 이를 법적으로 보호받아야 한다고 주장한다.

이러한 논리가 한 사회를 감염시키면 도덕적 절대성이 사라진다. 캐나다에서 벌어진 성 혁명으로 인해 부모들의 권리가 잘못된 도덕 이념의 제단에 제물로 바쳐졌다.

도덕 혁명은 파괴적 힘을 지닌 해일처럼, 수천 년 동안 인간 문명의 길잡이가 되어 온 규범과 도덕 구조를 파괴한다. 이러한 세속화의 물결에 휩쓸려 부모들은 더 이상 자녀 양육에 책임 있는 권위자 역할을 하지 못하고 오히려 제거되어야 할 장애물이 되어 버린다.

실제로 성 혁명은 캐나다 앨버타 주에서 일어난 또 다른 사건에서 입증된 것처럼, 끊임없이 부모의 권위를 갉아먹으려 시도한다. 〈글로벌 뉴스〉의 질 크로토 기자는 "동성애자-이성애자 연맹법에 대해 앨버타 항소법원에 이의가 제기되다"는 제목으로 한 가지 사연을 보도했다.[4] 크로토는 이렇게 말했다. "항소법원은 학교에서의 동성애자-이성애자 연맹의 영향에 관해 양측의 말을 모두 들어 보았다. 한쪽은 이 연맹이 부모의 알 권리를 제한한다고 주장하는 반면, 다른 한쪽은 이 연맹이 자녀의 성 정체성을 인정하지 않으려 하는 부모를 둔 아이들을 보호한다고 말한다."

이 사안의 요지는 학생들을 동성애자-이성애자 연맹이나 클럽에 위탁하면서 부모들에게 이를 알리지 않는 학교를 중심으로 한다. 실제로 어떤 학교는 학생들을 공공연히 동성애자나 LGBTQ 상담 교사에게 맡기면서도 이 사실을 부모에게 통지하지 않는다. 이 학생들은 동성애자 정체성을 받아들이라는 조언을 받을 것이다. 부모가 전혀 알지 못하게 의도적으로 부모에게 이를 비밀로 하는 사이, 학생과 상담 교사 사이에 그런 대화가 진행된다.

세속주의와 도덕 혁명가들의 위력은, 동의하지 않는 부모는 자녀에게서 분리시켜야 한다는 의제를 밀어붙였다. 이렇게 해서 도덕의 붕괴가 발생했다.

프랑스의 큰 실책

세속주의의 전략은 자녀와 부모 관계를 뒤집어엎을 뿐만 아니라 어린 아이들의 생각에 도덕적 혼란을 심어 주는 것을 목표로 한다. 하나님은 인간을 생각하고 추론하여 논리적 결론을 내릴 능력이 있는 이성적 피조물로 지으셨다. 창세기 3장에 기록된 타락 사건 이후에, 죄의 영향으로 인해 인간은 하나님이 창조하신 원래의 이상적인 사고 능력을 발휘하지 못하게 되었다. 타락의 결과로 우리는 하나님 및 하나님의 선함을 멀리하는 추론을 하는 경향이 있다. 인간 이성이 죄의 참화의 영향 아래 있기는 하지만, 그래도 여전히 이성은 하나님의 형상으로 지음 받은 한 부분으로 남아 있어서 생각하는 면이나 행동하는 면에서 일관성을 갖게 된다.

최근 프랑스에서 있었던 일은 이러한 이성적 일관성을 보여 준다. 즉 A라는 원인이 B라는 결과로 이어지는 논리적 불가피성을 보여준다. 그런데 죄의 영향을 감안할 때, 그런 일관성은 보통 더 심한 혼돈과 도덕적 혼란으로 빠져드는 악순환을 만든다.

얼마 전 〈뉴스위크〉에 "동성 결혼 수정안에 따라 프랑스 학교에서는 '어머니'와 '아버지'가 '부모 1', '부모 2'로 대체되었다"라는 제목의 기사가 실렸다. 이 기사를 쓴 캘럼 페이턴은 "프랑스 하원은 국립학교의 문서 양식에서 어머니와 아버지라는 표현을 없애는 법률 수정안에 찬성표를 던졌다. 그 대신 '부모 1', '부모 2'라는 표현을 쓴다고 한다. 프랑스 다수당은 프랑스 학교가 유럽 국가의 2013 동성 결혼법에 보조를 맞추려면, 화요일에 새 학교 법안과 함께 통과된 수정안이 꼭 필요하다고 보았다"고 말한다.[5]

이 기사는 세속의 폭풍우의 필연적인 논리를 잘 보여 준다. 사회가 도미노 조각 하나를 밀어 넘어뜨리면 나머지 조각들도 연이어 쓰러진다.

2013년, 프랑스는 동성 결혼을 합법화했다. 하지만 그 법은 학교의 문서 양식 같은, 사회의 다른 구조들과 조화되지 않았다. 그런 양식들에서는 아이의 '어머니'와 '아버지'를 일컫는 호칭이 있었기 때문이다. 이제 동성 결혼 윤리의 일관성은 프랑스의 학교 시스템에서, '어머니'와 '아버지'를 '부모 1', '부모 2'로 재정의하게 만들었다. 프랑스 역사의 어느 시대에서든, 아이에게는 모두 한 어머니와 한 아버지가 있는 것으로 전제되었다. 하지만 동성 결혼의 논리는 성 혁명의 풍속을 위해 사회가 전통을(그리고 실제로는 이성을) 버리기를 요구한다. 동성 결혼의 여파로 한 아이에게 두 엄마와 두 아빠가 있을 수 있게 되었고, 이는 학교의 문서 양식이 시대에 뒤떨어졌고 어리석은 시대의 케케묵은 전통에 속해 있었다는 의미가 된다.

이 새로운 규정은 2013년 프랑스 동성 결혼법과는 조화되지만, 학교 문서 양식의 변화는 논란의 여지가 있다. 〈뉴스위크〉는 프랑스에서 한 어머니와 한 아버지 그리고 그 자녀들로 구성된 가정이 95퍼센트라고 보도한다. 그런 엄청난 숫자를 생각하면 학교 문서 양식에서 '어머니'와 '아버지'를 '부모 1'과 '부모 2'로 바꿀 필요성이 사라진다.

더 나아가, 프랑스 사람들은 학교 문서 양식의 이 사소한 변화가 엄청난 도덕적 함의를 갖고 있음을 실감한다. 이 변화는 하나의 도덕 체계를 다른 체계로 바꾼다. 이는 가정을 급진적으로 재정의하는 일이다. 프랑스 사람들은 수많은 도덕적/사회적 문제에 진보적 태도를 보이기로 유명하지만, 이들은 프랑스 정부의 이 새로운 명령에 어떤 포괄적 의미가 담겨 있는지 잘 알고 있다. 한 프랑스 의원은 부모를 '부모 1', '부모 2'로 새롭게 지칭하는 것은 판타지라고 〈뉴스위크〉 지에 말했다. 〈뉴스위크〉는 "이 의원은 성별 문제를 타협하면 사회의 균형이 해체될 것이라 생각한다고 덧붙였다"고 보도했다. 사실 도덕 혁명가들은 바로 그것을 노리고 있다.

언어는 정말 중요하다. 언어 사용은 도덕적 신호 역할을 하며, 도덕 혁명가들은 언어의 힘과 말이 지니는 영향력을 잘 안다. 성 혁명은 사회가 쓰는 언어와 용어를 바꾸어서 그 사회의 도덕 의제를 조정해야 한다고 주장한다. 사실 우리는 혁명이 이제 막 시작했을 뿐이라고 전적으로 예측할 수 있다. 혁명의 요구는 점점 더 많아질 것이며, 혁명은 사회가 혁명에 협조하거나 길을 비켜 주기를 기대할 것이다.

그리스도인은 프랑스에서 전해지는 소식을 비통한 마음으로 바라볼 필요가 있다. 이는 학교 문서 양식의 문제가 아니라, 사회의 가장 기본 구조가 파괴되어 해체되는 문제다. 도덕 혁명은 가정이라는 단위를 파괴하여 아예 존재하지 않는 것으로 재정의했다. 하지만 가정이라는 제도는 성경에서 가장 먼저 창설되었다. 창세기 2장은 "이러므로 남자가 부모를 떠나 그의 아내와 합하여 둘이 한 몸을 이룰지로다"(24절)라고 말한다. 하나님은 창조시부터 한 남자와 한 여자의 연합을 제정하셨다. 하나님은 보시기에 좋았던 창조 세상 안에 가정이라는 단위를 만드셨으며, 가정은 하나님의 은혜와 사랑의 확장으로서 자녀라는 기쁨 또한 안겨 준다. 이 자녀들은 자기 부모를 한낱 '부모 1'이나 '부모 2'로 보아서는 절대 안 되고, '어머니'와 '아버지'로 보아야 했다. '어머니'와 '아버지'를 거부하는 것은 성경적 세계관을 배격하는 것일 뿐만 아니라 자신의 영광을 위해 세상을 완벽히 질서 있게 창조하신 하나님을 배격하는 것이기도 하다.

세속주의는 인간을 재규정하기 시작한다. 프랑스에서 제정된 새 법안은 단지 학교 문서 양식을 개정한 게 아니라 인간 자체를 아예 재구성하려는 것이다. 프랑스에서 '어머니'와 '아버지'는 이제 문화 유물이며, 성 혁명의 새 도덕 질서에서는 배제되어야 할 호칭이다. 그리고 혁명은 거기서 멈추지 않을 것이다. 모든 사회의 모든 측면을 성 혁명의 도덕적 요구에 일치시키기 위해, 할 수 있는 모든 일을 다할 것이다. 그리고 어떠한 큰 대가를 치르게 되더라도 아랑곳하지 않을 것이다.

영국의 몰락

영국이 정부의 주도하에 모든 어린이, 특히 부모에게 홈스쿨링을 받는 어린이의 교육을 통제하려는 계획을 시작하면서 잉글랜드는 세속주의의 요구에 굴복해 대가를 치렀다. 〈에반젤리컬 나우〉(Evangelical Now)의 루스 우드크래프트 기자는 이렇게 보도했다. "정부는 현재 가정 교육 등록제를 위한 새로운 계획을 협의하고 있다. 하지만 이는 가정 교육에 관한 일이 아니다. 이는 부모가 자녀에게 가르칠 권리에 관한 문제다."[6]

이 조처는 영국 정부가 부모와 자녀 사이에 개입하려는 시도로 홈스쿨링 아동 등록제를 계획하는 것이다. 우드크래프트의 주장처럼 이는 "가정에서 다른 문제들에 관해 부모가 무엇을 말할 수 있고 어떻게 말할 수 있는지를 지시하려는" 작은 도약일 뿐이다. "신앙에 대한 의심이 점점 커져가는 지금, 이는 성경을 가르치는 행위가 정부의 시야에 들어오도록 단속하려고 잠시 걸음을 멈추는 것일 뿐이다." 우드크래프트 기자가 내린 결론은 미끄러운 비탈길 논증(slippery slope argument : 처음에는 비교적 사소한 일로 시작한 것이 또 다른 일을 연속적으로 일으켜서 결국 파국으로 치달을 수 있다고 예측하는 논증—역자주)으로 여겨질지도 모른다. 따지고 보면, 홈스쿨링 아동 등록제를 실시해서 모든 아동들이 훌륭하고 견실한 교육을 받고 있는지 확인하는 것은 정부의 의무 아닌가?

하지만 우드크래프트는 영국의 이 새로운 제안이 어떤 궤적으로 움직이는지를 보여 주는 명쾌하고도 예리한 주장을 펼친다.

등록제는 〈케이지 리뷰〉(Casey Review)에서 처음 제안되었다. 이 보고서는 전반적으로 종교에 관해 편파적인 태도를 보였다. 성 윤리에 관한 주류의 견해는 시대에 역행하는 견해로 언급되었고, 그리스도인은 사회에 통합되지 못하는 탓에 문젯거리로 여겨졌다. 이 논의는 정부가 규정하는 아동 발달이 자녀를 가르치는 부모 때문에 손상될 수 있다고 전제한다. 이 보고서와 함께 읽어야 할 영향 평가 문서에서 복음주의 그리스도인은 홈스쿨링을 점점 더 많이 하는 사람들로 언급된다.

영국의 이 조치에는 엄청난 의미가 함축되어 있으며, 결국은 재앙으로 끝날 것이다. 자녀를 교육시킬 권리는 부모의 근본적 권리인데, 도덕/세속 혁명은 이제 이 권리를 문제시한다. 세속화 세력이 세계관 혁명을 바란다면, 필시 우리의 자녀들과 다음 세대의 마음을 사로잡으려 애쓸 것이다. 세속주의는 스스로의 평가에 따라, 성경적 세계관 같은 터무니없고 해로운 교의로 자녀들을 "세뇌"하는 부모를 너그럽게 봐주지 않을 것이다.

이 현실은 세속화가 공교육을 주시하는 이유가 무언지를 가리킨다. 미국인들은 다른 나라를 볼 것 없이 자국의 상황을 잠깐 들여다보기만 해도 교육 분야에 세속 시대가 성큼 다가왔음을 알 수 있다. 캘리포니아와 콜로라도의 학구(學區)들은 LGBTQ 혁명가들과 정확히 똑같은 교육 프로그램으로 성교육을 할 것을 고려 중이다. 더 나아가 어떤 학구는 교사와 교직원들이 아이들의 LGBTQ 동아리 가입 사실을 부모에게 알리지 못하게 한다. 세속화가 우리 자녀들의 마음과 생각을 지배하면 세속화의 확산이 빨라진다.

그러므로 영국이 지금 국가의 관리 밖에 있는 사교육 제도를 주시하고 있는 건 놀라운 일이 아니다. 세속 혁명의 통제권 밖에 있는 학교들이 이 혁명과 보조를 맞추게 해야 하는 것이다. 놀랍게도 우드크래프트는 영국에서 "홈스쿨링은 지난 3년 사이 40퍼센트나 늘어났다"는 사실을 기사에 인용했다. 이는 잉글랜드의 많은 부모들 사이에 도덕적 염려가 증가하고 있음을 보여 주는 수치이다.

우드크래프트가 인용한 보고서는 〈케이지 리뷰〉인데, 이는 고립되고 낙후된 지역 사회에서의 교육 기회와 통합에 대해 리뷰하는 일을 전문으로 하는 보고서다. 이 보고서는 이렇게 말한다. "복지와 통합에 대한 충분한 검토 없이 아동들이 주류 교육에서 배제될 수 있다는 것은 매우 우려스러운 일이다. 주류 교육에서 배제된 아동들, 특히 주류 학교 교육을 아예 시작도 못한 아동들에게 교육 기회가 보장될 수 있도록 정부가 나서서 조정을 해야 한다."

이 솔직한 발언은 정부 주도의 주류 교육 제도 밖에 있는 아동들에게 손을 내밀어 영국의 전반적인 교육 비전 안으로 통합시켜야 한다는 점을 분명히 하고 있다. 게다가 이 보고서는 그 주장을 도덕적 용어로 감싸서 표현한다. 아동들이 "주류" 교육 제도 밖에서 부모에게 교육받을 수 있다는 게 걱정이라는 것이다.

보고서는 계속해서 말하기를, 주류 교육 제도 밖에 있는 아동들은 해당 지역의 교육 당국에 등록되어야 하며, 그 아동들이 "분열을 일으키는 관행"이 전혀 없는 적절한 주류 교육을 받을 수 있도록 책임지는 것이 당국의 의무라고 한다. 이어서 이 보고서는 이렇게 말한다.

> 부모들이 가정에서 자녀를 교육할 권리는 계속 유지되어야 하지만, 아이가 영국이라는 나라에서 삶을 영위하기 위해 품격 있고 적절한 교육을 받으며 유해한 환경에서 보호받을 권리를 누릴 수 있도록 더 강력한 안전장치가 요구된다. 이 조사에서 우리가 확인한 증거는, 어린이들이 완전히 격리된 환경에서 적절한 교육을 제공받지 못하거나 유해한 일에서 충분히 보호받지 못한 채 자라기 쉽다는 사실을 보여 준다.

다시 말하지만, 이 보고서는 눈에 띄게 도덕적인 주장을 한다. 이 보고서는 부모가 자녀를 교육하는 것을 해로운 일로 보고 있다. 실제로 부모가 자녀를 공교육의 주류 이데올로기에서 격리시킬 수도 있는데, 이는 자녀가 이 세속 시대의 주류 도덕적 판단을 받아들이지 못하도록 부모가 막을 수 있다는 뜻이다.

이 보고서는 잉글랜드 사회의 "주류" 밖에서 이뤄지는 종교 교육이 특히 염려된다고 노골적으로 말한다. 보고서는 "동시에 사람들이 주류 기독교 교파에서 빠져나오며 복음주의 교회와 오순절 교회가 성장하는 현상이 있었다"고 말한다. 〈케이시 리뷰〉는 기독교 홈스쿨링이 종식되어야 한다고 곧바로 말하지는 않는다. 하지만 "주류" 같은 표현을 써서 사실은 그 방향을 가리킨다. 이 보고서는 아동들이 사회의 주류 밖에서 교육받는 게 해롭다고 여긴다. 그리고 이 보고서는 복음주의가 사실상 주류 밖에 있다는 점을 확실히 한다.

더 나아가 이 보고서는 이렇게 주장한다.

영국의 많은 사람들이 종교를 점점 덜 중요하게 여기고 어떤 경우 선을 위한 영향력으로도 별로 인정하지 않는 것 같지만, 어떤 이들에게 종교는 일상생활에서 아주 중요하다. 이 후자 집단 안에는 성 평등이나 성적 지향 같은 문제에 관한 21세기 영국의 가치와 법률로부터 멀찍이 떨어진 종교를 유지하고 싶어 하는 사람들이 있는 것 같다. 차별을 만들어 내고 공동체를 분리시킴으로써 말이다.

정부 보고서의 바로 이 부분에서 엄청난 신학적 논증이 발견된다. 보고서는 종교가 자신들의 일상생활에서 중요한 역할을 한다고 믿는 사람들은 사회에 해로운 허울 좋고 퇴보적이고 시대에 뒤떨어진 종교적 정서를 갖고 있다고 말한다. 이 사람들은 영국의 가치관과 어울리지 않는다. 이들은 공동체를 분열시키고 만회할 수 없는 해를 끼칠 것이다. 결혼은 한 남자와 한 여자가 하는 것이라고 믿고, 인간 역사 전체를 통해 그렇게 알려진 것처럼 사내 아이는 사내 아이고 여자 아이는 여자 아이라고 믿는 것은 고집 센 행동일 뿐만 아니라 잠재적으로 사회의 평화를 깨는 폭력으로 묘사된다. 국가가 개입해서, 세속의 정통 관념에서 벗어나 인간의 참된 번영을 증진시키는 올바른 교육 실천을 진압해야 한다는 것이다.

부모 역할의 퇴조

캐나다, 프랑스, 잉글랜드의 이런 사례들은 모두 이 세속주의 폭풍의 궤적을 나타낸다. 세속 시대는 인간에 대한 그들의 포괄적 이상에 도전을 던지는 세계관을 관대히 봐 주지 않을 것이다. 국가가 아동들을 그리스도인 부모의 위험하고 퇴보적인 믿음에서 구해 내려고 개입함에 따라, 도덕 혁명과 발맞추려 하지 않는 부모는 곧 자녀를 잃든지 사회에서 추방될 것이다.

캐나다, 프랑스, 잉글랜드 정부가 취한 조치는 그 나라에만 머물지 않을 것이다. 보통 이 나라들의 세속화 수준은 미국을 몇 년 앞지른다. 이 나라들의 뉴스 헤드라인은 곧 미국의 도시와 주(州)들을 설명하는 말이 될 것이다. 실제로 캘리포니아는 홈스쿨링 중인 아동들을 관찰하는 과정을 이미 시작했다. 오래지 않아 미국 전역에 이런 풍경이 전개될 것이다.

부모와 자녀 간의 관계에 대한 이런 공격은 단지 사회가 인간의 유익을 위해 만들어낸 도구에 대한 공격이 아니다. 가정 및 부모의 역할과 권위는 하나님께서 친히 세우신 것이다. 우주의 창조주께서는 인간의 유익과 번영을 위한 제도로서 부모 자녀 관계를 빚으셨다. 부모 자녀 관계는 사랑과 사회적 평화, 그리고 인간관계를 증진시킨다. 부모 자녀 관계는 존재론적 진리에 바탕을 두고 창조 질서 자체에 간직되어 온 신성한 관계다.

앞에서 말한 이야기들은 비극적 현실을 가리킨다. 즉, 기독교의 가르침에 충실했다는 이유로 부모들이 주류 밖으로 밀려나고 있으며, 이는 장차 부모의 권리가 종식되는 결과를 낳을 수 있다. 그리스도인이 성/세속 혁명의 요구에 굴복하지 않으므로, 혁명은 부모와 자녀 간의 성스러운 유대(紐帶)를 공격한다. 도덕 혁명가들은 이 전쟁에서 결코 물러날 생각이 없다. 아이들의 마음과 생각을 얻기 위한 이 전쟁은 너무나 중요하기에, 혁명가들은 이 전쟁을 결코 소홀히 할 수 없다.

그리스도인은 이 전쟁에 무엇이 걸려 있는지를 알아야 한다. 부모 권리의 종식은 곧 가정의 종말이며, 인간 문명의 종말이다. 따라서 우리는 세속 시대의 논리에 대항하여 기독교적 확신과 증언, 그리고 세계관을 총동원하여 맞서야 한다.

1977년, 크리스토퍼 래쉬는 정부가 세운 외부 세계가 우리의 권리를 끊임없이 침해할 때 가정이 그 강제력을 완충시키고 감소시키는 역할을 한다고 보았다. 래쉬는 가정이 위협당한다고 보았고, 새로운 사회를 건설하는 이들이 부모를 점점 문제의 한 부분으로 본다는 것을 깨달았다. 그 당시에도 부모의 역할은 손상되고 있었지만, 양상은 좀 더 교묘했다.

래쉬는 다음과 같이 알리면서 자신의 책을 마무리했다.

시민의 전 존재는 이제 사회의 지시에 종속되었으며, 한때 사회화 작업이 제한되는 공간이었던 가정 등의 기관에 의해 완충되는 경우는 점점 줄어들었다. 사회가 가정의 사회화 작업 자체를 인수하거나, 점점 더 효율적인 통제에 종속시켰고, 그럼으로써 시민적 자기 통제 능력이 약화되었다. 이런 현상은 사회적 유대의 주요 근원 중 하나를 훼손하고 새로운 근원들을 만들어 냈다. 그런데 새로운 근원들은 옛것보다 더 옥죄며, 궁극적으로 개인의 자유에 아주 나쁜 영향을 끼친다.[7]

위 글을 쓴 것이 이미 1977년이었다. 래쉬는 사십 년 후인 지금 우리의 상황을 상상할 수 없었을 것이다. 하지만 우리는 가정이 결국 사라지고 부모들은 침묵하리라는 것을 깨달을 수 있고, 깨달아야 한다. 이 도덕 혁명은 모든 제도, 모든 관계 하나하나를 재정의함으로써 진전한다. 혁명은 결혼 제도를 이미 재정의했다. 지금 혁명은 아버지와 아들, 어머니와 딸 관계를 예의 주시한다. 세속주의자가 보기에 이런 관계들은 보존 가치가 없으며, 혁명에 쓸모가 없기에 더는 존재해서는 안 되는 것들이다.

6

젠더와 성 문제 위로 몰려오는 폭풍우

　예수 그리스도의 교회는 전례 없는 도전에 직면해 있다. 교회와 새로운 성 윤리 간의 충돌, 계시와 혁명 간의 충돌이 바로 그것이다. 이 혁명은 성 혁명이며, 사회와 문명의 질서의 완전한 재편을 요구한다는 점에서 정말로 혁명이다. 실제로 이 혁명은 인간으로 존재한다는 것, 남자와 여자로 존재한다는 것이 무슨 의미인지 근본적 의문을 제기한다. 성 혁명은 인간 정체성의 근원과 기반 자체를 빼앗는다. 우리의 창조가 인간으로서 우리가 누구인지를 결정한다는 사실에 의문을 제기하는 것이다. 게다가 성 혁명은 하나님이 성, 남성성, 여성성을 선하게 구상하셨다는 사실을 포함해 하나님의 계시와 하나님의 창조 명령을 거부한다.

　성 혁명의 진전은 무작위로 발생하지 않는다. 이제부터 이어질 이야기는 우리가 어떻게 해서 지금과 같은 상황에 이르게 되었는지 설명한다. 성 혁명은 상당 부분 과학자들이 인간의 성을 출산에서 해방시킬 목적으로 기술을 개발했을 때 시작되었다. 성 혁명을 촉진한 가장 큰 동력은 산아제한의 출현이다. 산아제한의 영향은 어떻게 말해도 과장이 아니다. 실제로 경구 피임약의 등장은 성 혁명에 부채질을 하였다.

피임과 성 혁명

성 혁명은 현대의 산아제한 정책이 출현하기 전에는 불가능했다. 성관계가 본질적으로 출산에 매여 있는데 어떻게 성 혁명이 일어날 수 있겠는가? 가정에 대한 의무와 인간관계의 유대 때문에 성 혁명은 완전히 발현되지 못했다. 더 나아가, 섹스는 곧 출산이라고 생각했기에 인간이 곧 남자와 여자만은 아니라는 개념이 만연하는 것도 억제되었다. 하지만 피임은 섹스와 출산 간의 연결고리를 끊어서, 결혼 영역 밖에서의 성관계가 대유행하게 만들었을 뿐만 아니라 인간의 성과 성별을 다시 생각해 보게 만들었다. 성 혁명가들의 입장에서 피임은 수 세기 동안 서양 문명의 상당 부분을 지배한 성경적 세계관과 도덕의 숨 막히는 사슬에서 인간을 해방시켰다. 인간이 남편과 아내 사이의 신성하고 소중하며 가장 친밀한 사랑의 표현인 성관계의 개념을 바꾸자, 문화는 총체적 성 혁명의 길로 들어섰다. 섹스를 해도 아이가 생기지 않게 하는 대안이 등장하자 성 표현이 급진적으로 확장되고 늘어나며 모든 속박을 타도했다.

1960년대에 피임법이 소개되자 한 남자와 한 여자 사이의 분리될 수 없는 연합이라는 결혼 개념이 재정의되기 시작했다. 성의 엄숙함과 신성함이 줄어들고 결혼의 평생 언약은 일시적 계약으로 격하되었다. 임신 가능성이 없어지면서 결혼은 언약 관계에서 그저 주거 상의 이득이 뒤따르는 사실상의 장기 연애의 개념으로 바뀌었다. 그러므로 이혼율이 치솟은 것은 놀라운 일이 아니다. 사회는 물론 교회도 이러한 시류를 거슬러 이 타락 풍조를 반전시키려는 노력을 별로 하지 않았다. 이혼은 피임약과 마찬가지로 해방의 선물로서 문화에 등장했다.

피임법이 소개된 지 얼마 되지 않아 1973년 연방 대법원은 미국 전역에서 낙태를 합법화했다. 피임약이 섹스와 출산을 별개의 것으로 만들었다면, 낙태는 임신과 책임을 분리했다. 이제 우리는 임신을 막을 수 있을 뿐만 아니라, 원치 않는 자녀를 쉽게 제거할 수 있게 되었다. 성 혁명은 성의 진보와 해방이라는 제단에 인간 생명의 존엄성을 제물로 바쳤다.

1970년대가 되자 경구 피임약의 여파로 인한 세계관의 대대적 변화와 더불어 시작된 혁명이 만개(滿開)하였다. 1970년대 초에는 전면적 성 혁명이 진행되었는데, 이는 스톤월 인(Stonewall Inn)에서의 폭동으로 시작되었다.

동성애자 인권 운동의 발흥

1969년 6월 28일, 뉴욕 시 그리니치 빌리지 경찰은 스톤월 인이라는 게이 바를 급습했다. 그러나 이 날이 역사가 된 것은 그 후에 이어진 항의 사태 때문이었다. 동성애를 합법화하려는 시도는 1969년 전에도 있었지만, 스톤월 폭동은 동성애자 인권 운동의 중요한 전환점이 되었다.

스톤월 사태 50주년 기념일에 미국의 게이 문학가 모시스 카우프먼이 동성애자 인권 운동을 생각하며 〈뉴욕 타임스〉에 다음과 같은 글을 기고했다.

스톤월 봉기의 가장 중요한 업적 하나는, 이 일을 계기로 대중이 상상하는 LGBTQ 캐릭터가 근본적으로 재정의되기 시작했다는 것이다. 1969년, 동성애는 의료인들에게 여전히 정신 질환으로 규정되었고 동성 간의 성관계는 49개 주에서 범죄였다. 스톤월 봉기는 동성애자 공동체의 새로운 이미지를 세상에 보여 주었다. 우리가 이제 더는 침묵하고 수치스러워 하면서 골방에 숨지 않을 것임을 만방에 천명했다. 거리에 나가 우리에게도 온전한 시민 대접을 해주기를 요구할 것임을 보여 주었다. 몇 달 지나지 않아 게이 해방 전선, 게이 활동가 연맹, 길거리 복장도착자 행동 혁명가 단체 같은 활동자 조직이 결성되었다.[1]

스톤월 폭동은 이미 피어오른 불길에 기름을 끼얹었다. 항의 사태는 게이 인권 운동을 넘어 공적 영역으로 번졌다. 실제로 스톤월 폭동이 있은 지 단 일 년 만에 뉴욕 시에서는 다른 도시들의 선례를 따라 첫 번째 게이 퍼레이드 행사를 벌였다. 이 퍼레이드는 이제 미국인들의 공공 생활의 주요 요소로 자리잡았다.

스톤월 사건을 생각하면서 카우프먼은 이렇게 결론 내렸다.

오늘, 스톤월 인이 입점해 있는 건물이 국가 역사적 장소 등록부

(National Register of Historical Places)에 등재되었다…동성애는 전국에서 해금(解禁)되었다. 레즈비언, 게이, 양성애자들이 이제는 공개적으로 군 복무를 한다. 연방 차원에서 증오범죄로부터의 보호 장치가 가동 중이고 AIDS는 치명적 질병이 아니라 만성 질환이 되었다…동성애자들도 평등한 결혼의 권리를 누리며, 게이 남성들은 진지하게 대통령 선거전에 나서고 있다. 이런 상황에서 스톤월 50주년 기념일을 맞으면 행복감에 도취될 수도 있다. 하지만 행복감에 젖는 게 지금 이 순간에 합당한 태도인가? 소수자의 역사를 쓸 때는 늘 승리에 초점을 맞추고 싶은 마음이 든다. 하지만 이 모든 성취에도 불구하고 아직도 28개 주에서는 성적 지향과 성 정체성 혹은 젠더 표현에 근거해 고용 차별을 하는 것이 합법이다. 이는 일요일에 결혼했는데 월요일에 직장에서 해고당할 수 있다는 의미다.[2]

카우프먼은 스톤월 봉기가 있은 지 오십 년이 지났지만 LGBTQ 운동은 여전히 심각한 도전에 직면해 있다고 본다. 그의 말에 따르면, 게이 사회는 스톤월 오십 주년을 축하하는 한편 전투는 아직도 진행 중이고, 아직도 남은 싸움이 있다는 것을 명심해야 한다는 것이다. 그러고 나서 카우프먼은 다음과 같은 말로 이 갈등의 본질을 설명한다. "미국인들의 마음과 생각 속에서 진행 중인 가장 위대한 전투는 우리의 민주주의를 탄생시킨 계몽주의적 이상과 역사의 진보를 위협하는 전제적 억압과의 전투다."[3] 카우프먼의 이 말은 단연 주목할 만하다.

스톤월 사건은 시작일 뿐이었다. 성 혁명이 끝나려면 아직 멀었다. 동성애자 권리 운동은 서양 문명의 도덕적 구조에 자꾸 새로운 방향을 제시한다. LGBTQ 혁명은 평등을 요구할 뿐만 아니라 자기들과 다른 세계관, 즉 기독교 세계관을 제지할 것을 요구하기도 한다. 새로운 성적 권리를 부정하는 도덕률은 다 침묵시켜야 한다는 것이다. 카우프먼의 말을 빌리자면, 기독교 세계관은 권위주의적인 억압 시스템에 지나지 않기 때문이다. 그의 말은 도덕적 사안에 대한 우호적 담론으로 다가오지 않는다. 그의 말은 혁명적 언어이며, 혁명이 추구하는 것은 다름 아니라 적들의 무조건적 항복이다.

카우프먼은 계속해서 주장한다.

> 지난 50년 세월이…우리에게 무언가 가르쳐 준 것이 있다면, 그것은 바로 우리가 도덕 세계의 활을 정의(justice) 방향으로 구부릴 수 있다는 것이다. 이 운동은 LGBTQ 집단의 삶을 변화시켰지만, 그뿐 아니라 온 나라가 동성애에 관해, 그리고 성 정체성과 성적 지향의 전 스펙트럼에 관해 생각하고 느끼는 방식 또한 변화시켰다. 독재를 향한 현재의 흐름과 맞서 싸울 때 우리가 지난 50년 동안 배운 것을 어떻게 활용할 수 있을까?

이 발언은 서양 문명의 도덕적 풍경을 가로질러 크게 천둥소리를 울린다. 몰려오는 폭풍우는 더 많은 혁명을 요구하는 소리로 우르릉거린다. 지난 반세기 동안의 동성애자 인권 운동의 진전은 혁명가들을 만족시키기에 충분하지 않다. LGBTQ 운동은 젠더와 성의 존재론적 현실을 완전히 거부하고 다른 것으로 대체하였다. 하지만 이것으로도 충분치 않다. 이 운동은 많은 이들이 생각하거나 믿는 것보다 훨씬 더 혁명적이다.

실제로, 동성애자 인권 운동의 투쟁은 상당 부분 결혼의 평등에 중점을 두었으며, 이는 동성 결혼을 합법화하고 동성 커플이 미국의 도덕적 DNA 안에 부부의 결합으로 수용되고 공표되며 표준화될 수 있도록 하기 위해서다.

그런 비전에도 불구하고 LGBTQ 운동은 스스로의 급진화하는 경향을 따라잡을 수 없었으며, 결혼과 성과 젠더에 관한 그 자체의 도덕적 재교육의 궤적을 따라잡을 수도 없었다.

제러미 앨런은 〈뉴욕타임스〉에 "L.G.B.T.Q. 밀레니얼 어메리컨 드림 추적하기 : 결혼 평등의 도래는 한 세대가 상상할 수 없었던 미래를 제공한다. 하지만 이는 그 세대가 원하는 미래인가?"라는 헤드라인의 기사를 썼다. 그 기사에서 앨런은 밀레니얼 세대의 게이들 가운데는 결혼식이 흔치 않다고 기록한다.[4] 미국의 공공 정책에서 LGBTQ 의제가 진척을 보였음에도, 결혼은 다가오는 LGBTQ 남녀 세대의 목표가 아닌 것으로 드러난다. 이유가 뭔가? 결혼의 평등은 LGBTQ 운동의 목표요 이들이 바라는 것의 정점 아니었는가? 결혼이 이 성 혁명의 답안일 수 없는 이유는, 앞으로 살펴보겠지만 많은 이들이 결혼을 여전히 억압의 상징으로 보기 때문이다. 즉, 결혼은 LGBTQ 운동이 앞장서는 성 해방을 억제하기 위해 구상된 시스템인 것이다. 결혼은 성 혁명의 요구를 만족시키지 못할 것이다. 성 혁명의 최종 목표는 오로지 완전한 성적 무정부 상태일 것이기 때문이다. LGBTQ 운동은 미 대법원(그리고 수많은 미국인들)을 설득시켜 결혼을 재정의하게 하는 데 성공했다. 하지만 혁명은 결코 만족하지 않는다.

《각성: 게이와 레즈비언은 어떻게 미국에 결혼 평등을 실현시켰는가?》라는 책을 쓴 나다니엘 프랭크도 스톤월 사태 50주년을 기념하는 글을 〈워싱턴포스트〉에 기고했다. 이 글에서 프랭크는 다음과 같이 주장했다.

진척을 축하할 명백한 기회처럼 보이는 것이 사실 처음부터 우리의 운동을 갈라놓은 단층선을 안 보이게 덮고 있다. 우리의 목표는 평등인가 아니면 해방인가? 우리의 목표와 다른 모든 사람들과 똑같이 대접받을 권리를 확보하는 것인가 아니면 진정한 자기 자신으로 존재할 자유를 얻는 것인가? 우리는 지금 그대로의 세상에 소속되기를 추구하는가 아니면 억압적 규범을 내던짐으로써 이 세상을 동성애자나 비(非)동성애자가 똑같이 좀 더 자유로울 수 있는 곳으로 변화시킬 수 있는 기회를 추구하는가?[5]

수상이 되기 전에 처칠은 히틀러와 나치 체제의 위험을 세상에 경고했다. 협상과 외교술로 또 한 번의 전 세계적 갈등을 피할 수 있다고 많은 이들이 믿었지만, 처칠은 그런 유화(宥和)의 꿈이 어리석다는 것을 알고 있었다. 마찬가지로, 세속화의 엔진은 문화 전체를 변화시키는 방향으로 밀고나간다. 프랭크는 이렇게 말했다. "이 활동가들은 단순히 동성애자들을 위한 대안적 공동체를 만들고 싶은 게 아니었다. 이들은 자신들이 가치있게 여기는 새로운 사회 편제를 중심으로 사회를 개조하는 것을 목표로 했다. 일부일처제의 핵가족보다는 광범위한 공동체 구조를 통해 인간의 필요와 욕망을 다루고자 한 것이다."

프랭크의 말에 따르면, LGBTQ 운동의 꿈은 아담과 하와 이후로 인류를 다스려 온 사회 규범을 포괄적으로 수정하는 것에 중점을 두었다.

프랭크는 다음과 같이 이야기를 이어갔다. "LGBT 운동은 결혼의 평등을 밀어붙이는 것을 포함해, 결혼과 상관없는 섹스, 그리고 예전 같으면 변태로 여겨졌을 성적 행동을 전반적으로 논쟁거리가 안 되는 것으로 만들어서 성에 관한 억압적 태도를 뒤집어엎는 데도 도움을 주었다." 프랭크의 이 문장이 성 혁명의 범위를 한 마디로 요약한다. 성 혁명가들은 동성 결혼을 합법화하는 일에 나섰을 뿐만 아니라, 사실상 훨씬 더 근본적인 혁명, 즉 성과 관련된 도덕 시스템 전반을 포괄적으로 뒤집어엎고자 했다. 실제로 프랭크는 이렇게 주장했다. "스톤월의 유산은 단순히 동성애자들을 다른 모든 사람들과 더욱 똑같아 보이게 만드는 게 아니다. 어쩌면 좀 더 불온하게, 다른 모든 사람들을 동성애자들과 약간 더 비슷해 보이게 만들자는 것 또한 스톤월의 유산이다." 이는 솔직한(조금 대담하기는 하지만) 고백이다. LGBTQ 혁명의 목표는 모든 사람을 "동성애자들과 약간 더 비슷해 보이게" 만드는 것이다. 사회의 여러 영역에서 그들은 그 목표를 이루는 데 확실히 성공하고 있다.

트랜스젠더리즘과 성 혁명

그런데 이제 LGBTQ 라는 머리글자 단어에서 가장 급진적 혁명을 가리키는 철자는 트랜스젠더를 뜻하는 'T'인 것이 분명하다. LGBTQ 혁명의 다른 구성요소에 비해 트랜스젠더 운동은 단순히 인간의 성이 아니라 인간 자체를 재정의하려는 시도를 훨씬 확실히 나타낸다. 실제로 게이와 레즈비언 활동가들은 트랜스젠더리즘을 널리 알려야 할 당사자들임에도 성 혁명이 자꾸 자신들의 통제권을 벗어남에 따라 자신들이 역사의 잘못된 편에 서 있음을 깨닫는다.

트랜스젠더 혁명이 어떻게 여성 스포츠와 운동 경기를 재정의하고 있는지를 생각해 보라. 예를 들어 테니스 선수 마르티나 나브라틸로바를 생각해 보자. 윔블던 여자 단식에서 아홉 번이나 우승하는 경이로운 기록을 세웠지만, 나브라틸로바의 이름이 요즘 뉴스에 등장하는 것은 경기 성적 때문이 아니라 트랜스젠더 혁명과의 충돌 때문이다. 나브라틸로바는 오랫동안 동성애자 인권을 옹호해 온 동성애자 운동선수로 알려져 왔다. 그런데 성 혁명의 주류는 나브라틸로바를 거부해 왔다. 트랜스젠더 여성이 성별 특화 스포츠에 참여하는 것을 나브라틸로바가 비판했기 때문이다. 즉, 나브라틸로바는 스스로를 여성이라고 밝히는 남성이 운동 경기에서 여성과 경쟁하는 것을 인정하지 않았다.

이 논쟁은 2018년 12월, 나브라틸로바가 트위터에 "자신을 여성이라고 선언했다고 해서 여성과 경쟁할 수는 없다"는 글을 남기면서 시작되었다. 나브라틸로바는 생물학적 남성은 운동 경기에서 여성과 경쟁할 자격이 없다고 판정하는 기준을 옹호했다.

나브라틸로바는 곧 트랜스젠더 집단의 반발에 직면했다. 활동가들은 나브라틸로바를 질타하면서, 나브라틸로바가 곧 역사의 그릇된 편에 서게 될 것이라고 경고했다. 한때 동성애자 인권 혁명의 선봉장이자 국제적 상징이었던 나브라틸로바는 뒤에 남겨지고 말았다. 나브라틸로바의 견해는 이제 성 혁명가들이 선전하는 무차별의 도덕적 격변과 조화되지 못했다. 트랜스젠더 집단의 반발이 있은 후 나브라틸로바는 트윗을 삭제하고 이 문제를 깊이 있게 연구해 보겠다고 약속했다.

그것이 2018년 말의 일이다. 그리고 2019년 2월, 〈선데이타임스〉는 "트랜스젠더 선수의 포상에 관한 규정이 무고한 사람을 기만하고 징벌한다"는 제목으로 나브라틸로바가 자신의 주장을 상세히 설명하는 기사를 실었다.[6]

나브라틸로바는 "크리스마스 직전 나는 스포츠에서의 젠더와 페어플레이에 관한 끝장 토론에 우연히 발을 디뎠다. 다툼이 시작된 것은 이 주제를 다루는 진지한 포럼에 관한 본능적 반응과 그 포럼에 관해 내가 올린 트윗 때문이었다…어쩌면 좀 더 섬세하게, 그리고 조금 덜 독단적으로 표현할 수도 있었을 테지만, 나는 그 뒤에 이어질 공격에 대비가 되어 있지 않았다."

나브라틸로바는 이성을 가진 사람이 도덕적 궁지에 빠졌을 때 했을 법한 행동을 했다고 설명했다. 자신이 트위터에서 이야기한 주제에 관해 공부해 보기로, 그리고 이 중요한 사안에 관해 깊이 생각해 보는 시간을 갖기로 했다는 것이다. 그런 시간을 가진 후에도 나브라틸로바는 동일한 결론에 이르렀다. 스포츠 조직이 트랜스젠더 의제에 굴복해서 트랜스젠더 여성이 다른 여성과 경쟁하는 것을 허용한다면, 이는 부정행위 환경을 조성하는 것이라는 결론 말이다. 나브라틸로바는 호르몬의 본질과 생물학에 근거해서 주장을 펼쳤다.

오히려 내 견해는 더 강화되었다. 내 주장을 아주 기본적으로 말해 보겠다. 어떤 남자가 여자가 되기로 결정할 수 있다. 그리고 관련된 스포츠 조직이 요구하면 호르몬 처방을 받고, 눈에 보이는 모든 경기에서 이기고 어쩌면 작은 재산도 일굴 수 있으며, 그러다가 원한다면 결심을 번복하고 아기를 만들 수도 있다. 이는 정신 나간 짓이고 속임수다. 트랜스젠더 여성이 어떤 형식을 선호하든 나는 기꺼이 그 형식으로 그 여성을 부를 수 있지만, 그 여성과 대결하는 건 즐겁지 않을 것 같다. 그건 공정하지 않다. 문제를 단순히 호르몬의 차원으로 축소하는 것이 대다수 스포츠에서 채택하는 처방이지만, 이는 문제를 해결해 주지 못한다. 남자는 어릴 때부터 근육과 골밀도를 높일 뿐만 아니라 산소를 운반하는 적혈구의 수를 늘린다. 게다가 트레이닝까지 하면 남녀 간의 격차는 더 커진다. 실제로 남성이 그렇게 이미 축적된 이점을 제거하는 방식으로 성별을 바꾸려면, 사춘기가 되기 전에 호르몬 요법을 시작해야 할 것이다. 그건 나로서는 생각할 수 없는 일이다.

나브라틸로바로서는 생각할 수 없는 바로 그 일이 트랜스젠더 혁명가들이 가리키는 방향이다. 이들은 사춘기를 차단하는 호르몬 요법을 써서 어린이와 청소년들이 "성전환" 하는 것을 적극 옹호한다. 성 혁명의 현기중 나는 속도는 나브라틸로바보다 앞서나가면서 나브라틸로바를 뒤에 남겨 두었다.

나브라틸로바의 주장은 아주 단순하다. 트랜스젠더 여성은, 올바로 이해할 때 여성이 아니라는 것이다. 트랜스젠더 여성은 스스로 인식하는 정체성이나 감정과 상관없이 여성의 몸의 생물학적 구조를 소유하지 못한다. 이는 이른바 성전환 수술(gender reassignment surgery) 후에도 마찬가지다. 호르몬 요법에도 불구하고 트랜스젠더 여성은 적어도 남성의 몸의 물리적 특성과 속성을 여전히 지니고 있으며, 이는 불공정한 이점이다. 여성 트랜스젠더 운동선수는 호르몬이 조정된다 해도 남자의 골밀도, 근육량, 골격 구조, 순환계에서 이득을 본다. 나브라틸로바의 말에 따르면, 수많은 트랜스젠더 운동 선수들, 특히 트랜스젠더 여성들은 도덕 혁명의 물결을 타고 경쟁 스포츠 영역으로 들어와서, 그들이 지닌 불공정한 이점을 통해 여성을 상대로 한 경기에서 승리한다.

나브라틸로바가 자신의 입장을 견지함에 따라 도덕 혁명가들의 반발은 더욱 커졌다. 트랜스젠더 엘리트들은 나브라틸로바에게서 동성애자 인권을 위한 대변인 직을 박탈했다. 이 새로운 전개 상황은 전통적인 동성애자 인권 활동가들과 새로운 트랜스젠더 활동가 사이의 충돌을 나타낸다. 이제 나브라틸로바는 그녀가 고수하는 시대에 뒤떨어진 구식 동성애자 인권 도덕 체계를 향해 역풍이 불어옴에 따라 자신이 도덕 혁명의 혼돈에 빠져 있음을 알게 된다. 이 이야기는 세속 세계관과 성경적 세계관과의 충돌 이야기가 아니라, 세속주의자들의 사고방식 안에서 발생하는 충돌에 관한 이야기다. 도덕 혁명은, 나브라틸로바 같은 사람들이 새로운 의제를 충분히 밀어붙이지 않는 까닭에 새 활동가들이 옛 활동가들에게 등을 돌리는 혼란으로 귀결된다.

이 충돌은 공공의 삶 모든 영역에서 논쟁을 유발한다. 예를 들어, 유서 깊은 여자 대학들은 급진적 페미니스트 이념을 고수하는데, 성 혁명의 지진이 이런 학교들에까지 미침에 따라 이 학교들은 이제 자신들이 역사의 그릇된 편에 서 있음을 알게 된다. LGBTQ 의제는 '남성'과 '여성'의 객관적 차이를 무시하고, 주관적이고 개별적인 경험과 정체성을 강조한다. 트랜스젠더 여성의 입학 지원서는 진보적이고 페미니스트적인 여자 대학에도 엄청난 문제가 된다. 착각하지 말라, 계속 유서 깊은 여자 대학으로 남으면서 트랜스젠더 혁명에 동참할 수는 없으며, 이런 대학들은 모순을 연기(演技)하려 애쓴다. 이 학교들은 여전히 여성만을 위한 학교라고 주장하지만, 생물학적 남성도 공공연히 학생으로 받아들인다.

이는 도덕 질서의 완전한 붕괴이며, 혁명가들이 조장하는 게 바로 이것이다. 뉴스 헤드라인은 계속 이 추세를 따라갈 것이며, 우리는 진보와 보수의 대립뿐만 아니라 혁명가가 혁명가와 대립하는 광경도 보게 될 것이다. 페미니스트 이념은 트랜스젠더 이념과 대립할 것이고, 게이와 레즈비언 행동주의는 트랜스젠더 행동주의와 대립할 것이다. 마르티나 나브라틸로바를 중심으로 한 최근의 이런 논쟁은 성 혁명 이념 안에 내재되어 있는 극도의 모순을 보여 준다.

마르티나 나브라틸로바는 한때 동성애자 인권 운동 활동가이자 그 운동의 지적 상징 역할을 했다. 이제 도덕 혁명은 나브라틸로바를 그냥 지나쳐 갈 뿐만 아니라 나브라틸로바를 곤란한 인물로 선언했다. 그것이 바로 급진적 혁명이 작동하는 방식이다. 급진적 혁명은 결국 자기 자신에게 등을 돌린다.

실제로 트랜스젠더 운동은 성 혁명의 엔진과 세속 엘리트조차 그 혼돈을 따라잡을 수 없을 만큼 속도가 빨랐다. 떠들썩했던 1970년대에 여성 희극 배우 릴리 톰린은 "나는 시니컬하고 싶은데, 속도를 따라

잡기 힘들다"라는 명언을 남겼다. 시대의 질주 속도를 탄식한 톰린의 이 발언은 마치 지금 우리에게 하는 말 같다. 우리 시대는 성 혁명의 격랑과 성 혁명을 지배하는 트랜스젠더리즘에 온통 에워싸여 있다. 누가 이 속도를 따라잡을 수 있겠는가?

〈뉴욕타임스〉에 실린 두 개의 기사를 보면 트랜스젠더 운동과 보조를 맞추려고 하는 세속 신문조차 곤경에 빠져 있다는 것을 알 수 있다. 첫 번째는 에이미 하몬이 쓴 "남성과 여성 어느 칸에 체크 표시 하겠는가? 일부 주(州)에서는 논바이너리(nonbinary : 남성과 여성이라는 이분법에 속하지 않고 무성, 중성, 양성 등 다양한 성별로 자신의 정체성을 나타내는 사람을 가리키는 포괄적 표현—역자주)를 선택할 수도 있다"라는 제목의 기사다.[7] 하몬은 "논바이너리 청소년들이 운전면허증에 자신의 성 정체성을 반영해 달라고 요구함에 따라 의회에서 젠더의 본질에 대해 우려스러운 논쟁을 벌일 때가 도래했다"고 말했다.

하몬의 기사는 다음과 같이 시작한다.

엘 마르티네스가 중학교 3학년 때 자신을 성중립 대명사 '그들/그들을'(they/them)로 불러 달라고 요구하기 시작한 이래 이들은 논바이너리로 정체성을 밝히는 게 무슨 의미인지에 관해 다양한 자료를 바탕으로 다양한 형태로 회의적 태도를 견지하여 왔다. 엘의 극단 단원에게 자문을 해주는 교수들 중에는 한 사람을 가리켜 '그들'이라는 대명사를 쓰기를 꺼리는 사람들이 있다. 보스턴 교외에 사는 엘의 공립학교 동창들은 엘이 '복수'(複數)일 수 없다고 주장한다. 그리고 엘의 소셜 미디어 피드에 댓글을 다는 이들은 논바이너리 정체성이 남녀양성을 다 지닌 사람, 무성(無性)인 사람, 양성 사이를 오가는 사람과 마찬가지로 생물학적 근거가 없다고 일축해 버린다.

기사의 처음 두 구절만 읽어도 용어가 절대적으로 와해되는 것을 목격할 수 있다. 우리는 지금 '그들/그들을'이라는 말로 한 사람을 지칭하는 것을 옹호하는 세상에 살고 있다. 사실 위의 기사에서 말하다시피 매사추세츠 주 의회는 운전면허증 성별 란에 논바이너리들을 위해 'X' 항목을 추가하는 법안을 고려했다. 하지만 이 법안은 한 공화당 대표가 수정안을 제시한 뒤 보류되었는데, 이 수정안은 주 정부가 팬젠더(pangender:모든 성별의 성별 정체성을 갖고 있는 사람—역자주), 투 스피릿(two-spirit : 북미 토착인이 자신들의 공동체 안에서 전통적인 제3의 성 의례를 이행하거나 자신들의 문화에서 사회적 역할을 하는 원주민들을 가리키는 데 쓰는 포괄적 표현—역자주), 젠더퀴어(genderqueer : 이분법이 아닌 성별로 자신의 정체성을 인식하는 사람들—역자주)를 포함해 스물아홉 개의 다른 젠더 선택안을 제시할 것을 명령했다.

하몬은 "민주당이 지배하는 의회 지도자들은 각 용어에 대해 꼭 필요한 토론을 전개하는 게 아니라 이 법안을 보류시켰다"고 말했다.

여기 성 혁명이 한 사회에 어떤 결과를 끼치는지에 관한 슬픈 이야기가 있다. 한때 우리는 트랜스젠더란 해부학적으로 남자 혹은 여자로 태어났으나 자신을 반대 성별로 나타내거나 반대 성별로 여겨지기 원하는 사람을 의미한다고 생각했다.

우리는 트랜스젠더란 그런 의미라고 생각했다. 하지만 이는 매우 잘못된 생각이었다. 트랜스젠더 활동가들은 과거의 혁명가들이 상상

했던 것보다 훨씬 더 많은 것을 요구한다는 사실이 드러나고 있다. 실제로 매사추세츠 트랜스젠더 정치연합 디렉터 이브 이븐(Ev Even)은 "그 사람[공화당 대표]은 많은 사람들, 심지어 좌파 사람들까지 품고 있는 염려를 분명히 표현했다. 즉, 이 문제에는 정체성의 미끄러운 경사면이 있는데, 그 경사면이 어디에서 끝날지에 관한 염려가 존재한다."

지금 좌파까지 이런 질문을 하고 있는 거라면, 우리는 통제를 벗어난 도덕 혁명을 마주하고 있는 셈이다.

하몬은 기사 말미에서 이렇게 말했다. "논바이너리 입장을 말하자면, 일부 사람들은 진정성과 문법에 관한 우려가 젠더를 어떻게 느끼고 표현해야 하는가에 관한 우리 문화의 오랜 한계에 관한 더 곤란한 질문을 회피하고 있다고 넌지시 말한다."

여기서 트랜스젠더 활동가들은 사회가 '남성'과 '여성'이라는 낡고 시대에 뒤진 호칭을 극복하기를 요구한다. 그들은 그런 호칭을 지난 시대, 즉 인간 역사 전체의 억압을 보여 주는 흔적으로 여긴다.

〈뉴욕타임스〉는 계속해서 이렇게 보도한다.

여기서 제안된 성 중립 법안의 파동은 많은 미국인들에게 아직 알려지지 않은 범주의 사람들을 점차 법적으로 인정해가다가 차별에 취약한 다른 집단에 대한 지원을 약화시킬 수 있다는 논쟁을 촉발했다. 또한 이 파동은 대명사, 이름, 외모, 격식처럼 사회적 상호 작용의 많은 부분을 형성하는 성별 표식을 잃을 때 얼마나 혼란스러울 수 있는지를 강조했다.

의도했든 안 했든, 이 인용문에서 하몬은 우리 사회의 전체 질서와 우리의 문명이 "저 사람은 남자다", "저 사람은 여자다"라고 말할 수 있는 기본 능력을 요구한다고 시인했다.

우리 사회는 성 혁명의 기치 아래 전진했다. 이제, 그 혁명의 일부 지지자들은 혁명이 사실상 작동하지 않으리라는 것을 실감하고 있다. 실제로 위의 기사는 성 혁명이 페미니즘 같은 다른 진보적인 운동과 충돌하고 있음을 강조한다. 여자로 존재함(being female)이 생물학에 바탕을 두지 않고 주관주의와 내적 생각에 맡겨진다면, 페미니즘은 설 자리를 잃게 된다. 〈뉴욕타임스〉는 여성 해방 전선(Women's Liberation Front) 지도자의 발언을 인용한다. "성의 현실을 부인하는 것은 성에 근거한 구조적 억압과 착취에 대해 말하고, 고쳐나가는 것이 불가능하다는 의미다."

그러나 트랜스젠더 혁명가들은 남과 여 둘로 이루어진 성별의 현실을 대놓고 해체하려 한다. 위 기사는 성 중립 운전면허증 법안을 지지하는 사람의 말을 인용하면서 "수많은 논바이너리들이 성별 이분법이라는 기존의 체제를 파기하기 위해 나서고 있다. 이 법안은 그 길로 향하는 첫 걸음이다."라고 했다.

우리는 적어도 성 혁명가들의 솔직함에는 감사할 수 있다. 이들은 자신들이 폭동을 촉구한다는 것을 알고 있다. 이들은 자신들이 성별 같은 억압적인 문화 구조물에서 벗어나라고 사회에 촉구하고 있다는 것을 알고 있다. 이들은 자신들의 규준에서 벗어난 이념은 자신들에게 항복해야 할 뿐만 아니라 소멸되어야 한다고 주장한다.

하몬의 기사가 실린 지 겨우 며칠 뒤에 〈뉴욕타임스〉에는 대니얼

버그너의 "성별 이분법을 거부하는 투쟁들"이라는 제목의 기사가 실렸다. 버그너는 이렇게 말했다. "모든 사람이 남자 아니면 여자로 식별되지는 않는다. 우리를 틀에 가두려는 세상에서 논바이너리로 산다는 것은 바로 이런 것이다."⁸

이는 세계관과 관련해 엄청난 함축적 의미를 지닌 기사로서, 이 의미는 트랜스젠더 혁명의 애매모호한 성별 표현에서 즉시 알 수 있다. 기사는 남자로 태어났으나 여성의 정체성을 갖기 시작했고 그래서 여성 정체성으로 전환해 이름도 한나(Hannah)로 바꾸기로 결정한 어떤 사람의 이야기로 시작한다.

수년 전만 해도 혁명적이었을 그 결정 이후 과정에서 그 사람은 자신이 사실은 남자도 아니고 여자도 아니라는 것을 알게 되었다. 그 사람은 지금 자신이 논바이너리 정체성을 지녔다고 믿고 있다. 그 사람은 원래의 남자 이름과 나중에 자신이 고른 여자 이름을 버리고 대신 논바이너리 이름인 살렘(Salem)으로 이름을 정했다. 또한 그 사람은 성 중립적 대명사로 여겨지는 '그들/그들을'로 불리고 싶어 한다. 이 기사는 다음과 같이 이어진다.

> 그들(They)은 아직까지 부모님, 자매, 그리고 남아 있는 친구 두 사람을 이해시켜 그들(they)이 남자도 여자도 아니라는 것을, 그들이 논바이너리, 젠더 플루이드(gender fluid : 두 가지 이상의 성별이 시간에 따라 비율을 달리하여 나타나는 정체성 ― 역자주), 젠더 익스펜시브(gender expansive : 특정 성으로 규정되지 않는 포괄적 성별 ― 역자주)라는 것을 받아들이게 하지 못했다. 그들은 자신의 정체성에 맞게 살렘이라는 이름을 택했지

만, 자신을 그 이름으로 불러 달라고 누구에게도 선뜻 말하지 못했다. 전통적으로 남성에서 여성으로 전환한 트랜스젠더로 간주되고 한나라는 이름으로 통하는 게 더 쉽다. 아니, 그것도 분명 쉬운 일은 아니지만 그것이 비교적 더 쉽다.

영어라는 언어로는 이 상황을 다 표현하지 못한다. 기사 전체에서 대명사 'he'나 'she'가 쓰여야 하는 경우가 적어도 170번은 된다. 그런데 트랜스젠더 혁명은 이 표현 대신 혼란과 혼돈의 어휘를 채택했다. 하지만 그리스도인은 언어의 붕괴 이면에 무언가 훨씬 더 골치 아픈 상황이, 무언가 근본적인 것이 자리 잡고 있다는 것을 알고 있다. 진리 자체가 전복된 것이다.

젠더 혁명가들은 자기 자신에게 덫을 놓았다. 이들은 성, 결혼, 인간관계, 젠더, 개인의 정체성에 관하여 개인의 자율성(autonomy)이야말로 의미의 궁극적 근원이라고 말했다. 그런데 개인의 자율성이 유일하게 결정적인 사안이라면, 모든 개인이 자율적이 되며 남성과 여성 심지어 LGBTQ 같은 범주도 쓸모가 없어진다.

그런데 실제로는 수많은 범주들이 끝도 없이 교체된다. 그 기사는 "미묘한 구별이 따르는 다수의 호칭들이 작동한다. 뉴트로이스(neutrois : 여성이나 남성과 관계없는 새로운 성별, 혹은 성별중립적인 정체성—역자주), 젠더 비순응(gender nonconforming), 데미보이(demiboy : 부분적으로만 자신을 남성으로 인식하는 정체성—역자주), 데미걸(demigirl : 부분적으로만 자신을 여성으로 인식하는 정체성—역자주), 팬젠더, 젠더퀴어 같은 성 정체성들이 밀접히 연관되어 집합을 이루면 어떤 인구통계학자든 당혹스러울 것"이라고 말한다.

혁명 자체가 그 자신이 낳는 결과를 따라잡지 못한다. 트랜스젠더 운동이 객관적 진실과 현실을 저버렸을 때, 현기증 날 만큼 끝없는 변화, 자율적인 젠더 호칭으로 향하는 문을 열었다. 그리고 새로운 호칭은 약 15분에 하나씩 등장한다. 이것을 따라잡을 수 있는 사람은 없다. 수를 헤아릴 수 있는 사람도 없다. 혁명가들 자신도 못한다.

〈뉴욕타임스〉의 기사는 트랜스젠더 언어와 용어를 일관성 있고 이치에 맞게 전개하려고 최선을 다한다. 하지만 신문이 그렇게 애를 써도 기사는 망하고 독자는 기사가 누구를, 혹은 무엇을 언급하는 것인지 이해하지 못한다. 기사의 통일성이 무너지는 것은 트랜스젠더 세계관 자체가 앞뒤가 맞지 않기 때문이다. 이 세계관은 통일성과 일관성을 모두 버렸다. 이 세계관은 창조 질서의 선함을 부인한다. 이 세계관은 하나님에 관한 진리를 거짓과 맞바꿨고, 창조주보다는 피조물을 경배하는 쪽을 택했다.

이 기사를 읽는 그리스도인은 틀림없이 상심할 것이다. 왜인가? 트랜스젠더 운동이 스스로 지킬 수 없는 약속을 하기 때문이다. 기사는 살렘과 비슷한 또 한 사람 카이(Kai)의 이야기를 상세히 들려준다.

논리적으로나 철학적으로 카이에게 몸은 아무런 표시도 아니었다. 생리학은 아무런 의미도 없었다. "하지만 나는 몸에 신경을 쓰죠, 그것도 아주 많이." 카이는 그렇게 말했다. 논리와 욕구는 양립할 수 없었다. 게다가 카이처럼 똑똑하고 과학적으로 사고하는 사람에게 이는 좀처럼 견딜 수 없는 일이었다. 해부학적 무관성과 해부학적 열망 사이의 모순은 실존적 난제였다. "내 느낌상, '존재하는 그대로의 너는 실제가 아니다'라고 늘 말하는 영원한 것이 내 내면에 있다"

이런식의 추론(推論)은 트랜스젠더 운동이 그릇되고 위험한 약속을 한다는 사실을 보여 준다. 이 운동은 온통 엉뚱한 영역에서 자유를 기대한다. 이 운동은 인생의 가장 중요한 질문들에 온통 잘못된 답변을 준다. 트랜스젠더리즘은 부도수표를 남발한다. 트랜스젠더리즘은 진리와 행복을 가장한 거짓을 제시한다. 트랜스젠더리즘은 더 심한 변칙과 고통, 황폐함과 멸망으로 끝나고 말 것이다.

트랜스젠더리즘이 제시하는 약속은 본질적으로 실패하고 망할 수밖에 없음에도 불구하고, 이 운동은 마치 불 속으로 뛰어드는 나방처럼 새로운 것을 만들어내는 일에 박차를 가한다. 〈뉴욕타임스〉 기사는 《화장실을 잘못 찾아들어왔군요》(*You're in the Wrong Bathroom*) 라는 책의 저자 이야기를 한다. 이 저자는 "감각을 느낄 줄 아는 인공 기관(器官), 철저한 몰입형 가상현실 등 이미 가까이 와 있는 과학기술 덕분에 우리와 우리 몸 간의 관계가 '예술적인 것, 창조 행위의 결과'가 될 미래를 꿈꾸는 사람"으로 파악된다.

이 마지막 문장은 되풀이되어서는 안 되는 표현을 써서 사실상 계속된다. 그럼에도 눈여겨보아야 할 한마디는, 우리의 새로운 젠더 정체성이 우리 고유의 창조 행위이리라는 것이다. 우리가 우리 자신을 창조한다는 것이다. 하지만 창조라는 말에는 창조자 개념이 함축되어 있다. 누가 진짜 창조자인가? 트랜스젠더 운동의 시각에서는 자율적 개인이 창조자다. 이런 개념은 앞에서 이미 확인했다. 창세기 3장에서 아담과 하와는 자신들의 창조주에게 반역하고 자신들이 하나님처럼 될 수 있다고 생각했다. 트랜스젠더 운동은 에덴에서 자행된 바로 그 죄를 되풀이한다. 발버둥쳐도 트랜스젠더 운동은 창조주를 피할 수 없다. 결국 우리는 우리 자신을 창조하지 못한다.

그래도 어떤 이들은 계속 그런 시도를 할 것이다. 〈뉴욕타임스〉는 트랜스젠더 활동가들이 "사람들이 길거리에서 서로 스쳐지나가면서 무의식적으로 서로를 남성과 여성으로 분류하지 않는 시대를 예견"하고 있다는 점을 분명히 한다. 그러고 나서 버그너는 논바이너리 정체성을 지닌 치료사 로라 제이콥스의 말을 인용한다. "지금으로부터 네 세대 동안 어떤 젠더가 등장할지 모르겠다. 내가 생각하기에 우리는 서로를 그냥 사람으로 인식할 것 같다. 우리가 지금 하는 분류는 이제 더는 쓰이지 않고 사라질 것이다." 이것은 도덕적으로 소극적인 발언이 아니다. 이 발언은 성경적 세계관, 남성성과 여성성의 존엄, 그리고 제정신 박힌 성윤리를 전면적으로 부정하는 것이나 마찬가지다.

예수 그리스도의 교회를 향한 혁명의 요구

세속 시대는 성별과 성 문제에 관해 더 큰 혼란의 씨를 뿌릴 뿐이다. 미국과 서구 국가들은 전 국민이 다 믿음을 지닌 그리스도인이라는 의미에서의 '기독교' 국가는 아니지만, 적어도 성별과 성의 존엄성을 지지하는 성경적 세계관의 지배를 받았었다. 그런데 그 세계관이 지금 쫓겨났으며, LGBTQ 운동의 지배를 받는 새로운 성윤리가 젠더와 성에 관한 성경의 관점을 대체했다. 사회의 유대(紐帶)에 없어서는 안 될 안정성과 공동의 이해가 국가의 강제력에 의해서 훼손되었다. 이것만큼은 분명하다. 사회가 하나님이 창설하신 자연스러운 창조 질서를 거부하면 혼란이 뒤따른다는 것 말이다.

하지만 이 새로운 국면은 서양 문명의 기둥을 흔들 뿐만 아니라 예수 그리스도의 교회까지 공격한다. 실제로 오늘날과 같은 세속 시대에 그리스도인들은 혁명에 순응하라는 엄청난 압력에 직면한다. 그리고 이 혁명은 일방적 항복을 요구한다. 기독교 세계관은 새로운 혁명가들을 유례없이 격노케 한다. 왜냐하면 인간에 대한 성경적 관점이 전통적인 유럽과 북미 사회를 형성하였기 때문이다. 안타깝게도 많은 교회가 성 혁명의 요구에 항복했다. 그 혁명에 저항하려면 대단한 확신이 필요하다. 우리는 과연 어느 교회, 어느 교파, 어떤 기독교 기관이 이런 저항의 능력을 지녔는지 이제 곧 알게 될 것이다. 교회는 이런 도전을 마주한 적이 한 번도 없었다.

성 혁명은 도덕, 문화적 권위, 인간의 정체성 등을 재정의하기를 요구한다. 이 혁명은 새로운 어휘를 요구한다. 궁극적으로 도덕 혁명가들은 현실 자체를 재정의하려고 한다. 그리고 이 혁명은 정지점이 없다. LGBTQ+에 붙은 더하기 표시는 앞으로 있을 더 많은 도전을 예고한다.

우리는 복음주의적 성과 젠더 개념을 재정의하고 다시 고치려는 새로운 시도들에 면밀한 주의를 기울여야 한다. 복음주의는 성도덕과 인간의 정체성에 관해 그들에게만 유별난 복음주의적인 견해를 고수하지 않는다. 그보다 복음주의적 그리스도인들은 어느 시대의 어느 그리스도인들에게든 적용되는 도덕, 결혼, 젠더 개념의 틀을 유지해 왔다. 복음주의의 특징은 성경의 권위에 근거한 이런 확신을 유지하는 것이며, 이는 단순히 그 확신이 교회의 전통에 깊이 뿌리내리고 있기 때문만은 아니다. 복음주의자들은 기독교 교회가 지난 이천 년 동안 가르쳐온 내용을 확언하고 가르치는 일에서 사실상 독보적이라고 할 수 있다.

이런 이유로 우리는 이런 사안들에 관한 복음주의자들의 생각을 개조하려는 모든 시도를 아주 면밀히 점검해 보아야 한다. 2018년 리보이스 콘퍼런스(Revoice Conference)라는 형태로 한 가지 분명한 도전이 찾아왔다. 리보이스는 "게이·레즈비언·동성애자·기타 LGBT 그리스도인들을 지지하고, 격려하고, 힘을 불어 넣어 주어서 이들이 결혼과 성에 관한 역사적 기독교의 교리를 지키면서도 잘 살아나갈 수 있게 해준다"고 광고했다.[9]

겉으로 보기에 이는 긍정적인 발언으로 보인다. 사실, 그리스도 안에서 형제요 자매인 이들이 동성애 성향과 싸울 때 이들이 역사적으로 확언된 기독교 정통 교리 안에서 살아나갈 수 있도록 도움으로써 이들을 행복하게 해주려는 그리스도인들이 있다는 소식을 들으면 힘이 난다. 하지만 악마는 디테일에 있다.

리보이스 콘퍼런스라는 이름은 우연히 생겨난 것이 아니다. 이 단체 창립자들이 복음주의가 성과 성 정체성, 그리고 그 너머의 문제들에 관해 "목소리를 다시 내기"(revoicing)를 요구했으니 말이다.

이들은 다음과 같이 분명히 말했다.

LGBT 사람들이 이성애자이자 시스젠더(cisgender : 타고난 생물학적 성별과 자신이 느끼는 젠더 정체성이 일치하는 사람, 트랜스젠더의 반대 개념—역자주)인 형제자매에게 열등감을 느끼지 않고도 자신의 성적 지향 그리고/또는 성별 불쾌감을 자신이 속한 신앙 공동체에서 투명하게 공개할 수 있는 미래의 기독교를 상상해 보라. 그런 기독교에서 교회는 평생 독신으로 사는 LGBT 사람들이 남을 섬길 수 있는 독특한 기회를 활용할 뿐만 아니라 이를 축하하기도 한다. 그런 기독교에서 그리스도인 지도자들은 하나님 나라를 위해 희생적으로 순종하는 삶을 사는 LGBT 사람들의 믿음을 자랑한다. 그런 기독교에서 LGBT 사람들은 성도의 가정으로 반갑게 맞아들여지며, 그리하여 그들도 친족들 간에 누리는 기쁨과 도전과 유익들을 경험할 수 있다.[10]

이들은 또한 다음과 같이 힘주어 말했다.

우리는 성경이 성적인 행위를 결혼 언약이라는 환경 안으로만 제한한다고 믿으며, 성경에서 이 언약은 한 남자와 한 여자의 정서적·영적·육체적 연합으로 정의되고, 이 연합이 명령된 것은 생육을 위해서라고 믿는다. 그와 동시에, 우리는 성경이 독신 생활에 오래 전념하며 사는 사람을 높이며, 결혼하지 않은 사람들은 지역 믿음 공동체의 삶에 독특하게 귀중한 역할을 해야 한다고 믿는다.[11]

이들은 이 신념이 "전통적 성윤리"를 구성한다고 인정한다. 왜냐하면 이 신념은 성경이 신구약성경 전체에 걸쳐 일관성 있게 가르치는 세계관이자 그리스도인들이 수천 년 동안 믿어 온 세계관을 나타내기 때문"이다.

다른 맥락에서 이 창립자들은 "위대한 전통적 기독교", 즉 성경에 충실한 기독교의 가르침의 변치 않는 패턴에 대한 인식에 공감했다. 그런 신학적 전통이 이들이 시인하는 "전통적 성윤리"의 근원이다. 늘 그렇듯 언어는 중요하다. 이 단체의 사명 선언문과 콘퍼런스 웹사이트를 보면, "LGBT 사람들"을 거듭거듭 재언급하며 "성적 소수자"라는 표현과 심지어 "퀴어 그리스도인"이라는 표현까지 사용한다.

이 콘퍼런스 주최 측 대표인 네이트 콜린스는 〈크리스채너티 투데이〉지에서 이렇게 말했다. "우리는 성경이 부부 사이의 성에 대한 전통적, 역사적 이해를 가르친다고 믿으며, 그래서 우리는 어떤 식으로든 그 교리를 재정의하려고 시도하지 않는다. 우리는 성과 젠더에 관한 역사적 기독교의 가르침의 경계 안에서 살려고 노력한다. 하지만 여러 가지 이유로 그게 어렵다는 것을 깨닫는다."[12]

사실 이 콘퍼런스 관련자들이 보내는 신호는 조금 당황스럽다고 해도 과장이 아니다. 최근, 일부 복음주의 진영 사람들이 LGBTQ 정체성을 지닌 그리스도인들을 "A면"(Side A)과 "B면"(Side B)이라는 두 개의 범주로 나누자고 제안했다. A면은 성과 결혼에 관한 역사적 기독교의 가르침을 버리고 동성애와 동성 결혼을 지지하는 사람을 말한다. A면 옹호자들은 오래 전에 성경적 정통 교리를 버리고 성 혁명을 설파하는 자유주의 개신교 교파들과 더 많이 교류한다.

B면은 LGBTQ인 동시에 그리스도인이기도 하며 성과 결혼에 관한 전통적 기독교 윤리를 확인하는 사람들을 가리킨다. 리보이스는 확실히 B면으로 확인되는 듯하지만, 주최 측과 주 강사 일부는 A면

옹호자들과의 공동 시도에 기꺼이 합류한다. LGBTQ 정체성이 A면 옹호자들과 B면 옹호자들을 하나로 묶는다.

또 한 가지 주목할 것은 리보이스가 트랜스젠더 문제에는 그다지 큰 목소리를 내지 않았다는 점이다. 예를 들어, 독신 생활 혹은 "결혼과 성에 관한 역사적 기독교 교리"에 헌신한다는 것이 곧 LGBT의 T를 의미하는가에 관해 콘퍼런스 지도자들의 생각이 어떤지 명쾌하지 않다. 이 맥락에서 'LGBT'란 말을 쓰는 것도 "성과 젠더에 관한 역사적 기독교의 가르침"과 조화시키기가 불가능하다.

《싱글, 게이, 그리스도인》(*Single, Gay, Christian*)이라는 책을 쓴 그레고리 콜스는 리보이스의 예배 인도자였다. 그 책에서 콜스는 그리스도인으로 확인되는 두 여성에 관한 시나리오를 제시했다. 한 여성은 여성과 결혼한 레즈비언이고, 또 한 여성은 "이성애자" 그리스도인으로서 성을 한 남자와 여자로 이뤄진 부부 사이로 한정하는 성경의 윤리를 믿는다고 말하면서도 문란한 이성애 관계를 이어가는 사람이다. 콜스는 이어서 이렇게 말했다. "신학적인 면에서 나는 두 번째 친구에게 동의한다. 하지만 둘 중 누구의 삶이 하나님께 더 영광이 되는가? 둘 중 누가 사실상 예수를 더 사랑하는가? 천국에서 둘 중 누구를 만날 가능성이 더 큰가? 나는 잘 모르겠다."[13]

물론 이는 기이하고 억지스러운 시나리오다. 성경적으로 답변하자면, 두 여성 모두 성경을 거스르는 죄를 범하며 살고 있다고 할 것이다.

그 책의 더 앞부분에서 콜스는 A면으로 확인되는 사람들, 그리고 (콜스 자신처럼) B면으로 확인되는 사람들과 한 공간에 있었던 상황에 대해 이야기했다. 이런 난처한 상황에 대한 콜스의 묘사는 많은 것을 말해 준다. 'A면에 속하는가, B면에 속하는가'라는 질문을 받았을 때 콜스는 이렇게 말했다. "나는 그저 '예스 오어 노'로 단순화해서 말하고 싶지 않았습니다. 나는 새로운 면, 별표와 각주와 단서가 주렁주렁 붙은 무언가를 원했습니다. 나는 0 또는 1로 구성된 이진법의 언어에 유창한 적이 없습니다."

우리가 즉각 관심을 기울여야 할 긴박한 문제가 몇 가지 있다. 하나는 사람들을 'LGBT 그리스도인'으로 식별할 것인가 아니면 '동성애자 그리스도인'으로 식별할 것인가 하는 문제다. 그러한 용어에는 그리스도인이 지속적으로 성경에 반하는 성 정체성을 가진 사람으로 식별될 수 있다는 의미가 담겨 있다. 용어의 이면에 근본적으로 비성경적인 현대적 개념의 정체성 이론이 자리 잡고 있다. '성 소수자'라는 용어를 쓰는 것은 정체성 이론과 현대 비판 이론 및 분석의 확장이다. 이런 맥락에서, '성 소수자'라는 말 속에는 그러한 성향이 영속적 정체성이므로 소수자로 인정해 달라는 뜻이 담겨 있다. 목사이자 저술가인 케빈 드영이 올바로 지적한 것처럼, 이러한 용어의 사용은 그것을 정치적 신분화한다.

더 큰 문제는 어떤 신자든 그 자체로 죄(罪)인 성적 이끌림의 패턴을 자신의 정체성으로 주장할 수 있다는 개념이다. 사도 바울은 고린도전서 6장 11절에서 "너희 중에 이와 같은 자들이 있더니 주 예수 그리스도의 이름과 우리 하나님의 성령 안에서 씻음과 거룩함과 의롭다 하심을 받았느니라"라고 설명함으로써 이 질문에 명확히 답변했다.

교회 역사를 살펴보면 동성애의 유혹과 씨름하면서 우리가 지금 성적 지향이라고 알고 있는 그런 유혹의 패턴을 깨닫게 된 그리스도인들이 도처에 있었다. 네이트 콜린스는 그의 저서 《보이지 않는 것 외의 모든 것》(*All But Invisible*)에서 동성애 지향성의 가장 중요한 요소는 그 '수여성'(givenness)이라고 주장했다. 콜린스가 말하는 수여성이란, 동성애 성향은 선택하는 게 아니라 발견되는 것이라는 뜻이다.

그러나 타락한 세상에서 '수여성'을 갖는다고 해서 동성에게 성적으로 이끌리는 것이 죄가 아니라는 뜻이 아니다. 성경은 내면의 유혹도 죄로 간주한다(약 1:14). 데니 버크와 히스 램버트는 "단지 동성애 행위만이 아니라 동성에게 이끌리는 것도 죄"라고 주장한다.[14] 우리는 마음으로 죄에 이끌리는 것도 회개하라는 명령을 받고 있다.

여기서의 쟁점은 성 문제보다 더 중대하다. 데니 버크와 로자리아 버터필드가 올바로 설명한 것처럼, 여기서 우리는 복음과 관련해 로마 가톨릭과의 근본적 불일치에 직면한다.[15] 트렌트 회의(1545-1563) 이후 로마 가톨릭교회는 본의 아니게 죄에 끌리는 것이 죄가 아니라고 주장해 왔다. 트렌트 회의의 선언에서 가장 놀라운 부분은 "이 본의 아닌 욕망, 곧 사도가 때로 죄라고 부르는 이것에 대해 거룩한 회의가 선포하노니, 가톨릭교회는 이것을 죄로 이해한 적이 없다"는 문장이다. 이 문장은 트렌트 회의의 가르침이 사도 바울의 말과 모순된다고 인정하고 있다. 이 점을 놓치지 말라.

장 칼뱅은 강한 욕망을 가리켜 "타락한" 것, "강직함과 불화하는" 것이라고 했다. 이런 판단 면에서 칼뱅은 다른 개신교도 및 신약성경의 가르침과 뜻이 같았다. "우리 마음의 간계와 욕망"을 회개한다고 말하는 역사적인 《공동기도서》의 표현을 한번 생각해 보라.

그리스도인에게는 죄를 죽일 것이 요구되는데, 확실히 이는 어떤 형태든 우리를 죄로 유혹하는 것을 가능한 멀리하기를 요구한다(롬 8:12-13).

콘퍼런스 바로 전에 있었던 〈크리스채너티 투데이〉와의 인터뷰에서 네이트 콜린스는 그의 저서에서도 말하다시피 성적 지향 및 동성에게 끌리는 마음이 늘 에로틱하지는 않으며 심미적이고 관계적인 것으로 찬미될 수 있다고 주장함으로써 비판에 대응하려고 했다. 콜린스는 동성에게 성적으로 이끌리는 것은 죄라고 단언하면서도 성적 지향이 반드시 에로틱하지는 않으며 다만 "개인의 아름다움을 인식하고 찬미하는 일"에 집중하는 것일 뿐이라고 주장한다. 그의 저서에서 콜린스는 이것을 가리켜 "심미적 지향"(aesthetic orientation)이라고 하며, 이는 자기 고유의 표현이라고 말한다.

리보이스 콘퍼런스의 또 다른 강사 웨슬리 힐은 LGBTQ 정체성 안에서의 "영적 우정"을 지지하는 주요 인물이다. 힐은 이렇게 말했다. "게이로 존재한다는 것은, 내 경우, 다른 무엇보다도 감수성이다. 동성의 아름다움에 대한 고도의 감성이자 열정이다."[16]

동성에게 끌리는 것이 성적 끌림에만 국한되지는 않지만, 이 "심미적 지향"이 성적인 것과 무관할 수 있다는 주장은 전혀 신빙성이 없다. 좀 더 면밀히 생각해 보면, "심미적 지향"은 사실상 죄악된 충동에 깊이 뿌리 내리고 있는 것으로 보인다. 이러한 심미적 이끌림은 성적 열정 못지않게 죄에 오염되어 있는 것이다. 거칠게 표현해, 우리는 동성을 향한 "심미적 지향"이 순수하고 비난할 만한 점이 없고 성적인 의미가 없다고 확언해야 하는가? 목회자가 그렇게 한다면 이는 심각한 과오일 것이다.

리보이스 콘퍼런스의 강사들은 성경의 사례로 룻과 나오미, 다윗과 요나단을 가리키지만, 두 경우 모두 에로틱하지도, 심미적이지도 않은 관계였다고 분명하고도 단정적으로 말할 수 있으며, 이런 맥락에서 이들을 언급하는 것은 의도적으로 오해를 부르는 행동이다. LGBTQ 정체성과 관련해서 "영적 우정" 모형은 복음주의적 성경 신학과 양립될 수 없다.

리보이스 콘퍼런스에서 더 깜짝 놀랄 만한 순간은 네이트 콜린스가 예레미야 15장을 읽고 다음과 같이 질문하는 장면이었다.

오늘날 게이들이 예레미야처럼 하나님의 보내심을 받아 교회를 위한 하나님의 말씀을 찾아내고, 그 말씀을 먹고, 그 말씀을 우리 것으로 삼을 수 있을까요? 이 시대의 그릇된 가르침과 우상숭배에 대해서까지 빛을 비추되, 진보적 성윤리의 그릇된 가르침만이 아니라 좀 더 교묘한 형태의 그릇된 가르침에까지 빛을 비출 수 있을까요? 희생적인 순종의 삶을 살아온 성소수자들과 젠더가 핵가족을 향한, 성적 쾌락을 향한 우상숭배적 태도를 버리라고 교회에게 외치는 예언적 소리가 될 수 있습니까? 그렇다면 우리는 선지자들입니다.

핵가족이라는 우상숭배? 여기서 우리는 사회를 불안정하게 만드는 성 혁명과 현대 비판이론의 위력이 최대한도로 드러나는 것을 목격한다. 이제는 기독교의 담장 안에서도 그런 현상을 볼 수 있다.

물론 인간은 그 무엇이든 우상으로 삼을 수 있다. 하지만 콜린스의 발언에서는 사실 그게 문제가 아니다. 콜린스는 사실상 게이들이 핵가족의 규범적 속성을 믿는 교회를 바로잡아 주는 선지자 역할로 부름 받았다고 주장한다.

잠시 멈추고 "핵가족"이라는 표현에 주목해보자. 핵가족이란 아버지와 어머니 그리고 미혼의 자녀들만으로 구성된 가족을 말하며, 이는 아주 최근에 등장한 표현으로, 그 기원은 기껏해야 20세기로 거슬러 올라간다. 물론 가족은 창세기만큼이나 오래되었다. 가족을 설명하는 좀 더 정확한 표현은 핵(가족)이 아니라 자연(가족), 혹은 부부(가족)이다.

쟁점은 바로 거기에 있다. 창세기 1장 이후로 성경이 계시하는 것은 하나님이 인간을 남자와 여자로 창조하시되 둘 모두 하나님의 형상으로 지으셨으며, 결혼하고 생육하는 부부 관계를 맺도록 만드셨고, 그것이 하나님이 인류에게 주신 최초의 명령이라는 사실이다(창 1:28). 결혼은 한 남자와 한 여자가 부부로 연합하는 것으로, 태초부터 하나님의 창조 목적으로 계시된다.

결혼하지 않는 남성과 여성도 이들을 존재하게 만든 부부 연합과 성경 전체에서 인정되는 자연적 가족("핵" 가족과 확대 가족 모두)의 규범적 성격에 의해 정의된다. 결혼과 가족의 전복이 모더니티의 가장 파괴적 결과 중 하나이며, 성 혁명가들이 목표하는 것은 바로 그것이다. 이제 성 혁명은 역사적 기독교를 철저히 파괴하려고 한다.

자신의 책에서 콜린스는 '이성애 규범성'(heteronormativity : 이성애를 규범으로 보고 다른 모든 성적 행위를 이 규범에서 벗어난 일탈로 보는 경향을 일컫는 용어—역자주)이 세속 사회와 교회 모두의 중심 문제라고 했다. "성경이 허용하는 유일한 성적 표현은 이성애 패턴이라는 말이 있다. 하지만 우리의 타락한 세상에 깊이 박혀 있는 이성애 지향성이 일반적 창조 패턴에 어울린다는 이유로 그 자체로 죄가 아니라고 하는 건 전혀 별개의 이야기다."17

이는 완전히 틀린 말이다. 사춘기가 지난 인간은 모두 이런저런 유형의 죄인이다. 하지만 한 남자가 한 여자에게 끌려서 결혼이라는 부부 간 연합으로 완성되는 것이 바로 "일반적 창조 패턴"이다. 더 나아가 로마서 1장 26-27절에서 사도 바울은 동성끼리 격한 연정을 품고 성적 행동을 하는 것은 "역리", 즉 "일반적 창조 패턴"을 거부하는 행위라고 했다.

타락 후, 인간은 모두 죄인으로 태어나며 창조 세상의 명확한 증언과 하나님의 영광에 미치지 못하지만(롬 3:23; 1:18-32), 창조 패턴 자체는 죄가 없다. 신약성경은 교회를 믿음의 가족으로, 그리스도를 통해 하나님이 입양하신 이들로 구성된 가정으로 제시한다. 따라서 모든 신자는 믿음의 형제요 자매다. 게다가 신약성경은 독신 생활을 높이는 분명한 구절을 포함하고 있지만(사실 독신 생활을 높이는 것도 규범적 결혼과 가정생활을 배경으로 할 때에라야 의미가 있다), 그 독신은 순결의 형식을 지니며 효율적인 복음 사역을 지향한다(고전 7:1-8). 콜린스는 교인 중 가족적인 공동체 삶을 함께 누리지 못하는 이가 한 사람도 없게 하라고 교회를 향해 올바르게 주문한다. 확신컨대 많은 교회를 찔리게 하는 고발이다. 마찬가지로 로자리아 버터필드도 그리스도인들 사이에 복음의 손 대접을 강조했다.

하지만 "핵가족을 향한 우상숭배적 태도"를 비난하는 것이 LGBTQ+ 그리스도인들이 이행해야 할 선지자 역할이라고 하는 말은 미국 기독교 안에서까지 성 수정론자들의 이데올로기가 얼마나 멀리까지 나가 있는지를 보여 준다. 자연스러운 부부 가족을 상대화하는 태도는 잉글랜드의 기자 겸 풍자가인 말콤 머거리지가 "죽기를 바라는 위대하고 진보적인 소원"이라고 말한 것을 실례로 보여 준다. 이런 태도는 창세기 1장 28절에서 하나님께서 주신 명령을 노골적으로 반박한다. 예수님의 지상명령은 창세기의 명령을 확장하는 명령이지 이를 뒤집는 명령이 아니다.

리보이스 콘퍼런스가 시작도 하기 전에, "퀴어 문화 구속하기 : 모험"(Redeeming Queer Culture : An Adventure)이라는 제목의 모임 공지가 나붙었다. 모임에 대한 설명 자체가 경악스러웠다.

그리스도와 역사적인 기독교 성윤리에 자기 삶을 온전히 바치고자 하는 성 소수자들에게 퀴어 문화는 약간의 딜레마를 제시한다. 그리스도인은 어느 부분을 거부하고, 어느 부분을 구속(救贖)하고, 어느 부분을 기쁨으로 받아들여야 할지 샅샅이 조사하고 분석하기보다(행 17:16-34), 퀴어 문화의 덕목들을 대개 악덕들과 함께 폐기해 왔으며, 이에 따라 문화적으로 연결된 그리스도인 성 소수자들은 두 문화, 두 역사, 두 공동체 사이에서 서로 갈라졌다. 그래서 대부분의 질문들이 아직도 답변되지 않은 채로 남아 있다. 퀴어 문화(구체적으로 퀴어 문학과 퀴어 이론)는 그리스도를 따르는 우리에게 무엇을 제시하는가? 마지막 때에 어떤 기이한(queer) 보화와 존귀와 영광이 새 예루살렘에 들어갈 것인가(계 21:24-26)?

이 모든 것을 종합해 보면, 리보이스 콘퍼런스와 그 주최자들은 타락 전 창조가 이성애 지향이 아니고 동성애에 대한 "심미적 지향성"을 포함할 수 있다는 식으로 성경의 메타 서사(meta-narrative)를 다시 쓰려 한다는 것이 분명해진다. 타락은 그 범위가 우리 죄성(罪性)에 한정되고, 구속이란 그리스도 안에 있는 "새로운 피조물"이 죄인으로서의 정체성을 타파하리라는 의미가 아니며, 새 창조에는 퀴어 문화의 "보화, 존귀, 영광"이 포함되리라는 것이다.

이 모임 설명에는 또 하나의 커다란 쟁점이 내재되어 있다. "문화적으로 연결된 그리스도인 성 소수자"(culturally connected Christian sexual minority)라는 어구에 주목하라. 언뜻 보기에 이는 문화 전반과의 연결을 뜻하는 것으로 보일지 모른다. 하지만 LGBTQ+ 집단의 용어를 볼 때 이는 "퀴어 문화"와의 연결을 뜻한다.

"문화적으로 연결된 그리스도인 성 소수자"(단어 하나하나를 세심히 살펴보라)는 이 발언이 강조하는 것처럼 "두 문화, 두 역사, 두 공동체 사이에서 서로 갈라졌다." 이는 퀴어 문화와 교회 사이에서 둘로 나뉘었다는 뜻이다.

문제를 좀 더 명확하게 말하자면, 이는 불안정하고, 충실하지 못하고, 불성실하고, 작동할 수 없고, 비성경적이며, 사실상 불가능한 일이다.

이 문제를 살피다 보면 성적 정체성과 그리스도인으로서의 정체성 문제로 다시 한 번 돌아가게 된다. LGBTQ+로 식별되는 그리스도인은 LGBTQ+ 집단 안에 있는 친구들을 위해 분명 기도할 것이고 그 친구들의 회심에 관심을 가질 것이다. 그리고 우리는 개인적 우정과 그리스도인으로서의 환대가 이 친구들 및 LGBTQ+ 사회에 복음이 진작되는 결과를 낳기를 기도할 수 있다. 하지만 그리스도인이라는 정체성은 본질상 하나님의 계획과 명령을 거부함으로써 정의되는 그 어떤 문화와도 함께할 수 없다. 이들이 쓰는 용어에 주목하는 이는 별로 없었지만, 용어 문제는 리보이스와 관련된 가장 중요한 점 중의 하나다.

용어 문제는 거듭해서 발생한다. 콘퍼런스 본 연설에서 네이트 콜린스는 이렇게 한탄했다. "나는 지쳤습니다. 내가 잘못된 표현을 쓰고 있다고 말하는 사람들에게 지쳤습니다. 충분하다 할 만큼 올바른 표현을 쓰지 않는다고 하는 사람들 때문에 지쳤습니다."

〈크리스채너티 투데이〉와의 인터뷰에서 네이트 콜린스는 콘퍼런스를 알리는 웹사이트에 쓰인 일부 용어가 "윤리적으로 아슬아슬함"을 드러낸 것 같다고 인정하면서도, 다음과 같이 그 용어조차도 옹호했다. "지금 LGBT 문제, 젠더, 성, 복음주의에 관한 대화는 파편화되어 있습니다. 자기들에게는 의미 있지만 자기들 동아리 밖에 있는 사람들에게는 의미가 통하지 않는 아주 특수한 방식으로 용어를 사용하는 집단들이 많지요."

나중에 콜린스는 이렇게 말했다. "우리는 그저 자신의 젠더와 성을 자신의 신앙과 일치시키려고 어떻게 애쓰고 있는가의 관점에서, 의미 있는 용어를 쓰는 사람들을 위해 공간을 만들어 주려고 할 뿐입니다."

이는 리보이스 집단의 다수가 쓰는 자기표현 언어가, 언어마저도 유동 상태인 추세를 반영한다는 사실을 아주 기이한 차원에서 공개적으로 인정하는 발언이다.

하지만 "퀴어 문화" 언급은 우연이 아니며, 콘퍼런스에서 발화되는 언어는 더할 수 없이 명쾌하다. 리보이스는 LGBTQ+ 문화와 기독교 사이에 타협점을 찾으려는 시도다. LGBTQ+ 문화는 명백히 'A면'인데 이들은 자신들이 'B면'이라는 말로 나타내는 무언가를 정의하고 싶어 한다.

우리는 리보이스 주최자들이 하는 말을 그대로 믿어야 하며 이들이 무슨 말을 하는지 들어봐야 한다. 기독교 교회가 LGBTQ+ 집단 사람들에게 입힌 상처를 슬퍼해야 하고 이들에게 저지른 많은 잘못을 알아야 한다. 하지만 그 잘못에 또 다른 잘못을 더해서는 안 된다. 리보이스는 모래 위에 지은 집으로밖에 볼 수 없다. 리보이스는 신실한 기독교의 목소리가 아니다.

폭풍우 가운데서의 신실함

'왜 혁명에 동참하지 않는 것입니까?' 보수적 그리스도인들이 동성애, 동성 간 결혼, 그리고 전체 LGBTQ 쟁점들에 관해 생각을 바꾸지 못하는 이유를 궁금해 하는 사람들이 있다. "역사의 올바른 편"에 서기 위해 성경의 명백한 가르침을 포기해야 한다는 말을 우리는 끊임없이 듣는다. 우리가 논점을 이해 못하는 것은 아니다. 다만 받아들이지 않을 뿐이다.

오늘날 그리스도인들은 이 혁명의 여파에 직면해 있을 뿐만 아니라, 창조의 정체성, 즉 이마고 데이(imago Dei, 하나님의 참 형상)를 지닌 남자와 여자로 창조되었다는 영광스러운 사실 비슷한 거라면 뭐든지 파괴하려고 하는 폭풍우 한가운데서 소름끼치는 새로운 도전들을 날마다 마주한다. 교회가 직면하는 도전은 날마다 수가 많아지고 복잡성과 위험도 커진다. 그럼에도 예수 그리스도의 교회는 복음의 능력을 가지고 전력으로 이 세속주의 폭풍우에 맞서야 한다. 여기에 너무도 중대한 것이 걸려 있기 때문이다. 이는 너무도 중요한 싸움이다. 그래서 우리는 침묵할 수 없다. 우리는 무릎 꿇을 수 없다.

확실히, 수많은 자유주의적 교회와 교파들이 LGBTQ 주장을 받아들일 뿐만 아니라 이 주장과 함께 달아나는 중이다. 이런 교회들은 한때는 결혼을 한 남자와 한 여자의 연합이라고 배타적으로 정의했으며, 한때는 인간의 성과 젠더를 역사적 기독교의 가르침과 성경에 합치되게 정의했다. 그러나 한 교회 한 교회씩, 한 교파 한 교파씩 성 혁명가들에게 항복했다. 많은 이들이 문화적 타당성 혹은 교리의 양의성(兩義性)이라는 명분을 내세우면서 교리에 대한 교회의 역사적 헌신이 오도(誤導)되었고 케케묵은 역사 기록에나 쓰여야 할 일이라고 믿는다. 이제 적어도 일부 사람들은 보수적인 그리스도인이 기독교의 도덕, 결혼, 교리를 재정의하려는 프로그램에 그냥 발맞춰가지는 않으리라는 사실에 진짜로 당혹스러워하는 것 같다.

그러나 성경적 세계관은 항복의 여지도, 굴복의 여지도 전혀 남기지 않는다. 젠더와 성을 중심으로 한 신학적 쟁점은 부차적 문제가 아니다. 젠더와 성에 관련된 문제들은 인간으로서의 우리의 정체성 및 하나님의 성품을 보는 시각과 관련하여 심중한 의미를 갖는다. 우리는 굴복하지 않을 것이다. 왜냐하면 굴복할 수가 없기 때문이다. 자유주의 신학을 포용하는 이들과 달리 우리는 기독교를 우리가 적당하다고 생각하는 대로 임의로 바꿀 수 있는 믿음 체계로 보지 않는다. 우리는 성경을, 성경이 말하는 것 아닌 다른 어떤 의미로 재해석하거나 무시할 수 있는 고대 종교 문서 모음으로 보지 않는다.

우리는 성경을 성경이 주장하는 그대로, 하나님의 영감으로 기록된 무오(無誤)한 하나님의 말씀으로 이해한다. 우리가 아는 기독교는 그리스도와 사도들이 계시한 구체적 진리에 바탕을 두고 있으며 성경을 통해 우리에게 주어졌다. 우리는 기독교가 성경이 말하는 "성도에게 단번에 주신 믿음의 도"(유 3절)로 정의된다고 믿는다.

요즘 우리는 기독교 교회가 이천 년 동안 가르쳐 온 진리를 고수한다는 이유로 적대당하고 무시당하고 조롱당하는 모습을 본다.

앞에서 말했다시피, 지금 사납게 몰아치는 전쟁은 사실 혁명과 계시 사이의 싸움이다. 이것이 바로 교회가 젠더와 성에 관한 방침을 철회하거나 중요성을 축소할 수 없는 이유다. 우리의 선택지는 하나님을 적극적으로 대적하는 혁명에 참여하든지, 아니면 하나님이 자신의 말씀과 예수 그리스도를 통해 우리에게 주신 계시를 고수하든지 둘 중 하나다. 성 혁명은 남자와 여자라는 인류의 구성 자체를 손상시키고 있으며, 이는 그리스도인이 믿고 가르치고 전하는 내용에 대한 직접적 도전이다. LGBTQ 혁명은 그저 하나님의 창조 규례와 인간의 정체성, 그리고 인간의 존재 목적에 관한 진리를 거부하라고 말하는 오랜 유혹의 최신판일 뿐이다. 이런 유혹은 인간의 번영을 가져오지도 못하며 행복으로 이끌지도 않는다. 그럴 수가 없다. 기독교 세계관의 근본은, 우리의 정체성은 오직 창조주께서만 확고히 정해 주실 수 있고, 우리는 구속주에 의해서만 우리 자신 및 우리 죄에서 구원받을 수 있다는 진리다.

기독교를 기독교의 역사적 교리와 도덕적 가르침의 관점에서 정의하는 그리스도인은 단순히 이 가르침이 참이라고 믿는 게 아니라 이 가르침이 인간의 지속적, 실제적 행복을 낳는 유일한 진리를 가리킨다고 믿는다. 우리가 동성 결혼을 반대하는 것은 단지 동성 결혼이 성경에 반하기 때문만이 아니다. 무엇이든 성경과 대립하는 것은 인간의 번영으로 귀결될 수 없다고 믿기 때문이기도 하다.

우리가 도덕적 가치 혁명의 와중에 살고 있다는 데에는 의문의 여지가 있을 수 없다. 자유주의적인 교회와 교파는 이 도덕 혁명에 적응해 나아갈 수 있다. 하지만 그들은 그렇게 함으로써 성경의 명백한 가르침뿐만 아니라 예수 그리스도의 복음의 본질을 저버리고 있다.

복음은 그리스도를 십자가에 못 박히셨다가 부활하신 주님으로 믿고 회개하는 사람 누구에게나 구원을 약속한다. 죄가 무엇인지 잘못 이해하고 잘못 전한다면 그리스도의 공로는 물론 우리에게 구주가 필요하다는 사실조차 무효로 만든다. 더 나아가, 성 도덕에 관한 성경의 가르침을 포기한다면 이는 회개에 관해 세상을, 그리고 우리 자신을 혼란스럽게 만드는 것이다.

성경은 하나님의 영감으로 기록된 책이지만 단순히 교리적 진리가 담긴 책이 아니다. 성경은 하나님의 창조에 대해 말해 주고, 인간의 죄악된 현실을 말해 주며, 그리스도 안에서 우리를 향한 하나님의 구원의 사랑이 얼마나 깊은지를 말해 주며, 역사가 어디를 향해 가는지를 말해 준다. 또한 성경은 그 이야기의 내용을 바꾸거나 이야기를 잘못 전하려는 모든 시도에 대해 우리에게 경고한다. 그렇다, 성경이 예수 그리스도의 복음 아닌 "다른 복음"이라고 부르는 것을 가르치는 죄에 대해 성경은 경고한다.

　현재 미국에는 성 혁명에 동참하려고 최선을 다하는 비교적 자유주의적인 교회들이 있고 또 그 혁명을 따를 수 없는 보수적인 교회들이 있다. 솔직하게 말하자면, 기독교가 이천 년 동안 가르쳐 온 내용을 가르치고 있는 것은 보수적인 교회들임을 인정해야 한다. 우리가 듣기로, 성경의 권위와 역사적 기독교 신앙을 고수하다가는 주변부로 밀려나고 말 것이라고들 한다.

　어쩌면 그럴지도 모른다. 하지만 세속화 시대인 최근 사십 년 동안 교인 수가 수백만 명씩 줄어든 교회는 오히려 비교적 자유주의적인 교회들이며, 소속 교회를 가장 많이 잃은 교파도 가장 세속화된 교파다.

　역사적으로 이 일에 무엇이 걸려 있는지 우리는 잘 알고 있다. 실제로 현재의 정치 위기는 미국의 여론이 변천해 온 궤적을 잘 보여 준다. 날이면 날마다, 시시각각으로 더 세속화되어 가는 미국의 풍경은 교회들과 교파들이 성 혁명에 발맞추어 나가기를 요구한다. 이를 거부하면 노예소유자나 짐 크로 법(Jim Crow : 공공장소에서 흑인과 백인의 분리와 차별을 규정한 법—역자주) 지지자들과 마찬가지로 사람을 차별하는 행위를 하는 것이라고 우리 시대 문화는 말한다. 요즘의 선거는 이 성 혁명의 속도가 얼마나 빠른지, 그리고 각 후보와 정당의 강령이 이 급진적인 도덕 의제에 어느 만큼이나 굴복해야 하는지를 여러 가지 방식으로 강조한다.

　하지만 그리스도인은 영원 세상에서 하나님이 어떤 평결을 내리실지를 훨씬 더 염려한다. 역사의 바른 편에 서는 것이 참으로 중요하다. 하지만 그 역사도 예수 그리스도께서 심판석에 앉으실 심판의 날과 조화를 이루어야 한다. 이것은 신념을 굽히지 않는 신실한 사람에게는 위로가 되지만, 세속주의의 신에게 절하는 사람에게는 참화(慘禍)이다. 성경적 기독교는 사랑으로 진리를 말해야 하고 모든 이들에게 선한 이웃이 되고자 해야 한다. 하지만 우리가 지금 역사의 그른 편에 서 있다는 말이 들린다고 해서 믿음을 버릴 수는 없다.

그러므로 계시를 굳게 붙잡아야 하며 하나님의 완전한 말씀의 반석에서 발을 떼서는 절대로 안 된다. 유례없는 도전에 직면할 때, 세속화가 참담한 요구를 해올 때, 고삐 풀린 듯 혼돈이 닥쳐오고 사회가 멸망의 소용돌이 속으로 내달릴 때, 교회는 성경, 곧 우리를 절대 실망시키지 않고 오류가 없는 하나님의 계시로 채비를 하고 굳건히 서 있어야 한다. 다른 무엇이 우리의 권위일 수 있겠는가?

젠더와 성 문제 위로 몰려오는 폭풍우에 대한 대응으로 그리스도인들은 적어도 두 가지 일을 해야 한다. 성애(性愛)의 자유 앞에서 참복음이 가져다주는 자유를 설파해야 하고, 성 혁명을 피해 빠져나오는 난민들을 받아들일 준비를 하고 있어야 한다.

개인의 자율성이 성 혁명을 추동한다. 성 혁명가들은 성 표현을 지배하는 억압적 도덕 체제에서 해방되기를 추구한다. 성경의 윤리는 이 혁명의 시선으로 보기에 오로지 개인을 통제하는 것 말고는 다른 아무것도 추구하지 않는 구시대의 봉건 영주로 보인다. 이 체제를 일단 뒤엎으면 개인은 시대에 뒤떨어진 채 거꾸로 가는 성 윤리의 족쇄 없이 자신의 성을 표현할 수 있다는 것이다.

이런 사고방식 안에는 비극적 역설이 내재되어 있으며, 그리스도인은 이 오류 많고 해로운 논리의 맹점을 드러내는 사람들이어야 한다. 그렇게 개인의 자유를 추구하는 결과는 계속되는 속박뿐이다. 그 시대를 지배하는 문화 윤리가 무엇이든 그 윤리에 속박될 수밖에 없는 것이다. 참된 해방은 오직 예수 그리스도의 복음을 통해서만 온다. 사도 바울은 갈라디아서 5장 1절에서 이렇게 말했다. "그리스도께서 우리를 자유롭게 하려고 자유를 주셨으니 그러므로 굳건하게 서서 다시는 종의 멍에를 메지 말라."

성 혁명은 해방을 목표로 한다. 하지만 성 혁명의 약속은 허위이고 이 혁명이 말하는 "진실"은 계속 변한다. 교회는 존경 받는 20세기의 설교자 마틴 로이드존스가 "과거에도 불변했고 지금도 불변하는 진리"라고 부른 것을 굳게 붙잡아야 한다. 그 메시지는 매우 반문화적이다. 복음은 오직 그리스도를 통해서만 우리가 하나님의 사랑의 권능을 체험할 수 있다고 일깨운다. 오직 십자가를 통해서만 우리는 흑암의 나라에서 영원한 빛의 나라로 옮겨갈 수 있다.

이 사실은 그리스도인이 성적 반역의 와중에서 행해야 할 두 번째 일로 이어진다. 우리는 그 반역을 피해 나온 피난민들을 받아들일 준비를 해야 한다. 우리는 성 혁명이 스스로의 약속을 실현하지 못한다는 것을 알고 있다. 도덕 혁명가들은 성취감과 수용(受容)을 약속하면서 선전 활동에 돌입했다. 이는 특히 트랜스젠더 운동에 해당되는 이야기인데, 이 운동을 통해 수많은 남성과 여성, 심지어 점점 더 많은 청소년들까지 '성전환'(gender reassignment) 수술을 받는다. 트랜스젠더 혁명은 호르몬 요법과 수술을 통해 성취감이 있는 삶과 새로운 정체성을 누릴 수 있다고 추종자들에게 약속한다. 하지만 지금 많은 이들이 자신의 결정을 후회한다. 자신의 정체성을 수술이나 치료법으로 회복할 수 있다고 믿는 믿음은 실패할 수밖에 없다. 궁극적으로, 태초에 우리를 지으신 하나님만이 우리에게 진정한 정체성을 주실 수 있다.

이 혁명은 상처 받고 실망한 난민들을 뒤에 남길 것이며 실제로는 그보다 더할 수도 있다. 예수 그리스도의 교회는 은혜와 사랑, 그리고 긍휼히 여기는 다정한 태도로 이들을 받아들일 준비를 하고 있어야 한다. 예수님은 죄인들과 함께하는 시간을 중심으로 자신의 사역을 계획하셨다. 예수님은 죄인들과 함께 먹었고, 죄인들을 사랑하셨으며, 그들의 집에도 들어가셔서 종교 엘리트들을 종종 당황시키셨다. 누가복음 19장 10절에서 예수님은 이렇게 선언하셨다. "인자가 온 것은 잃어버린 자를 찾아 구원하려 함이니라." 유감스럽게도 교회는 그리스도의 교회답지 않은 유해한 수사(修辭)와 독선적 태도로 LGBTQ 집단의 많은 사람들을 배척할 때가 많았다. 하나님의 백성은 길을 잃고 죽어가는 세상에서 하나님의 보냄을 받은 대사로서 섬긴다. 우리는 그리스도를 위해 일하는 대사이며, 우리가 여기 이 땅에 있는 것은 다가올 하나님의 나라와, 복음의 좋은 소식과, 오직 그리스도 안에서만 발견되는 생명을 전하고 선포하기 위해서다.

이 성 혁명의 한가운데서 우리의 머리 위로 몰려오는 이 폭풍을 마주할 때, 그리스도인은 불신앙에게도, 완악한 마음에게도 결코 굴복해서는 안 된다. 이 새로운 성애의 자유에 항복하면 결국 복음 자체의 본질적 진리에 관해서도 항복하게 된다. 우리는 계시로써 혁명을 마주한다. 하나님은 우리 자신의 힘으로 이 모든 일을 이해하도록 버려두지 않으셨다. 우리에게는 하나님의 말씀이 주어졌으며, 이 말씀이 없으면 우리는 이러한 문제들에 관해 아무 할 말이 없을 것이다. 하지만 하나님이 말씀하셨으므로 우리도 말해야 한다. 하나님이 계시하시는 모든 것은 다 우리의 유익을 위한 것이며, 우리가 하는 말을 듣고 믿는 모든 이들의 유익을 위한 것이다. 그것이 우리의 확신이다. 우리에게는 다른 선택지가 없다.

7

미래 세대 위로 몰려오는 폭풍우

지금까지 다룬 큰 변화와 세속화는 우리의 현재 순간뿐만 아니라 다가올 세대에까지 재앙적 영향을 끼친다. 세속의 폭풍우는 서구의 젊은이들을 덮쳐오고 있으며, 불길한 그림자가 이보다 더 근심스러울 수는 없을 것이다. 다가올 시대에는, 심지어 복음주의의 보호벽 안에 있는 젊은이들 안에도 세속화의 속도를 가속시키기만 할 것이다. 그러면 우리는 어떻게 여기까지 이르렀는가?

도덕요법적 이신론의 대두

15년 전, 노스캐롤라이나 대학교 채플 힐의 국립 청년과 종교 연구소(National Study of Youth and Religion)의 크리스쳔 스미스와 동료 연구자들은 미국 십 대 청소년들의 신앙을 면밀히 들여다보았다. 그리고 이 연구자들은 대다수 청소년들의 신앙이 '도덕요법적 이신론'(Moralistic Therapeutic Deism)이라고 이름 붙일 만한 어떤 형태로 추락했음을 알게 되었다.

스미스와 그의 팀이 설명하는 '도덕요법적 이신론'(MTD)은 다음과 같은 믿음으로 이뤄진다. 세상을 창조하고 질서를 부여한 뒤 이 땅 위의 인간의 삶을 지켜보는 한 신이 존재한다. 그 신은 성경과 대다수 세상 종교들이 가르치는 것처럼 사람들이 선하고, 멋지고, 서로에게 공정하기를 바란다. 인생의 중심 목표는 행복과 자아 만족이며, 하나님은 문제를 해결해야 할 특별한 경우가 아니면 어떤 사람의 삶에 간섭할 필요가 없다. 그리고 선한 사람들은 죽어서 천국에 간다.

한 마디로, 대다수 청소년들의 신앙은 위와 같은 신조로 요약될 수 있다. 이 연구자들은 미국 청소년들을 대상으로 삼천 회가 넘는 인터뷰를 한 뒤 보고하기를, 신앙과 믿음에 관한 가장 결정적인 질문에 다수의 청소년들은 어깨를 한 번 으쓱해 보이면서 "어떤 신앙을 가진들 그게 뭐 대수냐"는 태도로 응답했다고 한다.

연구 결과는 크리스천 스미스와 멜린다 런퀴스트 덴튼의 〈영혼 탐구 : 미국 청소년들의 종교적, 영적 시선〉이라는 제목의 보고서에 요약되어 있는데, 이 연구자들은 미국의 십 대 청소년들이 놀랍게도 자신의 신앙에 관해 조리 있게 말하지 못하며 대다수는 사실상 어떤 진지한 신학적 이해도 제시하지 못한다는 것을 발견했다. 스미스는 다음과 같이 보고했다.

우리가 인터뷰한 청소년들은 자신들이 무엇을 어떻게 이해하고 믿는지 어떻게든 표현하려고 했지만, 그러면 그럴수록 신앙을 가진 청소년들은 자신들이 믿는다고 하는 그 종교 전통이 하는 말을 사실상 이해하지 못하고 있으며, 혹은 이해한다 해도 굳이 믿으려고 하지 않는다는 점이 분명해졌다. 종교와 관련을 맺고 있는 대다수 미국 청소년들은 자신의 신앙 전통의 신념을 지지하고 유지하는 데 특별히 관심이 없거나, 아니면 이들이 속한 신앙 공동체가 청소년 교육에 실패하고 있거나, 아니면 둘 다인 것이 분명하다.[1]

이들의 연구는 계속해서 다음과 같이 강조했다. "대다수 십 대 청소년의 경우, 신앙과 관련된 것을 포함해 무언가 인생에서 꼭 해야 할 일이 있다고 말한 사람이 아무도 없다. 그게 그 사람이 원하는 것이라면 '무엇이든' 다 좋다고 생각한다."

그때그때 다른 이 "무엇이든"은 청소년과 기타 수많은 미국인들의 도덕적/신학적 풍경의 특징으로, 진지하고 책임 있는 사고의 대체품이다. 더 중요한 것은, 이것이 상대주의를 포용하기 위한 언어적 포장이라는 점이다. 따라서 "종교를 가진 대다수 청소년들의 의견과 견해는 사실상 세계관이라고 부르기도 어려운 것으로서, 애매하고 제한적이며 자기 신앙의 실제적 가르침과 전혀 일치하지 않는 경우가 흔하다."

많은 청소년들에게서 찾아볼 수 있는 답변 유형을 보면 신앙에 대한 이해의 핵심이 텅 비어 있음을 알 수 있다. 하지만 청소년들이 모든 일에 있어 자기 생각을 똑똑히 표현 못하는 것은 아니다. "많은 청소년들이 자기가 좋아하는 뮤지션이나 텔레비전 스타의 삶에 대해서 시시콜콜 다 알고 있고, 좋은 대학에 들어가려면 어떻게 해야 하는지에 대해서도 잘 알고 있지만, 모세가 누구이고 예수님이 어떤 분인지에 대해서는 대부분 그다지 분명히 알지 못한다. 이는 강하고, 가시적이고, 두드러지고, 목적 있는 신앙이 대다수 청소년들의 삶의 최전선에서 작동하지 못하고 있음을 시사한다."

이 연구는 다음과 같은 측면에서 주목해 볼 만하다. 연구자들은 청소년들을 여러 계층으로 세심하게 분류하여 수천 시간에 걸쳐 인터뷰를 한 끝에, 이 십대들 다수에게 이 인터뷰 자체가 난생 처음으로 신학적 문제를 성인과 더불어 논의한 시간이었다는 것을 알게 되었다. 이 사실은 우리네 교회에 관해 무엇을 말해 주는가? 이 사실은 이 세대의 부모들에 관해 무엇을 말해 주는가? 미래 세대에게 몰려와 모호한 신학적 믿음을 이미 퍼붓고 있는 세속주의의 폭풍우에 관해 무엇을 말해 주는가?

결국 이 연구는 미국의 청소년들이 성인 사회를 깊이 물들인 개인주의 이념에 심각하게 영향을 받고 있음을 보여 주었다. 개인주의의 영향을 받은 결과, 남은 판단하지 말고 자기나 성찰하자고 하면서, 신앙과 신념 문제에서 누군가가 틀릴 수 있음을 말하기 꺼려한다. 그러나 역설적이게도 이 청소년들은 완전히 꽃 피운 상대주의를 받아들이고 살 수도 없다. 연구자들은 많은 청소년들의 반응이 아주 도덕주의적인 노선을 따르고 있지만 신학적 확신과 믿음 문제에서는 좀체 이렇다 저렇다 판단하지 않는 태도를 보인다고 지적한다. 어떤 아이들은 교리와 신학적 확신 문제에 "정답"은 없다는 데까지 나간다.

연구자들은 결론내리기를, MTD는 "삶에 대한 도덕주의적 접근 태도를 진작시킨다. 이런 접근법은 선량하고 행복한 삶의 중심은 선하고 도덕적인 사람이 되는 것이라고 가르친다. 이는 멋지고, 친절하고, 유쾌하고, 존경받을 만하고, 책임감 있고, 자기계발에 힘쓰고, 건강을 관리하며, 성공적인 삶을 위해 최선을 다한다는 의미"라고 했다. 아주 현실적인 의미에서 이는 신앙적 헌신에도 해당되는 말로 보인다. 그것이 미국인 상당수가 견지하고 있는 신앙적 헌신으로 서술될 수 있는 한에서는 말이다. 연령과 상관없이 이들은 "멋진" 사람이 되는 것이 종교의 핵심이어야 한다고 믿는다. 그리고 강한 신학적 확신을 주장하면 이 "멋짐"이 즉시 손상된다고 생각한다.

또한 MTD는 "그 지지자들에게 치료 효과를 제공하는" 것과도 관련 있다. 연구자들은 다음과 같이 설명했다.

> 이것은 죄를 회개하고, 안식일을 지키고, 주권적 신의 종으로 살고, 기도를 꾸준히 하고, 성일을 충실히 지키고, 고난을 통해 성품을 빚어가고, 하나님의 사랑과 은혜를 입으며, 사회 정의라는 대의를 위해 감사하고 사랑하는 일에 자기를 바치는 종교가 아니다. 미국 청소년들을 실제적으로 지배하는 것으로 보이는 종교는 기분 좋고, 행복하고, 안전하고, 평화로운 느낌을 중시하는 종교다. 문제를 해결할 능력이 있고, 상냥한 태도로 타인과 잘 지내면서 주관적 안녕(安寧)에 이르는 것을 중시하는 종교다.

스미스와 동료들은 도덕요법적 이신론의 이면에 있는 신은 18세기 철학자들의 이신론적 하나님과 매우 비슷하다는 것을 발견하였다. 이 신은 산에서 우레 같은 소리로 말씀하시는 하나님도 아니고, 심판하시는 하나님도 아니다. 이 신은 아무것도 요구하지 않으며, 우리의 문제를 해결해 주고 우리를 행복하게 해주는 일에 더 관심이 많다. "간단히 말해, 하나님은 집사와 우주적 치료사를 조합해 놓은 것 같은 신적 존재다. 이 하나님은 언제라도 우리의 부름에 응할 수 있는 대기 상태에 있고, 어떤 문제가 발생하든 이를 해결해 주고, 자기 백성이 자기 자신에 대해 좀 더 기분 좋은 느낌을 가질 수 있도록 전문적으로 도와주고, 그 과정에서 지나친 개인적 개입은 삼가한다."

분명한 것은, 도덕요법적 이신론은 일정한 체계를 갖춘 신앙이 아니다. 이 믿음 체계에는 교단 본부도 없고 이메일 주소도 없다. 그럼에도 미국 전역을 비롯해 상층 문화권에 수백만 명의 신봉자들이 있으며, 그곳의 문화는 아무런 요구가 없는 그런 신에 대한 믿음이 납득되는 정황을 만들어 낸다. 더 나아가 이 신은 우리 포스트모던 시대의 가장 기본을 이루는 자기중심적 가설에 이의를 제기하지 않는다. 특히, 이른바 라이프스타일 문제에 관한 한 이 하나님은 지나칠 만큼 관용적이고, 근본적으로 아무 요구가 없다.

사회학자인 스미스와 그의 팀원들은 이 도덕요법적 이신론이 이제 문화 전반을 위한 기초적 신념 체계 또는 지배적인 시민 종교를 형성할 것이라고 말한다. 이는 다른 연구자들이 "일상 종교"(lived religion)라고 부르는 것과 유사할 수도 있다.

좀 더 깊이 문제를 파고들어간 후, 이 연구자들은 MTD가 기독교 자체를 "식민지화"하고 있다고 주장한다. 이 새 신앙 체계를 다 받아들인다 해도 지금 소속된 교회를 떠날 필요가 없고 그리스도인으로서의 정체성을 버리지 않아도 되기 때문이다.

아래와 같은 주목할 만한 평가에 대해 한 번 생각해 보라.

이 분야에서 좀 더 숙달된 다른 학자들이 이런 가능성들을 더 깊이 있게 검토하고 평가해야 할 것이다. 하지만 여기서 우리가 말할 수 있는 것은, 미국의 기독교 상당 부분은 역사적 기독교 전통과 연결되어 있다는 의미에서 기독교의 명맥만 유지하고 있을 뿐이며, 실질적으로는 오히려 기독교적 정통성이 전혀 없는 유사 기독교 도덕요법적 이신론으로 변형되었다는 것이다.

이들은 기독교가 이렇게 왜곡되는 현상이 개인의 생각뿐만 아니라 "적어도 일부 기독교 기관과 제도의 구조"에도 뿌리를 두고 있다고 주장한다.

이렇게 근본적으로 변질된 기독교 신학과 기독교 신앙은 하나님의 주권 대신에 자기자신의 주권을 강조한다. 이와 같은 치료법이 득세하는 시대에 인간의 여러 문제점들은 그저 치료 계획을 필요로 하는 병리 현상으로 축소된다. 전체적인 그림에서 죄는 배제되고, 하나님의 진노와 공의 같은 중심 교리들은 시대에 뒤떨어진 개념이자 자아실현 프로젝트에 도움이 되지 않는 사상으로 치부되어 폐기된다.

이 모든 것은 십 대 청소년들이 주변의 소리들을 주의 깊게 듣고 있다는 의미다. 이들은 더 큰 문화 속에 있는 자기 부모들을 부지런히, 그리고 통찰력 있게 관찰해 왔다. 이들은 부모들이 사실은 얼마나 믿음이 없는지, 수많은 교회들과 기독교 제도가 지배적 문화에 얼마나 순응해 왔는지 다 알고 있다. 이들은 개인주의 및 상대적 진리 개념의 제단 위에 신학적 확신이 희생 제물로 바쳐졌다는 것을 알아챈다. 이들은 자기 발전이야말로 모두가 책임 있게 이행해야 할 크나큰 도덕적 명령이라는 것을 어른들에게서 보고 배웠다. 그리고 이들은 이 문화를 형성한 사람들의 가장 강렬한 열망은 행복, 안전, 삶의 의미 발견이라는 사실을 지켜보아 왔다.

세속화와 도덕요법적 이신론의 영향

이 연구 결과는 2005년에 발표되었다. 오 년 후인 2010년, 크리스천 스미스와 그의 동료들로 구성된 또 다른 연구팀이 《전환기의 영혼 : 청년들의 신앙과 영적 생활》(Souls in Transition : The Religious and Spiritual Lives of Emerging Adults)이라는 또 다른 연구 결과를 내놓았다. 연구자들은 2005년의 첫 연구 때 인터뷰했던 청소년들 중 230명을 추적해서 다시 인터뷰했다. 달라진 점이라면 이들이 이제는 열세 살에서 열일곱 살의 청소년이 아니라 열여덟 살에서 스물두 살의 청년이라는 점이었다. 연령대가 달라짐으로써 신앙 행위와 신념 면에서 의미 있는 변화가 있지는 않을까?

이 질문에 대한 대답은 '그렇다'이기도 하고 '아니다'이기도 하다. 위의 연구 보고서에서 스미스는 미국의 십 대 청소년들은 성인들의 "최고 희망과 가장 두드러진 두려움"이 무엇인지 구체적으로 표현할 수 있다고 주장했다. 실제로, 십 대 청소년 세대는 모두 성인들의 애를 태우는 걱정거리가 되는 것 같고, 사회학자와 심리학자 등의 연구 대상이 되는 것 같다. 하지만 스미스는 《전환기의 영혼》에서 주장하기를, 더 의미 있는 연구 대상이자 미국 종교의 미래를 결정짓는 더 의미 있는 연령 집단은 "떠오르는 성인 세대"(emerging adulthood)일 것이라고 했다.

이 세대를 뭐라고 불러야 할까? 이들을 지칭하기 위해 흔히 "이십 대", "젊은 시절", "청년기"(adultolescence), "확장 청소년기"라는 용어가 사용되어 왔다. 스미스는 그 중에서 심리학자 제프리 아네트가 제안한 "떠오르는 성인 세대"라는 표현을 선택했다.

스미스의 연구팀은 이렇게 물었다. "미국에서 18세에서 29세 나이로 산다는 것은 어떤 기분일까? 오늘날 떠오르는 성인 세대의 주요 강점과 문제점은 무엇인가? 완전한 성인이 되는 여정에서 이들은 어떻게 살고 있는가?"[5] 이들은 이 질문에 이 세대의 신앙적이고 영적인 차원을 추가했다. 즉, 이들은 누구이며 무엇을 믿는가?

가장 먼저, 이들은 인생 단계 체험에서 정말로 새로운 무언가를 대표한다. 이들이 완전한 성인으로 등장하는 시기는 대체로 이들의 부모 세대나 근대기 이후의 거의 모든 이전 세대에 비해 상당히 늦다. 이들이 완전한 성인으로 등장하는 시기가 늦어지는 것은 학업 때문이기도 하고, 결혼이 지체되기 때문이기도 하고, 경제적 불안정 때문이기도 하며, 부모의 재정 지원이 계속 이어지기 때문이기도 하다. 그래서 이 젊은 성인 세대는 "방황하고, 실험하고, 배우고, 움직이고, 다시 시도해 볼 수 있는, 역사적으로 유례없는 자유"를 경험해 왔다.

《영혼 탐구》에서 설정한 패턴에 따라, 《전환기의 영혼》에는 몇몇 대표적 청년들의 프로필이 담겨 있다. 지극히 전통적이고 정통적인 신앙을 가진 청년에서부터 불가지론자와 무신론자까지 있지만, 대다수는 훨씬 더 모호한 중간 범주에 밀집해 있다.

이들의 십 대 시절 이후 무엇이 변했는가? 이 젊은이들은 부모 및 부모의 신앙에서 스스로 더 거리를 두었다. 비록 부모와 여전히 긍정적인 관계를 맺고 있고(또한 경제적으로 부모에게 의존하며), 이 관계의 미래에 대해서도 희망을 품고 있긴 하지만 말이다. 이들은 이제 인생의 과제에 전념하고 있고, 성인으로서 앞으로 맞닥뜨릴 갖가지 책임 앞에 당혹스러운 와중에도 낙관적 태도를 유지하려고 애쓰고 있다. 이들은 스스로를 무일푼으로 여기면서도 소비주의 문화에 열심을 보인다.

무엇보다도 이들은 자아의 관심사에 사로잡혀 있다. 사실, 이제 노트르담 대학교의 윌리엄 R. 케넌 사회학 교수이자 종교와 사회 연구 센터 소장으로 일하는 스미스는 이 세대가 실제로 자아를 넘어서는 어떤 객관적 현실을 상상하는 데 어려움을 겪는다고 주장한다. 스미스의 설명처럼, 이들은 "객관적으로 존재하는 어떤 현실이 자기 삶에 의미 있는 영향을 끼칠 수도 있다는 개념을 파악하기를 몹시 어려워한다." 스미스는 이 떠오르는 세대가 사실은 온건한 존재론적 반(反)현실주의자, 인식론적 회의주의자, 그리고 전망주의자라고 덧붙인다. "비록 이들 중에 그 용어들이 무슨 뜻인지 아는 이는 거의 없지만" 말이다.[3]

이는 깜짝 놀랄 만한 관측이다. 하지만 스미스 자신도 이것이 이 세대에게나 미국 기독교의 미래를 위해 어떤 의미인지를 소극적으로 다루는 것 같다. 이 떠오르는 성인 세대는 완고한 이념적 포스트모더니스트들은 아니지만, 이들의 신념 체계를 보면 온건한 형태의 포스트모던 반(反)현실주의가 주류 문화의 일부가 되었음이 드러난다. 실제로 스미스의 연구에서 브레드라는 이름으로 인용된 한 인물은 이렇게 말했다. "제 신앙은 제 머릿속에 있습니다. 하지만 저는 전적으로 종교적인 상황은 즐기지 않습니다. 어떤 이들은 그런 상황 속으로 들어가기도 하지만, 저는 그렇게 안 합니다. 제게는 제 신앙이 있고, 원래 그런 거라고, 그래야 한다고 생각해요. 그리고 전 가끔 교회에 갑니다. 일종의 신중한 전략이죠."[4]

브레드의 견해는 떠오르는 성인 세대에 관한 스미스의 결론의 많은 부분을 대표한다. 다음 세대들은 자신이 구속력 있는 형식을 갖춘 공식적 신앙, 종교 제도, 교회와 관련되어 있다고 보지 않는다. 복음주의 교회와 긴밀한 관계를 맺고 있는 젊은 여성 어맨다의 말처럼 "종교는 젊은 사람들을 위한 것이 아니다."[5]

이들은 결혼해서 가정을 꾸리는 것은 뒤로 미루지만 섹스는 미뤄 두지 않는다. 이들은 장난처럼 사귀고, 하룻밤 관계를 맺고, 동거를 한다. 이들은 성경이 이런 행위들을 정죄한다는 것을 알고 있으며, 언젠가는 정착해서 좀 더 보수적인 성도덕을 따르겠다고 약속한다. 젊은 시절의 아우구스티누스처럼, 이들은 정절을 원하지만 지금은 아니라고 한다.

성 행동과 도덕적 기대 사이의 이러한 긴장 때문에 이 젊은이들이 신앙적이고 영적인 뿌리에서 얼마나 멀어지는지를 스미스는 다음과 같이 쉽게 잊히지 않을 힘 있는 문장으로 설명한다.

> 그러므로 자기 신앙과 실천에 관해 진지한 떠오르는 성인 세대는 다음 세 가지 중 하나를 해야 한다. 깊은 관계까지 가는 난잡한 사귐과 혼전 섹스를 거부하든지, 자신의 삶을 극적으로 구획하여 한편으로는 난잡

한 사귐과 성적 활동을 즐기고 다른 한편으로는 극기에 가까울 정도로 신앙 활동을 하면서 이 둘을 단호히 구분하든지, 아니면 양립할 수 없고 서로를 부정하는 이 두 가지 삶에 몰두하면서 기꺼이 인지부조화와 더불어 사는 것이다. 떠오르는 세대 중에서 이렇게 할 수 있거나 이렇게 하려는 이들은 그리 많지 않으며, 그래서 대부분은 그저 신앙과 거리를 둠으로써 인지부조화를 해결한다.[6]

따라서 이 젊은이 부모 세대에 비해 상당히 덜 종교적이고, 형식을 갖춘 교리에 덜 헌신하며, 교회 생활뿐만 아니라 자선 활동이나 사회 기관에서의 자원봉사 같은 일에도 참여도가 낮다.

그들은 도덕요법적 이신론의 믿음 체계에는 여전히 "활발히 잘" 참여한다.[7] 인생의 이 단계에 있는 젊은이들은 청소년기에 비해 더 큰 준거 틀과 그것을 구체적으로 실현해 나갈 일련의 개념들을 지니고 있다.

이십여 년 전 복음주의 청년들에 관한 글을 쓴 버지니아 대학교의 사회학자 제임스 데이비슨 헌터는 《복음주의 : 다가오는 세대》(*Evangelicalism : The Coming Generation*)에서 경고하기를, 당시 청년이었던 세대, 즉 《전환기의 영혼》에서 소개된 세대의 부모들은 그리스도를 믿는 사람들만 천국에 간다고 하는 믿음에서 떠나고 있었다. 헌터의 설명처럼, "지난 세기의 강렬한 종교적/문화적 다원주의 앞에서 기독교만이 진리라는 배타적 주장을 부인하라는 압력은 엄청났다."[8] 오늘날의 떠오르는 성인들 사이에서, 그 압력에 순응하는 것은 예외적 현상이 아니라 오히려 통례다.

스미스와 공동저자 파트리샤 스넬은 "떠오르는 성인 세대"가 교회와 신앙에 계속 연결되어 헌신할 수 있도록 힘을 북돋아 주는 몇 가지 요소들을 지적하여 도움을 준다. 이 요소들은 대부분 이들의 삶에서 부모 및 다른 성인들의 역할과 관계된다. 부모와 긴밀한 관계를 유지하며, 부모 쪽에서 그 관계를 유지하기를 장려하는 청년들은 교회 및 신앙과 계속 연결되어 헌신할 가능성이 훨씬 더 높다. 의미심장한 것은, 이들의 계속된 헌신은 지역 교회에서 다른 성인들이 하는 역할과 상관관계가 크다는 것이다.

간단히 말하자면, 이 세대는 말기 모더니티 문화에서 완전한 성인에 도달하려고 애쓰는, 떠오르는 성인 세대다. 이들은 동맹, 멘토, 친구로서 자신들보다 나이 많은 성인이 필요하다고 본다. 이들은 자신들에게 도움이 필요하다는 것을 알고 있으며, 자신들이 부모 세대보다 더 큰 도전에 직면해 있다고 여긴다. 이들은 부모들의 신앙에 적대적이지 않지만, 매우 거친 문화적 바다를 헤엄치는 중이다. 이들은 실로 전환기의 영혼들이며, 자신들이 그런 상태임을 알고 있는 것 같다.

시대 풍조는 계속된다

스미스의 사회학적 연구가 발표된 지 이제 거의 십 년이 흘렀다. 연구 조사에 처음 참여했던 이들은 이제 삼십대에 접어들고 있으며, 이는 중대한 의문을 제기한다. 상황은 변했는가? 유감스럽게도 이 세대에 몰아치는 폭풍우는 더 거세지기만 할 뿐이며, 스미스의 연구 대상이 없던 그룹과 "떠오르는 성인 세대"의 그 다음 물결은 서양 문명이 직면하고 있는 훨씬 더 파괴적인 문제들을 드러낼 뿐이다. 실제로 이 세대는 결혼을 뒤로 미루고 자녀를 갖는 것도 뒤로 미루고 기독교만이 아니라 다른 모든 종교를 배척하는 등 훨씬 더 자기중심적이 되었다. 우리는 지금 문화적 기독교가 미국인들의 공적 생활에 근본적 변혁의 결과를 남기면서 퇴각 중인 현장을 목도하고 있다.

〈월스트리트저널〉의 제럴드 사이브는 2019년에 "요람, 회중석, 그리고 정치에 닥치는 사회적 변동 : 교회 출석률이 감소하고 출산율이 떨어지면서 중대한 결과를 낳고 있다"는 제목으로 한 세대의 풍조에 관해 글을 썼다.[9] 사이브는 다음과 같이 말했다.

때로 가장 중요한 시류, 곧 사회와 정치에 지대한 결과를 낳는 시류가 아주 분명하게 전개되기도 한다. 새로운 데이터를 보면 그 중 두 가지가 바로 지금 진행 중이다. 미국인들은 교회에 가는 횟수가 줄어들고 있고, 아기도 덜 낳는다. 이 두 가지 경향은 비교적 주목받지 못하지만, 그 사회적/경제적 의미는 아주 지대해서 이번 주 민주당 대통령 후보 토론과 그 외의 장(場)에서 토론해 볼 가치가 있다.

확실히 사이브는 출산율 감소와 교회 출석율 감소는 심각한 의미가 있음을 제대로 이해하고 있다. 사이브는 계속해서 이렇게 말했다. "교회 출석률이 꾸준히, 장기간 하락하는 현상은 최근 〈월스트리트저널〉과 NBC 뉴스 여론조사에서 확인된다. 미국인의 겨우 29퍼센트만이 종교 의례에 일주일에 한 번 이상 참석한다. 2000년의 41퍼센트에서 그렇게 하락했다."

이는 깜짝 놀랄 만한 수치로서, 스미스와 그의 연구팀이 밀레니엄 시대 첫 십 년 동안을 연구해서 기록한 젊은 세대의 쇠퇴 현상이 계속되고 있음을 숫자로 보여 준다. 사이브는 또 이렇게 말했다. "교회 없는 삶은 젊은 미국인들 사이에서 가장 극적으로 발생한다. 18세에서 34세 미국인들 사이에서 지금까지 종교 의례에 한 번도 참석한 적이 없는 사람의 비율은 전 국민 중 동일하게 답변하는 사람들의 비율과 다르지 않았었다. 그런데 이제는 종교 의례에 한 번도 참석한 적 없는 젊은 층 미국인 비율이 배로 늘어나 36%에 이른다."

이 연령층에는 스미스가 조사한 최초의 청년 표본도 포함된다. 세속화의 결과는 더 강화되기만 했을 뿐임을 알 수 있다. 이제 청년층의 1/3은 교회에 단 한 번도 발걸음을 하지 않은 사람들이다.

사이브는 이런 흐름이 미국에 크나큰 사회적 변화를 일으킬 것이라고 주장한다. 그는 이렇게 말했다. "여러 세대 동안 미국인들은 교회와 회당이라는 기관을 중심으로 자기 삶을 구성했다. 교회와 회당은 단순히 예배 장소가 아니라 미국인들이 연합하고, 정체성을 발견하고, 종종 자녀를 교육하는 곳이 되어 왔다. 그런 공동의 유대가 쇠퇴함에 따라 많은 미국인들이 자기 정체성을 확인하는 방식이 달라진다."

위와 같은 숫자는 문화적 기독교 혹은 명목상의 기독교가 증발해 버렸음을 보여 준다. 교회와 교단에서 발을 빼는 주요 집단은 건성으로 교회에 다니던 사람들로, 이들은 교회론도 빈약하고 신학적 확신도 별로 없으며, 보통 자유주의나 주류 개신교단 교회에 가입되어 있었다. 전통적으로 사람들은 사회적, 문화적, 심지어 정치적 이유로 여전히 교회와 관련을 맺었다. 하지만 이런 이유들이 사라져 버렸다. 우리 시대 문화는 이제 더는 신앙적 정체성을 중시하지 않는다.

그건 그렇다 치고, 미국에서 종교가 급격한 쇠퇴의 길을 걷고 있다는 데에는 의문의 여지가 없다. 2019년, 갤럽은 다음과 같은 결론이 담긴 주요 보고서를 내놓았다. "미국의 교인 수는 1937년부터 1976년까지 70% 혹은 그 이상이었으나, 1970년대부터 1990년대에 걸쳐 줄잡아 평균 68%로 떨어졌다. 지난 20년 동안 감소율은 더 빨라져, 1999년 이후 20퍼센트 포인트가 하락했고 이런 변화율의 절반 이상은 지난 십 년 사이에 발생했다."[10]

필자가 속한 교단인 남침례교 총회는 이른바 바이블 벨트(Bible Belt : 미국 중남부에서 동남부 여러 주에 걸쳐 있는, 개신교의 영향이 큰 지역. 사회적으로 보수적인 편이고 과거 일부 주에서는 진화론을 가르치는 것을 법률로 금지하기도 했으며, 미국 내에서도 동성애 반대론이 강한 지역이다—역자주)에 속한 지리적 위치 덕분에 미국 전역에서 진행된 세속화를 상당 부분 면할 수 있었지만, 그럼에도 교세가 하향하는 추세는 피할 수 없었다. 지난 해 남침례교 소속 교인 수는 1,480만 명으로 떨어졌으며, 이 숫자가 1,500만 명 이하로 떨어진 것은 1987년 이후 처음이다. 규모와 성장 속도에 오랫동안 자부심을 가져 온 교단으로서 이는 받아들이기 힘든 소식이었다. 하지만 숫자는 거짓말을 하지 않는다. 2018년 남침례교 총회에서 세례 받은 사람의 숫자는 246,442명으로 보고되었고, 이는 2017년의 254,122명보다 줄어든 숫자다. 이런 하향 추세는 복음을 전하려는 시도가 줄어든 결과일 뿐만 아니라, 사이브가 〈월스트리트저널〉 기사에서 지적한 것처럼 출산율이 극적으로 감소했음을 보여 주기도 한다.

사이브는 이 문제가 미국 사회에 심각하고 불길한 전조라고 말했다.

국립 보건 통계 센터(The National Center for Health Statistics)는 지난 한 해 미국에서 태어난 아기 숫자가 32년 만에 최저치로 떨어졌다고 몇 주 전 보고했다. 한편, 15세에서 44세 사이의 여성 1,000명당 출산 숫자를 말하는 일반출산율은 연방 정부가 기록을 시작한 이후 최저 수준으로 떨어졌다. 이러한 추세는 사회적 영향뿐만 아니라 경제적으로 엄청난 결과를 낳는다. 출생율 감소는 노동 현장에 신규 유입되어 노령층의 은퇴 생활에 필요한 자금을 조달해 주는 미국인 숫자가 줄어들면서 시간이 흐름에 따라 메디케어와 사회보장국의 자금 조달이 더욱 어려워진다는 의미다. 노동자의 은퇴 연령이 상향되고, 연금이 제한되어야 할 수도 있다.

오늘날의 그리스도인들은 자녀 없는 삶이 어떨 것인지 그 현실을 보는 데 실패하고 있다. 사실 우리는 출산율 저하가 단지 정치나 경제에만 격변을 일으키는 게 아니며 여기에는 훨씬 더 많은 것이 걸려 있다는 걸 알고 있다. 역사를 분석해 보면 이 점을 아주 분명히 알 수 있다. 최근 몇 세기에 걸쳐, 교인들 대다수는 교인들의 자녀였다. 출산율 저하가 세례 통계에 반영되는 것은 우연이 아니다. 기독교 가정에서 그리스도인 부모에게 양육된 자녀는 나름의 신앙고백을 할 것이고 성인이 되어서도 계속 교회에 다닐 가능성이 높다는 데에 의문의 여지가 없다. 그리고 그리스도인 부모가 자녀를 적게 낳으면 장차 기독교 신앙으로 회심할 사람이 적어진다는 데에도 의문의 여지가 없다.

출산율은 가파르게 하락하고, 그 추세선(trend lines)은 남침례교 총회의 세례자 통계와 평행을 이룬다. 사이브의 기사에 덧붙여 〈월스트리트저널〉 논설진에서도 젊은 세대의 출산율 감소에 대한 기사를 실었다. 기사 제목은 "미국의 밀레니얼 베이비 버스트"(America's Millennial Baby Bust)였는데, 이 기사에 따르면 미국의 출산율은 32년 만에 최저치를 기록했다.[11] 1960년에서 2017년 사이, 미국의 여성 한 명 당 출산율은 사실상 반 토막 났다.

여성 한 명 당 출산율 하락은 경구피임약 개발과 더불어 시작되어 밀레니얼 세대(Millennials : 1982년에서 2000년 사이에 태어난 세대를 일컫는 말. 전 세대에 비해 개인적이고, 정보 기술에 능통하며, 2008년 글로벌 금융위기 이후 사회에 진출해 고용 감소와 일자리 질 저하 등의 어려움을 겪은 세대이기도 하다―역자주)가 등장하면서 가속화되었는데, 이 세대는 결혼하여 가정을 꾸리는 일을 삼십 대로 미룬다. 이는 정말 놀라운 소식으로서, 이 모든 것은 미국인들의 생활 방식에 세대에 따른 거대한 변천이 이뤄지고 있음을 가리킨다. 사이브는 이런 시류가 정치적 결과를 낳을 것이며 따라서 2020년 대선 토론은 이 문제를 기본 틀로 해야 한다고 믿고 있다. 사이브의 말은 확실히 옳지만, 그리스도인은 한 세대에 몰아닥치는 이 폭풍우 배후에 존재하는 거대한 신학적 함의가 무엇인지 알고 있다. 자녀가 없다는 것은 인간의 삶을 재정의하는 것과 관련해 우리에게 무엇을 말해 주는가? 이는 평범한 인간 남녀 개인이 품는 기대에 관해 무엇을 말해 주는가? 결혼 및 가정의 영광에 관해서는 무엇을 말해 주는가? 사회에 관해서는 무엇을 말해 주는가? 교회의 미래에 관해서는 무엇을 말해 주는가?

미래 세대 가운데 현기증 나는 속도로 세속화가 진행됨에 따라 미국 사회를 괴롭히는 무자녀 문제가 만연하게 되었다. 세속화는 우리 사회에 없어서는 안 되는 선(善)으로서의 가정과 가족에 대한 이해를 바꿔 놓았다. 결혼, 자녀 출산, 가정의 신성함은 점점 커져가는 이 세속 시대의 먹구름에 의해 빛을 잃었다. 무자녀 가정과 마찬가지로 한 자녀 가정도 급증하고 있는데, 이는 스미스와 그의 연구팀이 2005년과 2010년에 추측했던 것보다 훨씬 빠른 속도로 세속화가 우리 사회를 완전히 변화시키고 있음을 보여 주는 지표다.

이 폭풍우는 결국 어떤 결과로 이어질까

인터넷과 소셜 미디어의 등장 덕분에 점점 작아져 가는 세상에서, 다음 세대들은 지금까지 한 번도 본 적 없는 도전에 직면하게 될 것이다. 테크놀로지, 비디오 게임, 스마트폰을 비롯한 전자 기기, 소셜 미디어 등이 어린이와 청년들에게 끼치는 영향에 대해 수많은 연구들이 거의 매일 쏟아져 나오고 있다. 게다가, 이천년 대 초 스미스가 자신의 연구서에서 증언한 풍조들은 사라지지 않고 오히려 더 심해지기만 했다. 밀레니얼 세대는 결혼을 늦게 하든가, 아예 안 한다. 한 연구에 따르면, 스물다섯 살에서 서른네 살 사이 커플들은 결혼 전에 평균 육 년 반을 사귄다. 하지만 결혼을 미루는 것이 성관계를 미루는 것과 상응하지는 않는다.[12] 어른이 된다는 것은 한때 한 남자와 한 여자가 결혼해 가정을 꾸리는 것과 동일시되었는데, 이제는 이것이 인생 삼십 년 차 이후의 일로 미뤄지고 있다. 세속화는 성인기와 결혼 적령기의 개념을 재조정해서, 이 시기를 청년기의 연장 단계로 만들어 버렸다.

또한, Z세대(X세대의 자녀들로, 인터넷과 스마트폰이 없는 세상은 상상할 수 없는 세대. 인구층이 가장 얇고 평균 가족 수는 가장 적은 것이 특징이다—역자주)에 관한 새로운 연구는 우리가 밀레니얼 세대에게서 목격하는 것보다 훨씬 더 불길한 폭풍우가 몰려오고 있음을 가리킨다. 심리학자 진 트윈지는 〈아틀랜틱〉(Atlantic)지에 기고한 글에서, 포스트 밀레니얼 세대의 수준 하락 현상을 열거한다. 트윈지는 이렇게 묻는다. "스마트폰은 한 세대를 소멸시켰는가? 현실에서의 난잡한 파티보다 온라인 관계를 더 편안해 하는 포스트 밀레니얼 세대는 지금까지의 그 어떤 청춘들보다 육체적으로는 안전하다. 하지만 이들의 정신 건강이 위기를 맞기 직전이다." 트윈지의 연구를 보면 2015년의 고등학교 3학년 학생들은 2009년의 중학생들보다 데이트를 적게 한다는 것을 알 수 있다.

여기 걸린 도덕적 문제는 데이트나 청년 사회화가 아니다. 그보다는, 직접적이고 물리적인 사회적 교류를 하지 않고 오로지 화면만을 통해 경험하는 생활양식으로의 거대한 이동이 이뤄지고 있다는 게 문제다. 연애가 사라졌고, 의미 있는 대화에 참여할 수 있는 능력은 마치 포드 모델 T 자동차를 모는 것만큼이나 구닥다리로 보인다.

트윈지는 이렇게 이야기를 이어간다.

심리학적으로 포스트 밀레니얼 세대는 밀레니얼 세대에 비해 약점이 더 많다. 십 대 청소년의 우울증과 자살률이 2011년 이후 급등했다. 아이젠(iGen : 진 트윈지가 만든 신조어로, 1995년경 이후에 태어나 인터넷과 스마트폰에 익숙한 젊은 세대를 말한다—역자주)은 수십 년 만에 최악의 정신 건강 위기에 직면했다는 말은 과장이 아니다. 상황이 이렇게 악화된 원인은 상당 부분 이들이 가진 스마트폰으로 거슬러 올라갈 수 있다…스마트폰과 소셜 미디어의 발전은 우리가 아주 오랜 기간 동안 본 적 없는 강도 높은 지진을 일으켰다. 우리가 나이 어린 사람들 손에 쥐어 준 기계 장치들이 이들의 삶에 깊은 영향을 끼쳤고 이들을 심각하게 불행하게 만들었다는 설득력 있는 증거가 있다.

이런 거대한 변화의 결과는 아무리 강조해도 지나치지 않다. 실제로 트윈지는 청소년들의 인지 발달이 쇠퇴해서 열여덟 살이 열다섯 살 수준으로 기능하고 열다섯 살은 열세 살처럼 행동한다는 사실을 보여 준다. 다음 십 년 동안 인류는 소셜 미디어와 스마트폰 없는 세상을 알지 못하는 세대가 남기는 결과를 실감하기 시작할 것이다. 우리는 앞으로 닥칠 결과에 대비가 안 되어 있을 수도 있다.

지금까지 제기된 쟁점들은 우리 시대의 문화를 한탄하는 심술궂은 사람의 탄식이 아니다. 또한 이 장(章)은 "좋았던 옛 시절"로 돌아가자고 향수를 불러일으키려는 것도 아니다. 다음 세대들이 마주할 문제들은 문화적, 사회적, 정치적, 신학적으로 엄청난 파급 효과를 낳는 중대한 문제들이다.

2019년, 저널리스트 데이비드 브룩스는 "다가오는 G.O.P. 묵시록"(G.O.P.는 Grand Old Party의 머리글자로, 공화당을 가리킨다—역자주)이라는 제목으로 〈뉴욕타임스〉에 칼럼을 썼다.[13] 이 칼럼에서 브룩스는 세대 격차는 현재의 정치 전망에까지 확산된다고 주장했다. 민주당의 경우, 나이 많은 유권자들은 비교적 온건한 후보를 선호하는 반면, 젊은 유권자들은 진보적이고 사회주의자인 후보를 선호한다. 하지만 이 칼럼에서는 다음 문장에서 폭탄이 터진다. "세대 격차는 공화당에 이르면 훨씬 더 강력해진다. 거칠게 말해 청년들은 공화당을 혐오한다." 브룩스가 인용하는 2018년 퓨 리서치 센터의 조사에 따르면, 밀레니얼 세대 유권자의 59퍼센트가 민주당 지지자인 반면 공화당 지지자는 겨우 32퍼센트다. 브룩스는 "이런 차이는 이념적 차이"라고 주장한다. "퓨 센터의 조사에 따르면 밀레니얼 세대의 57%는 자칭 일관성 있는 자유주의자 혹은 주로 자유주의자라고 한다(여기서의 자유주의는 고전적 자유주의가 아닌 도덕적 자유주의이며 이는 보수주의의 대척점에 서 있는 사상이다.―편집주). 겨우 12%만이 스스로를 일관된 보수주의자 혹은 보수주의 성향이라고 밝힌다. 이는 바로 지금 미국 정치에서 가장 중요한 통계 숫자다."

이는 미국인들의 공공 생활에 엄청난 영향을 끼치는 의미 깊은 수치(數値)다. 이 숫자들은 뚜렷하고도 격렬한 세대 변천, 즉 미국의 다가오는 세대의 자유주의화를 입증한다. 브룩스는 정치적 파급 효과를 생각하지만, 그리스도인은 이 세대 변천의 신학적 중요성을 알고 있다. 자유주의화가 증대되는 현상은 점점 커져가는 세속화 현상과 직접적으로 연관된다. 결혼 미루기, 가족 해체, 소셜 미디어의 등장은 자유주의화와 세속화라는 결과를 낳았다. 게다가, 2000년대 초 스미스의 연구로 다시 돌아가 보면, 새로운 세대들은 점점 더 빠른 속도로 모든 형태의 종교와 절연하고 있다.

작금의 세대 관련 위기는 종교를 거부하고, 서양 문명의 토대를 이루는 가정을 폐지하고, 테크놀로지와 소셜 미디어에 중독되는 젊은 미국인들에게 몰려오는 지독한 폭풍우다. 이 폭풍우의 결과는 세속화와 자유주의화로서, 이 두 현상은 점점 격렬해진다. 이 폭풍우는 가정이라는 전통적 단위는 물론 그와 비슷한 모든 제도에서 이탈하는 세대들이 더욱 늘어남에 따라 점점 더 맹위를 떨칠 것이다. 실제로 다음 세대들은 유신론적 세계관과 종교를 아예 완전히 거부할 것이다. 이는 종교에 대한 노골적 적대감 때문이 아니라, 이들이 아마도 교회에 단 한 번도 발걸음을 하지 않기 때문이거나 종교 의례를 어떤 식으로도 접해 보지 못하기 때문이다.

복음과 다음 세대

유례없고 압도적인 도전에 직면하면 가장 용기있고 확신에 가득한 사람일지라도 두려움에 사로잡혀 무력해질 수 있다. 다가오는 세대를 기다리고 있는 도전들은 위험하기 그지없고, 차세대의 폭주를 부채질하는 여러 요인들은 도무지 극복할 길이 없어 보인다. 그리스도인과 교회는 소셜 미디어의 영향을 어떻게 반전시킬 수 있을까? 그리스도인은 다가오는 세대에게 어떻게 가정의 아름다움을 보여 주고 자녀라는 깜짝 놀랄 만한 선물을 되찾아 줄 수 있을까? 성적 활동 능력이 생긴 십 대 청소년에게 교회는 성에 대한 하나님의 계획이야말로 참된 번영으로 향하는 길이라는 사실을 어떻게 납득시킬 수 있을까? 미국의 다음 세대에게 몰려오는 세속화와 자유주의의 물결을 어떻게 멈출 수 있을까?

십자가와 십자가의 능력이 구체화된 삶만이 이 물결을 막을 수 있고 몰려오는 폭풍우를 흩어 버릴 수 있다. 그리스도인 부모들은 복음의 영광과 복음이 가져다주는 좋은 소식에 자신의 삶을 집중해야 한다. 십자가 중심의 삶은 비뚤어지고 뒤틀린 세대 한가운데에 밝은 빛을 비추어 준다. 하나님과 하나님의 말씀에 충실하고, 온통 타협과 항복이 만연한 와중에 믿음의 확신을 지키는 것이 이 세대의 위기를 극복하는 대안적 길을 마련해 줄 것이다.

  구체적으로, 다가오는 세대에 몰려오는 폭풍우와 교전하기 위해 예수 그리스도의 교회는 적어도 세 가지 방식으로 복음의 능력을 적용해야 한다. 첫째, 그리스도인 부모는 교회생활을 자기 가정의 일주일 일정에서 가장 중요하고 가장 우선시해야 한다. 많은 교회에서 주일학교와 청년 사역을 포기했다. 지금의 나는 어린 시절과 청소년 시기에 일주일에 여러 시간을 지역 교회 활동에 참여한 결과로 나온 산물이다. 부모님은 나를 여러 교회 활동에 참여시키셨고, 교회에는 주일학교, 청년 찬양대, 남학생회, 여학생회 등 많은 활동 기회가 있었다. 매주 청년들끼리 교제하는 시간과 청년 집회도 있었고 정기 수련회도 있었다. 훌륭하고 성실한 장년 자원봉사자도 있었고, 신실한 청년 사역자도 있었다. 크리스첸 스미스와 그의 동료 연구자들은 교회 활동에 계속 참여하는 젊은이들의 뚜렷한 특징 한 가지는, 이들이 교회 안에서 자기 부모 외에 다른 성인과(단 한 사람일지라도) 따뜻하고 신뢰감 있는 관계를 맺는다는 것이었다.

  오늘날 중학교, 고등학교, 대학교에 그런 관계를 경험하는 젊은이들이 얼마나 되는가? 그리스도인 부모 밑에서 자라는 아이들에게도 그 집안의 우선순위가 다르게 전달되는 경우가 많다. 그리스도인 부모 중에도 교회보다 더 큰 문화가 그려 보여 주는 바람직한 어린 시절의 초상을 믿는 이들이 많다. 이런 그림은 쉼 없는 스포츠 활동, 바이올린과 발레 학원, 결국 대학 입학 전형에 유리할 활동들로 완성된다. 어린이와 청소년의 교회 활동에 관한 한, 가장 겁나는 말은 '여행팀'(traveling team)일 것이다. 위와 같은 활동들을 빼먹어야 하기 때문이다. 교회 측과 부모 측 모두에게 우선순위가 분명해진다. 자녀가 자라 신앙을 버려도 부모들은 그걸 충격이라고 말할 수 없을 것이다. 그 점에서 기회가 상실된다. 복음이 흠뻑 배어든 하나님 백성의 공동체에 자녀를 노출시키는 것은 이 세속화 시대의 자녀 양육에 반드시 필요한 요소다.

둘째, 그리스도인 부모들은 테크놀로지, 스마트폰을 비롯한 전자 기기, 소셜 미디어의 영향을 심각히 고민할 필요가 있다. 이러한 이기(利器)들은 영광스러운 목적을 위해 쓰일 수도 있고 이 목적을 파괴할 수도 있다. 자녀가 테크놀로지 기기들에 무제한 접근하게 할 것인가는 신실한 그리스도인 부모들이 자녀를 양육할 때 정말 중요한 쟁점이 되었다. 음란물, 허울만 그럴 듯한 이데올로기, 해로운 세계관에 쉽게 접근할 수 있으면 외부의 자극에 쉽게 영향 받는 어린아이들의 생각에 엄청난 해를 끼칠 수 있다.

마지막으로, 그리스도인 부모들은 복음의 향기로 집안을 가득 채우기 위해 노력해야 한다. 가정 예배, 가정 경건회, 성경 암송, 가족들이 밀도 높게 함께하는 시간 등은 다음 세대의 건강을 증진시키는 데 상상 이상으로 많은 역할을 할 것이다. 가정에서 가족들의 삶에 영적으로 생동감 있는 순간들을 끼워 넣는 것은 감수성 예민한 어린아이들의 정신 건강에 없어서는 안 된다. 부모는 자녀에게 하나님의 진리와 그분의 말씀을 문답식으로 가르치는 능력을 구비해야 하며, 이때 활용할 수 있는 자료들도 많이 나와 있다. 집안에서 복음을 들어본 적이 없고, 아무도 복음을 이야기한 적이 없다면, 어떻게 자녀가 그리스도를 알고 하나님의 백성과 연관된 삶을 살 거라고 기대할 수 있겠는가?

결국 주 요점은, 새로운 세대가 이어질 때마다 젊은 그리스도인들은 점점 더 강한 역풍을 만나게 될 가능성이 높다는 것이다. 분명한 진실은, 젊은 세대를 잃는 교회에게는 미래가 없다는 것이다.

8

몰려오는 폭풍우와 문화의 엔진

문화는 언어와 전통, 그리고 세계관을 포함해 거대하게 포진된 온갖 영향력의 산물이다. 하지만 문화는 정적(靜的)이지 않으며, 초(超)모더니즘 상황에서 문화는 실로 지금까지 인간이 경험해 보지 못한 속도로 빠르게 변할 수 있다.

1970년대 베스트셀러 도서 중에 앨빈 토플러와 하이디 토플러가 공동으로 저술한 《미래 쇼크》(*Future shock*, 한국경제신문사 역간)라는 책이 있다. 두 사람은 우리 사회가 역사상 유례 없는 속도로 변화를 겪고 있으며, 인간은 그토록 큰 변화를 그토록 빠르게 겪어낼 능력이 없다고 주장했다. 이들이 말하는 "미래 충격"이란 "너무도 단기간에 너무도 많은 변화"가 일어난다는 뜻이었다.[1]

《미래 쇼크》는 로 대 웨이드 판결이 있기 전, 디지털 혁명이 일어나기 전, 그리고 성 혁명이 사회 전체를 완전히 개편하는 데 이르기 전에 쓰인 책이라는 것을 명심하라. 우리 문화는 이제 경이로운 속도로 변화하고 있다. 그 속도는 지금도 여전히 가속 중이다.

어떤 의미에서는 거의 모든 사람이 가정에서 시작해 시민 참여 운동이나 타인과의 연대에 이르기까지, 문화의 향방에 어떤 식으로든 기여한다. 우리는 문화를 만드는 문화들이다. 놀이터를 만드는 것도 문화를 생산하는 행위다.

그와 동시에, 우리 문화의 엄청난 규모를 고려할 때, 문화 생산의 주된 추동자는 문화적 메시지를 교묘하게 만들어내는 사람들이며, 문화를 이끌어가는 사람은 실로 막강한 힘을 가진다. 이들은 우리가 관람하는 오락물, 우리가 보는 미디어, 우리가 입는 옷, 우리가 사용하는 테크놀로지, 그리고 젊은 사람들의 마음을 빚는 교육과정을 생산해 낸다.

최근 몇 십 년, 특히 지난 수년 동안, 이러한 문화 생산 엔진들은 더욱 공공연하게 정치적 색채를 띠게 되었고, 더욱 노골적으로 도덕 관련 메시지를 생산하고 있다. 그리고 정치 면에서든 도덕 면에서든, 문화 생산의 주 본거지는 더욱 자유주의적인 방향을 밀어붙이고 있다. 우리 사회는 왼쪽으로 그냥 떠내려가는 게 아니다. 왼쪽으로 휘몰려 가고 있다. 이때 우리의 책임은, 우리 문화가 어떻게 영향 받고 있는지, 그리고 세속 시대에 신실한 삶을 이어나가고자 하는 그리스도인들에게 이것이 무슨 의미인지 명쾌하고, 세심하고, 비판적으로 생각해 보는 것이다.

할리우드의 도덕적 영향력

미국에서는 연예오락 사업이 번창하며, 연예오락은 미국에서 가장 규모가 큰 비즈니스로 손꼽힌다. 연예오락은 문화를 주도하고 미국 사회를 좌우하는 엄청난 영향력을 지닌다. 연예오락은 미국인들의 사고를 형성하고 미국인들의 공감을 불러일으키는 사연들을 이야기한다. 할리우드는 텔레비전과 대형 화면, 그리고 새로운 화면들에 등장하는 것들을 대량으로 생산하는 문화 공장 역할을 한다. 하지만 연예오락은 한낱 연예오락이 절대 아니다. 우리가 관람하고 읽고 청취하는 문화 산물은 쉼 없이 도덕적 메시지를 보내고 있다. 할리우드가 서사를 통제하며 서사를 조종할 수 있다면 이는 우리의 의식구조, 세계관, 그리고 문화의 성격을 지배할 수 있다는 뜻이다.

오스카상(賞)은 할리우드의 서사 영향력을 증진시키는 데 어떤 도구가 쓰이는지를 보여 주는 확실한 사례다. 오스카상 시상식은 제작자, 감독, 촬영기사, 남녀배우 들의 경합일 뿐만 아니라 서사의 경쟁이기도 하다. 더 나아가 오스카상은 이제 지나치게 정치적이다. 할리우드는 문화적 좌파가 주로 주도하는 특정한 정치 의제를 선전하며, 오스카상은 할리우드 엘리트들이 보내는 정치적 메시지의 교차점을 나타낸다. 도덕 혁명가들이 문화를 압박해 좌편향으로 나아가게 함에 따라 오스카상은 더욱더 문화적 타협과 논쟁의 장이 되어간다. 당대의 정치가 요구하는 필수의 상징적 몸짓을 나무랄 수 있는 영화는 단 한 편도 없다. 그래서 현안이 되는 것은, "어느 서사가 더 설득력 있는가? 어느 서사가 당대가 바라는 도덕적/정치적 방향으로 문화를 밀고 나가는가?"이다.

할리우드는 문화 산업단지다. 할리우드는 서사의 힘과 유명스타의 힘을 결합해 미국 사회에 종종 압도적인 영향력을 행사한다. 남녀배우들은 마치 정치인처럼 정치적 신호를 보내는 일에서 다른 사람을 능가해야 한다. 문화적 변화의 선봉에 머물려고 저마다 애를 써야 한다.

할리우드의 위력은 그 유명스타들이 미국인들의 대화를 강력히 장악하고 있다는 데 있다. 이들은 타인에게 영향을 끼칠 수 있는 사회적 자본을 갖고 있다. 또한 이들은 도덕적 교훈과 정치에 관련하여 어떤 신호를 보낼 것을 끊임없이 요구하는 유명스타 문화에 의해 움직인다. 이 유명스타들은 대개 그들이 발언하는 복잡한 쟁점들에 대해 전문적 지식도 없고 경험도 없다. 미국인들의 영화 체험은 주로 정치적 좌파에게 추동되면서 고도로 정치적인 이벤트로 전개되어 왔으며, 이 이벤트는 예술적 표현을 통해 사람을 설득하려 하며 매우 분명한 도덕적/정치적 의제를 드러낸다.

실제로 할리우드가 낙태 문제와 관련해 우리 팔목을 비틀며 강요할 태세라는 것을 이 책 3장에서 이미 살펴보았다. 조지아 주가 심장박동 법안을 통과시키자 할리우드는 감히 태아의 생명을 보호하려고 하는 주(州)에 대한 보복을 예고하면서 전면 공격으로 대응했다. 또한 조지아 주를 상대로 행동을 취하거나 위협한 이들은 남녀배우들과 유명 감독들 그리고 디즈니 같은 대형 엔터테인먼트 회사들만이 아니며 할리우드를 대표하는 작가 조합도 똑같이 그리했다. 이는 영화의 줄거리를 구상하고 대본을 쓰는 사람들도 배우들과 똑같이, 어쩌면 배우들보다 더 이념적으로 편향되었다는 것을 보여 준다.

마르크스주의 이데올로기는 오래 전부터 문화 생산의 위력을 알고 있었다. 마르크스주의자들은 문화 생산의 주요 메커니즘에 대한 통제권을 얻음으로써 대중이 마르크스주의 세계관과 도덕체계를 채택하도록 구슬릴 수 있었다. 미국의 정치적 좌파는 그 메시지를 받았다.

그래서 자신들이 바라는 경제적 변화를 일으키는 일이 좌절되었음에도, 힘을 새롭게 한 뒤 문화를 통해 거대한 변화를 일으키는 데 그 힘을 쏟아 부었다.

어떤 문화에서든 문화 생산자들과 예술인들은 진보적 경계인을 지향하는 경향이 있을 것이다. 미국에서는 1930년대에 이미 이것이 쟁점이었고, 1950년대에 또 한 번 쟁점이 되었다. 그 이후, 할리우드와 그밖의 문화 생산자들은 그런 정체성과 사명을 포용했다. 영화배우와 감독은 도덕 혁명의 대리인이 되었다. 그들은 남을 도덕적으로 설득하기 위해 영화 체험을 창조한다.

이런 모든 영향력이 영화관에 결집된다. 미국인들은 영화 티켓을 구매하고 팝콘을 산 뒤, 대형 화면에 곧 모습을 드러낼 강력한 도덕적 메시지를 대개 인식하지 못한 채 좌석을 찾아 앉는다. 할리우드는 이야기를 창조해 낼 수 있는 권한을 이용해, 도덕 혁명에 조화되는 설득력 있는 서사를 정교히 빚어낸다. 특히 LGBTQ가 그동안의 주요 의제였지만 낙태 문제도 점점 비중이 커져가고 있다.

실제로 지난 몇 년 동안 텔레비전 방송은 LGBTQ 인물들을 캐스팅하고 LGBTQ 의제를 프로그램에 끼워 넣으면서 스스로 올무에 걸려 넘어졌다. GLAAD(미디어에 등장하는 LGBT의 이미지를 감시하고 증진시키려는 목적으로 설립된 미국의 비정부 기구—역자주) 총재 새러 케이트 엘리스는 2020년까지 텔레비전 등장인물의 10퍼센트를 LGBTQ로 채운다는 목표를 세웠다. "국내외에서 반(反)LGBTQ 정책이 논의되고 있는 이때, LGBTQ를 이해하고 수용하기 위해서는 텔레비전 스토리와 등장인물이 과거 어느 때보다 중요하다."[2] 이는 사회에서 소비되는 문화 산물 이면에 어떤 도덕적 의제가 자리 잡고 있는지를 보여 주는 중요한 사례다. 우리가 소화하는 서사, 우리가 듣는 노래, 우리가 보는 화면 속 이미지 안에는 분명한 도덕적 의제가 존재한다.

시종일관 설득력 있게 화면에 펼쳐지는 이야기는 관객의 눈뿐만 아니라 마음을 사로잡으려 한다. 어떤 영화, 어떤 텔레비전 프로그램, 어떤 노래도 도덕적으로 중립적이지 않다. 예술적인 세련됨을 가미하여 할리우드는 온 세상에 자신의 의제를 배포한다. 그리고 우리는 그 메시지를 돈 내고 관람한다.

도덕적 의제에 더하여 할리우드는 미국의 자화자찬 문화를 강조한다. 예를 들어 오스카 시상식은 다음과 같은 범주에 일정한 시간을 할당한다. 후보작들의 영상을 보여 주는 데 37분, 수상자들의 수상 소감에 30분, 후보들을 소개하고 "가볍게 놀리는" 데 24분, 한껏 박수갈채를 보내는 데 10분 등. 놀랍게도 연출자들은 수상자들이 무대로 걸어 올라오는 시간도 약 24분 할당한다. 무대로 걸어 올라오는 모습은 수상자들이 보여 주는 연극적 퍼포먼스다. 한 마디로, 오스카 시상식의 밤은 자기 과시의 몸짓들을 몇 시간에 걸쳐 보여 준다.

할리우드는 도덕 혁명을 선전하고 한껏 득의양양해 한다. 이 광경에서 가장 흥미로운 면은, 자신이 도덕적/정치적 대의의 선봉에 서 있는 사람들과 전적으로 한편이라는 신호를 보내기 위해 할리우드의 주조역들이 얼마나 최선을 다하는지 모른다는 것이다. 혹여 반 발짝이라도 뒤쳐져 있는 것으로 보일까봐 이들은 크게 두려워한다. 현실적으로, 할리우드와 거대 연예오락 산업이 이렇게 도덕적 메시지를 보내는 일을 자제하리라는 희망은 거의 없다. 오히려 이들은 이런 일이 자신들의 주도적인 프로그램이라고 점점 더 목소리를 높여 주장한다. 최소한 이는 그리스도인들을 일깨워 현재 전달되는 메시지를 인식하게 하고, 우리가 마음과 생각 속으로 받아들이는 서사에 조심하게 만든다. 하지만 새로운 문화를 소비하는 것을 넘어, 우리는 적어도 그 문화 전반이 무엇을 주목하는지, 그리고 어떤 이야기들이 그 문화의 방향을 형성하는지는 알고 있어야 한다.

월 스트리트와 도덕 혁명

〈하버드 비즈니스 리뷰〉(Harvard Business Review)는 미국 기업의 실상을 재편한 경제적 변천을 추적하는 메이저 주류 간행물로 존중받는 지위를 누리고 있다. 〈피플〉이나 〈보그〉 지와 달리 〈하버드 비즈니스 리뷰〉는 유행을 좇는 잡지가 아니다. HBR은 미국 경제의 진지한 발전을 보도하며, 미국 기업 문화를 중도파 시각으로 읽어내는 대표적 간행물이다. 그래서 HBR에 "많은 기업이 LGBTQ 권리를 지지하는 목소리를 높이는 이유"라는 제목의 기사가 실리면,[3] 우리는 여기서 일정한 메시지를 읽는다.

한동안 미국의 많은 기업들이 도덕 혁명에 자신들의 사회적 자본을 보태서, 혁명가들의 의제에 연료를 공급했다. 하지만 이 사업체들이 LGBTQ 운동에 힘을 합친 것은 이 운동에 대한 대중의 지지를 실감하고 나서였다. 아니, 위의 기사에서 분명히 하다시피, 대중의 압력을 충분히 인지하고 나서였다. 실제로 도덕 혁명에 합류한 많은 회사들은 "역사의 옳은 편"에 서 있고 싶어 하는데, "역사의 옳은 편"이라는 표현을 우리는 성 혁명의 요구에 굴복하는 개인과 기관에게서 거듭 듣는다.

브랜드를 구축하려는 열망으로 많은 회사들은 세상에 보여 주기 위한 행동에 참여한다. 광고를 통해서나 LGBTQ 운동에 친화적인 방향으로 기울어지는 회사 정책을 통해 이 운동에 대한 지지를 표명하는 것이다. 이런 신호를 보냄으로써 회사들은 자신들이 "역사의 옳은 편"에 서 있다는 것, 그리고 이제 신뢰를 잃은 과거보다 미래의 일부로서 살고자 한다는 것을 문화 전체를 향해 드러낸다.

실제로 HBR에 실린 제시카 쇼털(Jessica Shortall, 전략 컨설턴트, 사회사업가, LGBTQ 권리 옹호 활동가—역자주)의 글은 도덕 혁명이 미국의 기업들 안에서 힘을 얻고 있으며, 기업들이 LGBTQ 의제를 위해 얼마나 애쓰는지를 잘 보여 준다. 쇼털은 이렇게 말했다.

기업과 사회적 이슈의 교차점에 관한 좀 더 분명한 사례 연구 한 가지는, 회사들이 LGBTQ 권리 향상 문제를 다뤄 온 방식에 대한 연구다. 여러 해에 걸쳐 기업들은 문화, 자선행사, 그리고 LGBTQ 정체성을 지닌 직원과 고객을 환영하고 이들이 포용성과 개방성을 느낄 만한 마케팅에 투자하면서 자신들의 브랜드 이미지와 LGBTQ 문제에 관한 내부 관행을 개선하기 위해 노력해 왔다. 정치적 행동주의는 더 더디지만 다가오고 있었다. 그러나 최근 몇 년 사이 무언가가 변했다. LGBTQ 사회에 영향을 끼치는 공공 정책에 관해 발언하는 회사들이 더 많아졌고, 많은 회사들이 자사 브랜드 및 정치적 관계들을 위태롭게 만드는 극심한 역풍을 맞닥뜨리는 상황에서 그렇게 하고 있다. 기업이 LGBTQ 사람들을 섬기기를 거부할 수 있는지에 관한 법적/정치적 논쟁이 계속되는 상황에서, 기업들은 보란 듯이 이렇게 행동하고 있다.

우리가 듣기로 미국 경제계가 이런 새로운 입장을 취하는 이유는 "급속한 여론 변동"에 바탕을 둔다고 한다. 성 혁명의 격랑이 많은 기업들을 휩쓸었고, 어떤 대가를 치르더라도 자사 브랜드를 보호하려는 기업들이 역사의 옳은 편에 서기 위해 무슨 일이든 할 것이다. 지난 이십 년 넘게 미국 경제계는 LGBTQ 운동의 요구에 부응하려고 크게 애써 왔다. 기업들은 성 혁명 행동주의자들 편에 서려고 특별 대책위원회를 만들었으며, 이 행동주의자들은 기업들의 이런 조치에 대해 적극적으로 점수를 매기고 있다. 또한 주주들이 행동에 나서겠다고 으름장을 놓자 기업들은 이런 유형의 행동주의를 회사의 공인된 사명이자 목적으로, 기업 브랜딩에 없어서는 안 되는 요소로 삼아 왔다.

HBR 기사에서 쇼털은 2016년의 한 여론 조사를 인용하면서 성 혁명이 미국 기업들에 미친 영향을 상세히 기록했다. 여론 조사에 따르면, 미국의 회의 기획자 50퍼센트가 반(反)LGBTQ 법안을 통과시킨 주에서는 행사를 기획하지 않으려 한다고 했다. 쇼털은 이렇게 말했다. "동성애에 대한 최종 승인은 도시의 경쟁력과 혁신을 예측하는 지표로 등장하고 있다."

실제로, 최근 전국의 뉴스 헤드라인은 아마존이 두 번째 새 본부 "HQ2"를 세우는 여정을 보도했다. 이에 미국 전역의 도시들이 LGBTQ 정책에 친화적임을 입증하려고 기를 썼다. 더 나아가 아마

존 같은 기업들은 "동성애에 대한 최종 승인"을 기대한다. 달리 말해, 기업들은 어떤 도시와 지역 공동체를 판단할 때 이들이 동성애를 인정하느냐에 따라 판단한다는 것이다. 한 도시가 LGBTQ 사람들을 아낌없이 인정하는 모습을 보이면, 기업들은 그런 도시들을 새 사업, 콘퍼런스, 회합 장소로 선택할 것이다. 그 도시들이 혁신과 경쟁력의 허브 역할을 해주기 때문이다. 쇼털의 주장처럼, "LGBTQ를 받아들이는 게 경제에 좋다."

또한 쇼털은 많은 기업들이 자신과 같은 생각을 가진 다른 기업들과 제휴했으며, 이렇게 해서 특히 LGBTQ 이슈가 대중화되지 않은 지역의 기업들을 지지하고 엄호한다고 보도했다. 이는 기업들이 전개하는 "다수의 힘" 전략으로, 이 기업들은 각자의 브랜드를 위해서라면 보여주기식 행동을 마다하지 않을 것이며 역사의 옳은 편에 서게 해주는 사상을 선전할 것이다. 이는 기업들을 문화적 공세에서 보호하는 집단적 사고방식이다. 어떤 회사가 세속주의의 물결에 홀로 맞서기로 했을 경우, 이런 회사들은 혁명가들뿐만 아니라 LGBTQ 의제와 한 편인 기업 연합으로부터도 반발을 살 것이다.

쇼털은 다음과 같은 말로 자신의 글을 결론짓는다.

평등을 이루는 일에는 많은 목소리들이 요구되는데, 기업 집단이 LGBTQ 권리를 옹호하는 주요 세력으로 등장하여 대화를 변화시켰다. 기업의 리더들과 이 리더들을 소집하는 기업 연합은 2019년과 그 이후 미국은 물론 세계 전역에서 이 문제의 판도를 바꾸는 역할을 할 것이다. 비즈니스 경쟁력, 기업 운영 환경의 경제적 힘, 그리고 포용과 다양성에 대한 이들의 약속은 이들이 그 길을 계속 가기를 요구한다.

기사는 이런 식으로 마무리됨으로써 본색을 드러낸다. 즉, 쇼털은 단순히 기업 관리에 관해 조언을 하거나 미국 경제계를 냉정히 분석하는 게 아니라, 거기서 더 나아가 옹호의 단계로 간다. 쇼털은 도덕 혁명을 노래하고 있으며 이 노래에 동참하라고 미국의 기업들을 부르고 있다. 쇼털이 2015년 이후 텍사스에서 LGBTQ 포용을 주장해 온 텍사스 컴피츠(Texas Competes) 연합을 이끌었다는 점을 고려하면, 쇼털이 LGBTQ 의제를 옹호할 것을 예상해야 한다.

여기서 충격적인 것은, 쇼털의 글을 누가 실었느냐는 것과 이 글의 주장과 관련해 그 어떤 논쟁도 없었고 다른 의견도 없었다는 점이다. 이 글은 〈하버드 비즈니스 리뷰〉에 실린 기사이고, 이 잡지는 미국 비즈니스 문화의 본류를 이끄는 엔진이다. HBR에 이 기사가 실렸다는 것은 이 '본류'가 흘러가는 방향에 관해 우리에게 많은 것을 말해 준다. 이는 미국 경제계의 방침에 관해서도 많은 것을 말해 준다.

현재와 같은 전개 양상은, 기업 특히 대기업이 문화적 국면을 이끌어가기도 하고 그 국면에 이끌려가기도 한다는 사실을 우리에게 일깨워 준다. 우리 경제의 현실을 고려할 때, 대다수 기업들은 도덕적 안전지대를 벗어나 다른 길로 들어서기를 두려워한다. 그래서, 미국 경제계가 지금 성 혁명의 주도자인 것이 사실이며, 이는 기업의 리더와 대주주들이 도덕과 성과 젠더 혁명은 영구하고 강력하며 중단시킬 수 없다고 생각하고 있음을 우리에게 말해 준다.

다른 두 가지 요소도 우리에게 주목을 요구한다. 첫째, 기업들이 미국의 젊은 층에게 신뢰를 받고 브랜드에 대해 매력을 느끼게 만들고자 한다면, 이런 식의 도덕적 메시지 전송을 계속해 나가야 한다는 것이다.

둘째, 유력한 기업의 리더들은 정치, 연예오락, 고등교육 분야를 포함해 여타 문화 영역의 리더들과 똑같은 사회적 환경에서 등장한다는 것이다. 이들은 점점 더 동일한 세계관 목표를 공유하며, 이들은 서로를 세심히 주시한다.

실리콘밸리와 사회 자본

메이저 뉴스에 등장하는 모든 사건에는 그늘이 있다. 때로 진짜 이야기는 그 그늘에 감춰져 있다. 진짜 이야기는 알아차리기 힘들고 숨겨져 있지만, 뉴스 가치가 있는 어떤 사건의 진전 결과를 제대로 알기 위해서는 그 감춰진 부분을 밝혀내야 한다.

그런 면밀한 시선을 요구하는 한 이야기가 2019년 5월에 페이스북의 공지(公知) 사항과 더불어 등장했다. 이 거대 소셜 미디어는 일곱 명의 사용자의 플랫폼 이용 금지를 공지했다. 〈뉴욕타임스〉는 이 일을 이렇게 보도했다. "자사 플랫폼을 이용하는 극단적 목소리들을 처리하는 방법과 관련해 여러 해를 망설인 끝에 페이스북 측은 지난 목요일 가장 논란이 많은 사용자 일곱 명을 퇴출시켰다. 대부분 보수주의자들인 이들은 거대 테크놀로지 기업의 권력과 책임에 관해 뜨거운 논쟁을 선동했다."[4]

페이스북 측은 퇴출된 사용자들이 혐오를 부추기는 이들로서, 이들의 말은 폭력을 유발할 가능성이 있는 선동적 결과를 낳는다고 설명했다.

브렛 스티븐스(Bret Stephens, 퓰리처상을 수상한 보수 성향의 저널리스트이자 컬럼니스트—역자주)는 이 일과 관련해 〈뉴욕타임스〉에 다음과 같이 자신의 생각을 밝혔다. "쟁점은 문제의 그 사용자들이 비난을 받을 만한가의 여부가 아니다. 이들은 비난 받아 마땅하다. 문제는 이들이 주고받는 말의 형식이 그런 잘못을 상쇄하는 성질이 있느냐는 것이다. 대답은, 그런 성질이 없다는 것이다.[5]

페이스북에서 쫓겨난 사람들은 말을 위험하게 하기로 악명 높았으며, 적어도 주류 미디어의 눈으로 보기에 그들의 "위험한" 메시지는 그들이 세계 최대의 소셜 미디어 플랫폼에서 쫓겨나게 할 만했다.

이것이 이 사건의 줄거리였다. 하지만 페이스북의 공지의 그늘에는 무엇이 감춰져 있을까?

〈뉴욕타임스〉는 이 사건을 보도하는 기사 첫 단락에서 그 감춰진 것을 암시했다. 마이크 아이작과 케빈 루스 기자는 페이스북이 언론의 자유와 혐오 발언이 교차하는 문제로 여러 해 동안 씨름했으며, 이런 극단적 목소리들은 추방할 필요가 있다고 결론 내렸다고 말했다. 〈뉴욕타임스〉 기사에서 핵심 문구는 비난 받는 그 목소리들에 붙인 꼬리표였다. 즉, 그들 "대부분이 보수주의자"라는 것이다.

이는 많은 의문을 불러일으킨다. 예를 들어, 페이스북은 선동적인 진보주의자들의 목소리는 그냥 내버려 두면서 왜 보수주의자들의 목소리는 거의 배타적으로 금지했는가?

문제는 '보수주의'라는 말을 중심으로 전개된다. 〈뉴욕타임스〉는 이 상황에서 이 단어를 어떤 의미로 사용하는가?

보수주의란 무언가를 보존하는 데 전념하는 원리를 가리킨다. 인간의 행복, 건강, 번영에 없어서는 안 되기에 반드시 수호하고 보호해야 할 오래된 제도와 전통을 보존하는 것 말이다. 그것이 '보수주의'라는 말에 대한 고전적 이해다. 하지만 〈뉴욕타임스〉는 그런 고전적 의미에서 '보수주의'라는 말을 쓰지 않았다. 이 신문은 '보수주의'라는 말을 쓰기는 했지만 정치적 우파의 급진적 부분집합을 가리키는 말로 썼다.

'우파'가 곧 보수주의자는 아니다. 사실, 똑같은 원리가 고전적 진보주의와 정치적 '좌파'의 차이에도 적용된다. 그런데 좌파, 대개 극좌파가 사회의 문화/창작 자본을 지배한다. 이들이 플랫폼을 소유하며, 누가 공공의 광장에 들어올 수 있고 누구는 들어올 수 없는지 이 플랫폼이 결정한다. 사상에 대해서도 마찬가지다. 현대 문화를 좌지우지하는 이들은 일반적으로 진보주의자다. 이들에게는 과격 좌파가 과격 우파에 비해 훨씬 덜 무서워 보인다.

하지만 현실은 글로 표현되는 것보다 사실상 더 안 좋다. 진보주의는 보수주의자와 우파 극단주의자를 종종 구별하지 못한다. 의도적으로 그럴 수도 있고 부주의함 때문에 그럴 수도 있지만, 결과는 똑같다.

페이스북 측은 다음과 같은 성명을 내놓았다. "이념과 무관하게 우리는 폭력과 혐오를 조장하거나 이에 참여하는 개인이나 단체는 늘 활동을 금지시켰습니다. 잠재적 원칙 위반자를 판단하는 과정은 광범위하며, 이 과정에 따라 우리는 오늘 이 사용자들의 계정을 삭제하기로 결정했습니다."[6] 〈뉴욕타임스〉는 소셜 미디어 회사들이 "자사 서비스를 통해 혐오 가득한 콘텐츠와 잘못된 정보가 확산되게 만든다는 비난을 받고 있는 상황에서 페이스북 측의 조치는 테크놀로지 업체가 인지도 높은 극단주의자들을 처벌하기 위해 취한 가장 광범위한 행동으로 손꼽힌다. 지금은 정치적으로 민감한 순간이다"라고 보도했다.

이 소셜 미디어 시대야말로 정말 정치적으로 민감한 시기이며, 페이스북의 결정은 광범위한 도덕적 의미가 담긴 중대한 선례(先例)가 되는 조치다. 관계를 유지하고 정보를 나누기 위해 세상이 페이스북 같은 플랫폼으로 이동해 감에 따라, 이런 민간 기업들이 이제 어떤 발언이 허용될 만한 발언이고 어떤 발언은 극단주의자의 혐오 발언인지 판단하는 조정자 역할을 해야 한다는 엄청난 의무를 진다. 페이스북은 23억 명이라는 어마어마한 사용자들을 거느린 자사 플랫폼에서 과연 어떤 목소리들에 귀 기울여야 하는지 결정할 강력한 권한을 스스로에게 부여해 왔다.

가입자 수가 세계 인구의 1/4에 이르는 페이스북 측이 사용자 하나를 플랫폼에서 추방하면, 이는 전 세계 사람들과 나누는 문화적 대화에서 그 사람을 제거하는 것과 마찬가지의 효과를 낸다.

하지만 페이스북은 자신이 이런 도덕적 곤경에 빠져 있음을 깨닫는다. 페이스북이 하는 식으로 개인의 발언을 단속하는 게 인간 문명에 도움이 되는가? 이런 질문은 인간 역사, 특히 미국 역사상의 명민한 지성들을 당혹스럽게 했다. 미국을 건국한 이들은 수정헌법 제1조에 언론의 자유와 표현의 자유를 보장한다는 내용을 담았다.

헌법에서 보호하는 모든 권리들이 그렇듯, 위와 같은 자유에도 결국 한계가 있다. 하지만 어디까지가 그런 한계인지는 쉽게 규정되지 않는다. 연방 대법원은 언론의 자유가 있다 해서 사람들 가득한 극장에서 "불이야"라고 외치는 게 허용되지는 않는다고 선언할 수 있다. 그런데 그 원칙이 다른 정황, 다른 발언에 어떻게 적용되는지 즉석에서 명쾌히 말하지는 못한다. 출판의 자유를 보호하는 나라는 전시(戰時)에 그 자유를 어떻게 처리하는가? 언론은 전시에 누군가의 임무를 위태롭게 하거나 군사 작전의 성공을 저해할 수 있는 정보를 자유롭게 보도할 수 있는가?

이런 질문들이 이렇게 당혹스러운 만큼, 페이스북 문제는 혼란을 가중시킬 뿐이다. 〈뉴욕타임스〉에 실린 칼럼에서 브렛 스티븐스는 페이스북이 일개 기업에 불과하며 언론의 자유를 보호할 법적 의무가 없다고 주장했다. 비즈니스로서 나름의 정책을 세우고 실행에 옮길 권리만 있다는 것이다. 페이스북은 헌법에 구속받으며 국민에게 책임을 져야 하는 정부가 아니라 하나의 기업이라는 것이다. 한편, 페이스북이 세상의 수많은 정부들보다 더 큰 권력을 갖고 있다고 주장할 수도 있다. 특히 정보 권력 면에서 말이다.

스티븐스는 다음과 같이 올바로 주장했다.

문제는 훨씬 더 단순하다. 마크 저커버그를 비롯해 실리콘밸리의 다른 젊은 영주(領主)들이 세상의 디지털 발언의 선한 청지기 역할을 한다고 믿는가? 나는 그렇게 믿지 않는다. 하지만 보수주의자들의 생각처럼 실리콘밸리가 문화적으로, 정치적으로, 그리고 어쩌면 알고리즘 면에서 이들을 적대하는 편향성이 있기 때문은 아니다(보수주의자들이 그렇게 생각할 만한 이유가 있을 때도 있다). 학계(學界)의 진보주의가 그렇듯, 테크놀로지 업계의 좌익 성향도 독선적이고 자기 잇속만 차릴 수 있지만 보수주의자들이 자기 메시지를 전달하는 것을 가로막지는 않는다. 공화당원이 선거에서 이기는 것을 막지도 않는다. 하지만 더 심각한 문제는, 기술적·금전적·도덕적 권력을 책임 있게 행사할 수 있는 훈련·경험·지혜·신뢰성·겸손함·동기가 결여된 사람들의 손에 권력이 압도적으로 편중되어 있다는 것이다.

사실 우리는 실리콘밸리를 지배하는 우세한 세계관이 무엇인지 알고 있다. 디지털 세상의 거두(巨頭)들이 여러 번 분명히 천명하였다.

하지만 실리콘밸리는 정치적으로 매우 어려운 상태에 놓여 있다. 거대 소셜 미디어 기업들 앞에 닥친 이 기술적·법적·도덕적 곤경에서 두 가지 경쟁적 세계관이 발생한다. 즉, 미국식 언론 자유와 그에 대비되는 유럽식 언론 자유다.

유럽의 언론 자유 전통에서는 권리가 국가의 이익 및 정부의 권력에 의해 제약을 받는다고 본다. 그래서 언론의 자유를 누릴 권리는 더욱 조건적이다. 어떤 경우, 언론 자유는 그저 겨우 용인될 정도다. 어떤 사람을 부를 때 그 사람이 선호하는 성별 대명사를 쓰기를 거부하는 행위를 법률로 금지하는 것이 하나의 사례다. 이는 가정적 상황이 아니다. 유럽과 캐나다에서 실제로 일어나고 있는 일이다.

그런 나라들은 플랫폼에 등장하는 발언을 단속하라고 페이스북 측에 압력을 행사했다. 페이스북은 딜레마에 직면하였다. 유럽의 정부들에게 순응하여 언론의 자유를 축소하든지, 아니면 벌금이나 벌칙 조치를 당하거나 심지어 해당국에서의 서비스를 폐쇄당하든지 해야 한다.

한편, 미국은 페이스북 측에 여러 가지 다른 과제들을 제시하였다. 미국은 언론의 자유를 수호하는 나라지만, 페이스북 측이 자체적으로 단속하는 것을 허용할까, 아니면 연방정부가 페이스북을 규제하는 법을 제정할까?

소셜 미디어와 관련된 도덕적/윤리적 문제는 어마어마하다. 극단적 좌파 세계관을 지닌 진보 성향 경영진이 지배하는 이런 소셜 미디어 회사들은 증오를 부추기는 해로운 글이라고 생각되면 어떤 글이든 차단할 수 있는 권력을 손에 쥐고 있다. 이는 페이스북이나 트위터가 낙태 반대 운동과 관련된 계정들을 폐쇄할 수 있다는 뜻이다. 다시 말하지만 이는 가정이 아니다. 실제로 2018년 중간 선거 기간 중에 트위터는 당시 하원의원 마샤 블랙번이 플랜드 페어런트후드(Planned Parenthood, 낙태 합법화 운동을 하는 비영리단체—역자주)의 활동에 대해 언급하자 블랙번 의원을 지지하는 캠페인 광고 글을 내렸다. 그 광고가 선동적이라 판단하고는 트위터에서 차단한 것이다.

자, 이것이 바로 그늘에 감춰진 이야기다. 소셜 미디어는 사회적 자본을 쥐락펴락하며, "선동적"이라 판단되는 자의 자사 서비스 사용을 금지할 수 있다. 페이스북에서 일곱 명의 사용자가 퇴출된 것은 빙산의 일각일 수 있다. 페이스북이 판단하여, 내 글이나 여러분의 글에 혐오를 부추기는 글이라는 딱지를 붙일 때 누가 말릴 수 있겠는가? 보호받을 수 없는 발언인지 아닌지 누가 경계를 그을 것이며 누가 그것을 판단할 것인가? 페이스북은 이와 관련된 판단기준을 명확히 하지 않았다.

우리는 단순히 낙태를 반대하거나 결혼은 한 남자와 한 여자의 결합이라는 전통적 이해를 인정하기만 해도 남에게 "해"를 끼치는 혐오 발언이라는 딱지가 붙을 수 있는 시대에 살고 있다. 브리티시컬럼비아 주의 아버지는 자녀의 '성 전환'에 동의하지 않았다는 이유로 '가정 폭력' 혐의를 받았다는 사실을 기억하라. 우리는 성별은 두 가지라고 믿는 것 자체가 위해(危害)이자 폭력으로 규정되는 시대에 살고 있다.

이는 성경적 세계관을 지닌 사람은 소셜 미디어 플랫폼을 이용할 때 점점 불안정한 위치에 있게 된다는 의미다. 실리콘밸리 사람들은 모래 위에 경계선을 그었다. 그들은 LGBTQ 혁명을 열렬히 지지하며, 아무 제한 없이 낙태할 수 있는 권리를 장려한다. 이제 그리스도인들은 단순히 성경에 기반한 세계관을 지니고 자신의 소셜 미디어 계정에서 그런 견해를 밝혔다는 이유만으로 소셜 미디어 플랫폼에서 퇴출당하게 될 수도 있다.

19세기의 역사가이자 정치인이자 작가인 액턴 경(Lord Acton)은 "절대 권력은 절대 부패한다"는 유명한 말을 남겼다.

하지만 성경적 세계관으로 볼 때 우리는 인간의 죄성(罪性)이 권력을 부패시키는 것으로 이해한다. 권력(이 경우에는 소셜 미디어의 정보 권력) 집중은 자유 사회에 참담한 결과를 낳을 것이다.

페이스북은 개인 데 사용자들이 사회적으로 관계를 맺을 수 있게 하는 플랫폼에서 콘텐츠와 정보의 제공자로 변천해 왔다. 페이스북은 콘텐츠를 생산하고 편집하고 관리한다. 이는 사용자를 위한 소셜 플랫폼이라는 페이스북의 원래 의도에 근본적 변화가 있음을 나타낸다. 규칙도 달라졌다. 언론 자유의 전체 환경도, 그 자유를 위협하는 것도 달라졌다. 그리스도인은 이런 사태를 주시하고, 필요할 경우 그림자에 가려진 이야기들을 밝혀낼 책임을 진다.

페이스북을 비롯해 거대 소셜 미디어 회사에서 들려오는 이야기는 폭력적 목소리를 그 플랫폼에서 추방하는 이야기가 아니다. 절대 그렇지 않다. 진짜 이야기는 그림자에 가려져 있다. 자유로운 발언, 특히 세속 의제와 불화하는 발언에 대한 은밀한 위협 이야기다.

트위터와 페이스북이 "정치" 광고와 관련된 정책을 공표했을 때 이 모든 것이 공개 논쟁으로 분출되었다. 하지만 이런 정책들은 처음에 생각했던 것보다 피상적일 수 있다. 무엇을 허용하고 무엇을 허용하지 않을지, 심지어 광고와 포스팅을 누구에게는 허용하고 누구에게는 허용하지 않을지를 거대 소셜 미디어 회사들이 결정함에 따라 견해 차별(viewpoint discrimination)이라는 위험이 발생한다. 주목받는 몇몇 활동가들은 이미 플랫폼 접근을 일시 차단당하거나 거부당했다.

거대 소셜 미디어의 독점적 권력은 미국 역사상 유례가 없다. 게다가 실리콘밸리는 상당히 경악스러운 일방적 정책을 펼치고 있기 때문에, 누구든 이들과 반대되는 세계관을 지닌 사람은 거대한 도전을 마주하고 있다.

"그러면 그 아이들은 다 내꺼다"

문화를 형성하는 데 주요한 역할을 하는 또 하나의 요소는 학계와 고등교육이다. 미국의 주요 대학들이 문화를 형성하는 데 어떤 역할을 하는지 제대로 따져 보려면 따로 책 한 권을 써야 할 테지만, 미국 학계의 문화는 여타의 문화 추동 세력들과 밀접하게 연관되어 있다는 사실을 주목해야 한다.

고등교육 특유의 역할은 교수들이 하는 말을 들을 수밖에 없는 청년들을 생각해 보면 알 수 있다. 교수들이 자신의 직업을 문화 변천의 대행자로 본다고 말하는 경우가 점점 늘어나고 있다. 교수란 가르치는 일을 직업으로 하는 청지기요 학생들과 더불어 배우는 사람으로 보는 이들도 많지만, 어떤 교수들은 자신의 역할을 아주 다른 관점으로 본다. 즉, 교수란 이념을 주입하는 일의 대행자라는 것이다.

모든 가르침에는 이념과 지적 헌신이 관련된다. 가르치는 자리에 있는 사람은 진정한 의미에서의 객관성을 지닐 수 없다. 학생들과 마찬가지로 모든 교사는 일정한 지적 헌신을 가지고 교실에 들어온다. 어떤 교수는 학생들에게 자신의 세계관을 주입하는 것을 목표로 삼는데, 이런 세계관 중에는 불건전하고 심히 걱정스러운 것이 많다. 그러한 세계관 주입 대행자로 행동하는 교수는 가르치는 일과 교수로서의 소명을 이행하는 청지기 직분을 오용하는 것이다. 그런데 이런 오용 현상은 학생들과 학부모가 생각하는 것 이상으로 위험할 뿐만 아니라 널리 퍼져 있기도 하다.

그리스도인 학부형과 학생들에게 이는 깊이 우려하며 적극적으로 인식해야 할 문제다. 대다수 교육 기관이 세속화되었다는 것은 기정사실이다. 실제로 다수의 대학 캠퍼스가 기독교에서 진리라고 주장하는 내용과 기독교 신앙에 심히 적대적이다. 게다가 대다수 교수진의 좌파 성향은 이미 잘 기록되어 있는데, 최상위권 대학들과 리브럴

아트 칼리지의 교수진들은 특히 더 그렇다. 많은 캠퍼스에서 상당수 교수진이 이른바 "적대 문화"의 대표자들이다. 이들은 자신의 역할을 정치적, 이념적 역할로 인식하며, 가르치는 이로서의 자기 역할을 그런 관점에서 규정한다. 이들의 의제는 학생들을 기독교 신앙과 지적/도덕적 헌신에서 떼어 놓는 것이다.

이런 의제를 부인하는 교수들이 꽤 많지만, 이따금 가면이 벗겨진다. InsideHigherEd.com의 "대학 일지"("University Diaries)라는 칼럼에서 한 영어 교수는 이런 의제를 놀라우리만치 솔직하게 드러냈다. 지식 엘리트들의 권력에 관한 논쟁에 답변하는 이 칼럼에서 그 교수는 실제 의제를 감추려는 그 어떤 노력도 하지 않았다. "가능한 한 여러 해 동안 대학에 다니라고 모든 이들에게 권해야 한다. 그 과정 어디쯤에서 자기 동네 밖의 세계에 노출되고, 자기 부모의 종교에서 얻지 못한 도덕관념에 노출될 수 있기를 바라면서 말이다. 대학에서 이런 경험을 하지 못하면 다른 어디에서도 이를 경험할 수 없을 것이다."[7]

그 교수는 단 한 마디도 완곡하게 표현하지 않는다. 대학에서의 경험은 "자기 부모의 종교에서 획득한" 도덕관념에 대한 헌신을 타개할 수 있는 최상의(그리고 어쩌면 최후의) 기회라고 말한다.

비슷한 예로, 시애틀에서 발행되는 한 신문에 실린 글에서, 일리노이 주 에반스톤의 노스웨스턴 대학교의 영어 선생이자 조언자(adviser, 학생들에게 학교생활과 관련된 제반 조언을 해주며 돕는 직책—편집주)는 한층 더 충격적인 표현으로 이런 이념적 의제를 드러낸다. 빌 세비지 교수는 이른바 보수주의 "붉은색" 주(州)들이 비교적 자유주의 지지 성향 투표 패턴을 보이는 "푸른색" 주들을 이계교배(異系交配)시키고 있다는 사실에 반발한다. 자신은 정치적 자유주의자이고 친 자녀가 없다고 밝히는 세비지는 자신을 비롯한 동료 자유주의자들은 보수주의자들에 비해 출산율이 낮다고 말한다. 그럼에도 그는 교육 수준이 높은 도시의 자유주의자들은 절망할 필요가 없다고 주장한다. 그는 "푸른색 미국의 도시 군도(Urban Archipelago : 자유주의 성향의 도시들이 보수주의 성향의 주 안에 섬처럼 점점 고립되어 있음을 가리키는 표현―역자주)는 크기가 점점 커질 수 있고, 그래서 서로 더 가까워질 수 있으며, 친 자녀 없이도 정치적으로 더 강력해질 수 있다"는 자신감을 드러낸다. 어떻게?

"붉은색 주에서 자라는 아이들은 고등교육을 받고자 할 것이고, 고등교육은 대개 푸른색 주에서, 혹은 붉은색 주의 푸른색 도시에서 받을 것이다. 붉은색 주의 학부모들은 푸른색 도시에 위치한 학교의 기숙사에 자녀들을 떨궈 놓을 것이다. 사랑하는 아이와 눈물의 포옹을 나눈 뒤 엄마와 아빠는 아이를 뒤로 한 채 가장 가까운 주유소로 SUV를 몰고 가버릴 것이다. 앞으로도 이런 일은 계속해서 일어날 것이다."[8]

그 다음에는? 세비지는 자랑스럽게 주장한다. "그러면 그 아이들은 다 내꺼다." 그러면 그 아이들은 다 내꺼다. 맞는 말이다. 학부모들이 열여덟 해 동안 키운 자녀들을 캠퍼스에 떨궈 놓고 집으로 돌아가는 게 상당수 교수들에게는 경사가 아닐 수 없다. 이 교수들은 대학 생활 사오 년이면 학생들을 부모의 신념과 확신, 도덕적 헌신, 신앙에서 떼어 놓기에 충분한 시간이라고 자신한다.

정말 기가 막히는 이런 의제를 명백히 밝힌 후에도 이 교수들은 자신들이 학생들에게 신념과 세계관을 주입하려는 게 아니라고 주장한다. 하지만 이제는 누구도 이들의 말을 믿을 수 없다.

대학 생활은 당연히 비판적 사고를 함양하는 시간이다. 대학은 엄청난 지식이 형성되는 시기로, 이 시기의 경험은 지속적 결과를 낳는다. 학생들은 비판적 사고와 비판적 분석 훈련을 거치면서, 부모에게서 배운 신념과 헌신을 고수할 것인지 여부를 결정한다.

그러나 학생들이 수많은 강의실과 수많은 캠퍼스에서 볼 수 있는 이념적 세뇌와 지적 거들먹거림의 대상이 되어서는 안 된다. 다른 건 몰라도, 교수들이 이렇게 놀랄 만하게 자신들의 의도를 밝히는 말을 들을 때, 학생과 학부모는 정신을 차리고 상당수 고등교육 현장에서 과연 어떤 교육이 행해지고 있는지 깨달아야 한다. 기독교와 그리스도인의 확신을 향한 공공연한 적대와 경멸은 정말 소름끼친다.

그러면 그 아이들은 다 내꺼다. 이보다 더 경악스러운 말은 상상하기 어렵다.

9

종교의 자유 위로 몰려오는 폭풍우

백 년도 더 전에, 모든 전쟁을 종식시키지 못한 전쟁인 세계대전의 여파 가운데 윌리엄 버틀러 예이츠는 그의 유명한 시 "재림"을 통해 경고를 발했다.

나선을 그리며 점점 널리 돌고 또 도느라
매는 매부리의 소리를 듣지 못한다
세상은 무너져 내리고 중심은 지탱되지 않는다
무질서만 세상을 뒤덮고
피로 물든 물결은 넘실거리며,
순수의 의례는 도처에서 물에 잠긴다
가장 선한 자들에게는 신념이 결핍되었고
가장 악한 자들은 격렬한 열정으로 충만하다.

1919년에 쓰인 이 시는 순수가 상실되었고 희망은 자취를 감추었다고 수많은 사람들을 대신해 목소리를 냈다. 예이츠의 말은 지난 백

년 넘는 긴 세월 동안에 오히려 더 예언적인 말이 되어 왔다는 것을 우리는 이제 알 수 있다. 세상은 무너져 내리고 있다. 중심이 지탱되지 않는다.

모던 시대 말기를 살고 있는 우리는 크나큰 가치 붕괴를 목격한다. 우리의 헌법에 정식으로 기술되어 있고 서양 문명 전체를 통해 소중히 여겨져 온 가장 기본적인 자유가 혼동되고, 왜곡되고, 때로는 비난받는다. 많은 이들이 미국 수정헌법 제1조에서 일일이 열거하고 있는 권리들을 미심쩍은 시선으로 바라보며, 부당하게 여기기도 한다. 권리장전에서 존중하는 다른 여러 권리들과 함께 종교의 자유, 언론의 자유, 출판의 자유가 위협당하고 있으며, 또 어떤 권리들은 짐짓 무시되고 있다. 더 참담한 것은, 날조된 권리의 신체제가 헌법에 명백히 열거된 권리들을 대체할 징후를 보인다는 것이다.

삼십 년 전 에드윈 미즈 법무장관은 이렇게 경고했다. "우리 사회 일각에서, 특히 중요하고 미묘한 영역에서 영향력을 얻은 사상들이 있다. 이 사상들은 종교의 자유 및 자유 전반을 적대한다. 어떤 영역에는 종교에 적개심을 품은 사람들이 있는데, 우리는 그들의 적개심을 정확히 파악하고 확실하게 대응해야 한다."[1]

이는 명확하고 선견지명이 있는 예언적 발언이었다. 미즈가 경고한 사상들은 지난 삼십 년 동안 확고한 기반을 쌓았고, 이제는 놀라운 속도로 확산되고 있다. 몰려오는 세속주의 폭풍우는 인간의 존엄, 번영, 자유를 증진시키는 기본적 제도 위에 불길한 어둠을 드리운다.

인간의 권리와 자유를 지키고 보존하기 위해 수 세기 동안 헤아릴 수 없는 대가를 치러 온 바로 그 문명이 이제는 만인의 가장 기본적인 자유를 점점 적대시한다. 양도할 수 없는 권리에 근거한 역사상 가장 용기 있는 자치 실험은 이제 양도할 수 없는 것을 소외시키려고 한다. 미국의 문화적 좌파는 대담하게도 이제 '종교의 자유'라는 말을 꼭 주의 환기용 인용부호(글쓴이가 탐탁지 않게 여기는 어구를 인용할 때 사용하는 부호—역자주)와 함께 사용한다.

내가 생각하기에 지금 우리는 우리 앞에 닥친 도전의 현실과 그 포괄성을 엄청나게 과소평가하고 있다. 전체를 보기 위해서는 관심을 집중해야 하고, 역사를 아는 데 힘을 쏟아야 하고, 사상에 대한 진지한 판단이 있어야 한다. 그래야 우리에게 닥친 위기가 얼마나 거대한지를 알 수 있다. 콜로라도의 한 제빵사를 상대로 장사를 못하게 하려는 지속적인 시도를 볼 때, (더 심각하게는) 전국의 플로리스트와 사진사와 그 외 수많은 이들이 똑같은 일을 당하는 것을 볼 때 우리는 종교의 자유가 부인되는 현장을 본다. 성경적 성 도덕을 가르치려 했고 자신의 확신을 감히 활자화하려고 했다는 이유로(자기가 다니는 교회에서 돌려 보려는 목적이었음) 조지아 주 애틀랜타 소방서장이 면직되는 현장을 본다. 우리는 기독교 학교와 사역 단체들이 몇 개 전선(戰線)에 걸쳐 유례없는 도전에 직면한 것을 본다. 우리는 성 관련 규정·성 정체성·상호교차성·정체성 정치라는 신 체제에 굴복하라고 그리스도인들에게 끊임없이 강요하는 시도를 본다. 종교의 자유를 대적하는 이들은 적극적으로 나서고 있고, 우리에게는 경고가 주어진다.

어떻게 이런 상황이 발생할 수 있었을까?

이제 우리는 많은 이들이 오래 동안 부인해 온 것을 알 수 있다. 즉, 미합중국이라고 알려진 자유와 자치 실험은 인간의 존엄성과 인권에 대한 확언을 전제로 하며, 적어도 기독교에서 전해 내려오는 자연권 개념에 바탕을 둔 세계관 안에서만 유지될 수 있다.

미국의 독립선언문은 이러한 확언을 가장 직접적으로 진술하는 것으로 유명하다. "우리는 다음과 같은 진리가 자명하다고 생각한다. 즉 모든 인간은 평등하게 창조되었고, 양도할 수 없는 특정한 권리들을 창조주에게서 부여받았으며, 생명·자유·행복 추구권도 그 권리 안에 포함된다."

미국의 건국 시조들은, 노예제도의 끔찍한 예에서 명백히 알 수 있듯이, 자신들이 확언한 말이 무슨 뜻인지 제대로 이해하지는 못했다. 하지만 모든 인간이 양도할 수 없는 권리를 창조주에게서 부여받았다는 개념만큼은 분명 옳았다.

이와 같은 정신이 권리장전의 수정헌법 제1조를 탄생시켰으며, 이것이 없었더라면 헌법 자체가 인준되지 못했을 것이다. 종교의 자유는 으뜸가는 자유요, 토대가 되는 자유로서, 다른 모든 자유는 이 자유에 의존한다.

하지만 중심이 유지되지 않고 있다. 세속 시대에 종교의 자유는 부서지기 쉬운 것이 된다. 사실 세속 시대에는 모든 자유가 다 덧없는 것이 된다. 세속의 시기에는 인간의 존엄이라는 개념 자체가 오래 살아남지 못한다. 거룩하신 창조주의 행위 아닌 다른 어떤 것에 존엄성의 근거를 두면, 인간의 존엄은 그 토대를 잃게 된다. 그때 인간의 존엄은 인간이 스스로에게 부여할 수 있는 다른 모든 존엄성 앞에 시들어 사라지기 때문이다. 20세기는 인간의 존엄이 한낱 세속적인 인간관이나 존엄 개념에 바탕을 둘 경우 어떤 일이 생기는지를 충분히 보여주었다.

또한 세속적 자유를 종교적 신념, 신의 계시, 계시된 도덕의 족쇄에서 해방되는 것으로 믿는 사람들은 종교의 자유를 문제로 볼 뿐만 아니라 시대에 뒤떨어진 것으로도 본다. 우리는 지금 종교의 자유가 인간의 자유, 성적 자유, 트랜스젠더 해방 등에 해를 끼치므로 이를 제한해야 한다고 위협하는 성 혁명과 도덕 혁명의 광풍이 부는 시대에 살고 있다. 그들의 관점에서 볼 때 종교의 자유란 종교를 가진 시민들이 오랫동안 억압받아 온 사람들의 이제 갓 선언된 자유를 위협할 수 있도록 정당화하는 수단일 뿐이다.

종교의 자유가 이제 종교의 특권으로 간주된다는 사실을 생각해 보라. 특권은 그 정의상 권리가 아니다. 특권은 상황에 따라 철회되거나 재규정될 수 있으며, 자유와 정의의 이름으로 법원에서 부인될 수 있다. 그리고 우리 시대에는 특권이라고 하면 우선 의혹의 대상이 된다. 밝혀지고 바로잡혀야 할 부끄러움인 것이다.

2016년에 미국 인권 위원회 위원장 마틴 R. 카스트로는 위원회의 공식 보고서에서 이렇게 말했다. "'종교의 권리'와 '종교의 자유'라는 표현이 차별, 불관용, 인종차별, 성차별, 동성애 혐오, 이슬람 혐오, 기독교의 우월성, 기타 모든 형태의 불관용을 완곡히 일컫는 말로 존재하는 한, 이것은 위선이다."[2] 위원장의 보고서를 보면 종교의 권리와 종교의 자유라는 말이 마치 한낱 예술 용어인 양 주의환기용 인용부호 속에 들어 있다. 어떤 객관적 현실이 없는 언어적 구성인 양 말이다.

종교의 자유에 대한 공격은 인간 역사의 모든 시대에 걸쳐 나타난다. 종교의 자유는 가장 맹렬한 반대자들의 지속적 타격이 가해진 후 어느 순간에라도 침몰할 수 있는 허약한 자유다. 최근, 성애(性愛)의 자유와 세속화 주장은 종교의 자유에 대한 포위 공격에 새 장(章)을 열고 있으며, 인간의 이 근본적 권리를 상대로 전적으로 새롭고 아찔하고 치명적인 도전을 하고 있다.

성애의 자유 대 종교의 자유

오버거펠 사건의 구두 변론에서 당시 미국 법무장관이었던 도널드 베릴리는 동성 결혼이 합법화되면 기독교 대학교에서 동성 결혼을 한 학생들에게 기혼자 학생용 주택을 제공해야 하느냐는 질문을 받았다. 베릴리는 "그 문제가 쟁점이 될 것"이라고 형편없는 답변을 했다. 정말이었다. 이는 쟁점이 될 것이다. 이는 피할 수 없는 문제다.

우리는 지금 종교의 자유와 새로 선언된 허구의 자유인 성적 자유 사이에 피할 수 없는 큰 충돌이 일어나는 것을 지켜보고 있다. 이러한 법적, 도덕적 혁명을 반대하는 이들이 그랬듯, 동성 결혼 옹호자들은 이런 일이 닥칠 것을 알고 있었다. 판사들과 법학자들도 이런 충돌이 일어날 것을 알고 있었다. 전(前) 제10 연방 순회항소법원 판사이자 현 스탠포드 대학 헌법센터 소장인 마이클 매코넬 판사는 몇 년 전, 다가오는 갈등은 "동성애 행위가 부도덕하다고 믿는 사람들과 동성애가 도덕적으로 이의를 제기할 수 없는 인간의 성의 자연스러운 표현이라고 믿는 사람들 간의 타협할 수 없어 보이는 충돌을 특징으로 할 것"이라고 말했다. 이에 따라 그는 사회가 신자들과 무신론자들에게 기대하는 관용과 존중의 정신을 요구했으며, 그는 이런 정신을 가리

켜 "시민적 관용"이라고 했다.³

동성 결혼이 미국의 풍경에서는 낯설어도, 종교의 자유에 대한 도전은 동성 결혼이 현실이 되기 전부터도 더할 수 없이 뚜렷해졌다. 매사추세츠 주에서 동성 결혼이 합법화된 직후, 이 사법 혁명이 종교에 미치는 영향을 고찰하기 위해 몇 차례의 세미나와 심포지움이 열렸다. 베켓 종교자유 재단(The Becket Fund for Religious Liberty)이 그 중 가장 중요한 행사 하나를 후원했는데, 이 콘퍼런스에서는 혁명 찬성파와 반대파 양측의 저명한 법 전문가들의 의견을 모아 중요한 소론집을 제작했다. 콘퍼런스 참석자 모두가 입을 모아 말한 것은, 동성애를 정상적인 것으로 보고 동성 결혼을 합법화하면 법정에서 정면충돌이 발생하리라는 것이었다. 미국 유태인 회의(American Jewish Congress)의 마크 D. 스턴은 "동성 결혼은 미국 법에 일대 변모를 일으킬 것"이라고 말했다. "그 변화는 지금으로서는 예측할 수 없는 식으로 법과 종교의 풍경 전체에 걸쳐 반향을 일으킬 것이다."⁴

스턴은 몇 가지 전선(戰線)이 형성될 것을 예측했고, 이미 인지할 수 있었던 몇 가지 논쟁을 다루었다. 그 당시에 이미 스턴은 우리가 지금까지 이야기한 거의 모든 쟁점들은 물론 아직 닥치지 않은 문제까지 찾아냈다. 그는 기독교 대학 캠퍼스와 기독교 기관의 사역이 법적 갈등이 일어나는 필연적 영역이라고 보았다. 스턴은 고용 문제가 법적 갈등의 결정적 쟁점임을 지적했으며, 스턴 자신은 기독교 기관의 자유를 옹호하지만 이런 정황에서 그 기관이 자유를 유지할 수 있는지에 대해서는 비관적으로 말했다. 스턴의 주장처럼 "동성 결혼 합법화는 평등에 바탕을 둔 윤리가 종교에 바탕을 둔 윤리에 승리를 거두리라는 뜻이며, 이 승리는 단지 법적인 승리만이 아니다. 남은 문제는, 관용을 옹호하는 이들이 자기와 다른 윤리적 시각을 지닌 이들을 관용할 준비가 되어 있느냐의 여부다. 내가 생각하기에 대답은 '아니다'이다."[5]

오래 지나지 않아 스턴의 판단은 상대측 법학자들에 의해 사실로 입증되었다. 그 중 가장 중요한 인물로 손꼽히는 카이 R. 펠드블룸은 동성 결혼을 옹호하고 동성애를 정상으로 본 것을 주장하는 이들도 이런 문제들이 닥쳐오고 있음을 알고 있었다고 보기 드문 솔직함으로 인정했다. 펠드블룸이 무엇을 가리켰는지는 "레즈비언·게이·양성애자·트랜스젠더(LGBT)들을 보호하고 그리하여 이들이 존엄하고 고결한 삶을 살 수 있게 해주려는 법과, 그런 법들로 행위를 규제받는 사람들의 종교적 믿음 사이에 존재한다고 여겨지는 갈등"이라는 그 자신의 말에 설명되어 있다.[6] 펠드블룸은 계속해서 자신의 생각을 밝힌다. "LGBT의 평등을 옹호하는 사람들은 그런 법이 일부 사람들의 종교적 신념에 끼치는 영향을 경시했으며, 동시에 나는 그런 민권법에서 종교 영역을 예외로 만들려 한 사람들은 그런 예외가 LGBT들에게 미칠 영향을 경시했다고 믿는다."[7]

이 새로운 성적 자유는 도덕 혁명가들이 고안해 냈고, 훗날 미 연방대법원이 법으로 명문화했으며, 이제는 문화적/법적 전쟁의 무기로 쓰인다. 이어서, 동성 결혼이 합법화되고 종교의 자유가 필연적으로 부인될 날을 내다보면서 펠드블룸은 이렇게 말했다. "과연 어떤 사건에서 종교의 자유가 승리할지 아무리 생각해도 떠오르지 않는다…성적 자유가 대다수 사건에서 승리할 것이다. 종교의 자유와 성적 자유

사이에 충돌이 있을 수 있지만, 거의 모든 경우 성적 자유가 이길 것이다. 그것만이 게이들의 존엄이 어떤 현실적 방식으로 확언될 수 있는 길이기 때문이다."[8] 달리 말해, 예외가 있어서는 안 된다는 것이다. 미국 헌법에 의거한 기본 권리로서의 종교의 자유는 자취를 감추고, 이제 더 고급한 사회적 약속이 되어 버린 성적 자유로 인해 종교의 자유는 뒷전으로 밀려날 것이다.

세속화와 종교의 자유

세속화는 초월적인 것에 반항하고, 존재론적인 것을 거부하며, 진리를 자처하는 모든 주장을 주관적으로 해석한다. 바로 그런 본질 때문에 세속화는 종교의 자유처럼 정치적 자유보다 선행하는 자유와 경쟁한다. 예를 들어 2018년 캘리포니아 주 의회는 소비자 보호를 구실로, 성적 지향이나 성 정체성이 달라질 수도 있다는 주장과 관련될 만한 모든 거래를 금지하는 법안을 통과시켰다. 이 법은 성경적인 정통 기독교, 즉 지난 이천 년 동안 언제 어디에서였든 기독교 교회가 의견 합일을 본 내용을 주장하는 책이나 기타 물품 판매를 명시적으로 금지한다. 의회 법안 2943(Assembly Bill 2943)으로 알려진 이 법은 노골적으로 헌법에 위배되지만, 시대의 징조 캘리포니아 주 의회에서 압도적으로 가결되었다.

유럽, 특히 서유럽과 북유럽은 미국에 비해 더 빠른 속도로 세속화의 경로를 밟았지만, 미국에서도 세속적 변화의 속도는 점점 더 빨라지고 있다. 세속화를 기준으로 측정할 때, 유럽과 미국 간의 격차는 점점 줄어들고 있다. 유럽의 신앙인 고용주들은 종교적 신념에 근거해 고용에 차별을 둘 수 있는 권리가 박탈될 것이라고 유럽 사법재판소 법무관이 알려 준 적이 있다. 다시 말하지만, 종교의 자유가 현대의 개인적 자유와 균형을 이뤄야 한다는 공공연한 발언이 법률 전문가로부터 있었다. 그는 종교의 자유가 양보해야 한다고 생각했다.

〈이코노미스트〉(The Economist)지는 어지간해서는 과격한 주장을 하지 않는 잡지인데, 이런 잡지가 "법원의 판결 때문에, 신앙을 가진 고용주들이 고용에 차별을 두기가 더 어려워진다."라는 제목의 기사를 실었다. 이 잡지는 다음과 같은 말로 기사의 서두를 열었다.

> 이는 종교적 신념을 지키고(그래서 종교 기관이 자체의 일을 스스로 처리할 수 있는 자유도 지키고) 다른 한편으로 구직자를 포함해 시민들을 부당한 차별에서 지키고자 하는 모든 자유 민주주의에서 발생하는 문제다. 종교 단체들은 자기 단체를 스스로 운영할 수 있는 권리를 가졌기에, 이 권리 행사의 일환으로 이들은 일할 사람을 모집할 때 차별금지법을 지켜야 할 의무를 면제해 주기를 종종 요구한다. 극단적인 사례를 들자면, 교회가 호전적 무신론자를 목회자로 세우라는 사법적 강요를 받는다면, 이는 상식에 반하는 일일 것이다. 설령 그 후보자가 서류상으로 뛰어난 자격을 갖춘 사람일지라도 말이다. 하지만 그런 예외 조항은 어디까지 너그러워야 할까?[9]

이 기사가 다음과 같은 표현을 쓴다는 점에 주목하라. "극단적인 사례", "상식에 반하는", "사법적 강요를 받다", "호전적 무신론자", "서

류상으로 뛰어난 자격을 갖춘", "어디까지 너그러워야."

이제 우리는 너그러움의 문제에 이르렀다. 종교의 자유를 존중할 것인지, 존중한다면 어느 정도까지 그리할 것인지를 결정할 때, 성적 자유의 제단에 경배하는 세속 사회는 과연 얼마나 너그러울 것인가?

캘리포니아 주 의회, 유럽 사법재판소, 미국 민권위원회, 아니면 EEOC(미연방 고용 기회 균등 위원회)의 카이 펠드블룸 커미셔너에게 물어 보라.

아니면 종교의 자유에 대한 가장 큰 위협 중 하나인 중대 법안인 차별금지법(Equality Act)의 지지자들에게 물어볼 수도 있다. 미국 하원에서 통과된 차별금지법은 1964년 민권법을 개정해, 성적 지향과 젠더 정체성을 보호대상에 포함시켰다. 간단히 말해, 차별금지법은 기독교 세계관이 혐오를 조장하고 편협하며 미국의 법체계로 볼 때 더 이상 타당하지 않다고 명문화한다. 그 결과, 미국인들의 공공 생활에서 기독교 세계관의 관점은 발붙일 자리가 없게 되었고, 그것은 개인의 삶의 가장 사적인 자리에서만 표현되어야 한다. 적어도 지금은 그렇다.

2020년 미 대선 레이스에서 이 문제가 핵심인 것이 분명해 보인다. 민주당 후보 지명전에 나선 주요 경쟁자들은 하나같이 차별금지법을 지지한다. 민주당은 상원 탈환을 목표로 한다. 하원에서의 다수 의석을 유지하면서 상원을 되찾고 대통령직까지 확보하면, 민주당은 차별금지법을 입법함으로써 종교의 자유를 상대로 전면적 공격을 펼치는 데 필요한 모든 것을 다 갖게 된다. 실제로 민주당이 차별금지법을 얼마나 지지하는지는 2019년 10월 CNN의 LGBTQ 이슈에 관한 대통령 후보 타운홀 미팅에서 전면적으로 드러났다. 이 행사에는 민주당의 대선 후보 지명전에 나서는 주요 경쟁자들이 출연했다. 그날 밤 미국인들은 도덕적·정치적·문화적 지진을 목격했다. 후보자들은 성혁명의 급진적인 의제에 완전히 넘어간 민주당의 의도를 설득력 있는 수사(修辭)로 진술했다.

CNN 앵커 던 레먼과 전 하원의원 베토 오루크 간의 특별한 논쟁은 민주당 후보 지명전에 나선 이들이 새로이 선언된 성적 자유의 이름으로 종교의 자유를 어느 정도까지 해체할지를 잘 드러내 보여 주었다. 오루크는 비록 후보가 되지는 못했지만, 그날 밤 그의 답변은 종교의 자유에 대한 민주당의 시각이 어떤 경로로 가고 있는지를 그대로 보여 준다.[10]

레먼은 오루크에게 이렇게 말했다. "당신의 LGBTQ 플랜을 보니 이렇게 되어 있네요. '종교의 자유는 기본적 권리지만, 그 권리가 차별을 하는 데 쓰여서는 안 된다.'" 그러고 나서 레먼은 질문을 던졌다. "대학이나 교회, 자선단체 같은 기독교 기관이 동성 결혼에 반대하면 면세 지위를 잃어야 한다고 보십니까?" 질문이 떨어지자마자 오루크는 기다렸다는 듯 답변했다. "그렇습니다." 그 답변에 이어 방청석에서 의미 있는 박수갈채가 터져 나왔다. 오루크는 계속해서 말했다. "우리들 한 사람 한 사람의 완전한 인권과 완전한 민권을 부인하는 사람이나 기관, 조직에게는 그 어떤 보상도, 혜택도, 세금 유예도 있을 수 없습니다. 그래서 나는 대통령이 되면 그 문제를 최우선 과제로 삼고 우리 미국인들의 인권을 침해하는 사람들을 저지할 것입니다."

오루크의 답변은 미국의 정치 풍경에 중성자 폭탄처럼 떨어졌으며, 이는 실로 종교의 자유와 성적 자유 사이의 충돌을 가장 명징하게 보여 주는 그림이다. LGBTQ의 자유를 위해 종교의 자유를 폐지하는 것은 세속 시대가 오랫동안 밟아온 경로였지만, 이 타운홀 미팅 이후 민주당이 이 흐름에 전적으로 동참하고 있다는 것이 분명해졌다.

앞에서 이야기했듯이, 도널드 베릴리는 오버거펠 사건의 구두 변론에서, 성 윤리와 종교적 확신을 바꾸려 하지 않는 기독교 대학들에게는 종교의 자유에 대한 주장이 "쟁점이 될 것"이라고 비꼬았다. "될 것"은 미래 시제였다. 하지만 CNN 타운홀 미팅 후 우리는 이제 현재 시제로 이야기하고 있다. 오루크는 방청석의 우레와 같은 박수 소리에 호응해, 종교의 자유를 노골적으로 위협하는 인물로 자신의 위치를 설정했다. 그는 자신의 세속적 견해를 채택하지 않으면 종교 기관, 심지어 교회에게서도 비과세 지위를 박탈할 것이라고 공개 선언했다.

그런 명시적 표현을 쓴 사람은 오루크뿐이었지만, 정치적으로 좀 더 쉽게 받아들일 수 있는 수사 뒤에 가려졌을 뿐 다른 후보들도 비슷한 입장이었다. 게다가 민주당의 궤적은 아무리 유력한 대통령 후보라도 이런 발언에서 단 1밀리미터도 후퇴할 수 없을 정도다.

사실 타운홀 미팅 후 오루크는 자신의 언변이 자랑스러운 양 위의 발언을 트위터에 게시했다. 오루크는 자신의 발언을 철회할 생각이 전혀 없음을 분명히 했지만, 이십사 시간 후 그는 단지 신앙을 이유로 기독교 기관과 교회에게서 면세 지위를 박탈하고 싶지는 않으며, 다만 차별 행위에 대해서는 면세권을 인정하지 않겠다고 했다. 언론은 그가 이렇게 "입장을 분명히 해준 것"에 만족하는 눈치였다. 하지만 오루크의 이 설명은 CNN 타운홀 미팅 때의 그 철면피 같은 능란한 수사를 결코 취소하는 게 아니다. 사실 신앙과 실제 행동이 교차하는 지점이 바로 종교의 자유를 위한 싸움이 벌어지는 곳이다. 기독교 기관, 학교, 혹은 교회는 이 문제에서 스스로의 신학적 소신에 반하는 행동을 하지 않고 그 소신에 따라 행동할 수 있는가?

종교의 자유를 위한 싸움은 어떤 가정적(假定的), 디스토피아적인 미래에 존재하지 않는다. 종교의 자유와 새로 선언된 성애의 자유 사이의 충돌은 황금 시간대 텔레비전 프로그램에서 격렬한 소리를 낸다. 차별금지를 주제로 CNN의 타운홀 미팅이 열렸을 때, 모든 후보들은 저마다 이런 저런 방식으로 어떤 정부나 문명의 가장 본질적인 자질과 덕목, 즉 양심의 자유를 상대로 맹렬한 공격을 펼쳤다.

타운홀 미팅 때, 민주당 지명전에 나선 각 후보들에게는 삼십 분 간의 발언 시간이 주어졌는데, 그날 밤의 뻔한 속임수는 뉴저지 주 상원의원 코리 부커의 발언으로 시작되었다. 부커에게 주어진 질문은 "종교의 자유와 LGBTQ의 권리라는 두 가지 현안이 부딪칠 때 이를 어떻게 다루시겠습니까?"였다. 부커는 이렇게 대답했다. "중요한 질문을 해주셔서 매우 감사드립니다. 자, 이건 제가 평생을 바쳐 다뤄 온 문제입니다…그래서 제가 지도자로서 용납할 수 없는 것은, 사람들이 신앙을 핑계로 차별을 정당화하는 것입니다. 저는 종교의 자유는 존중할 수 있지만, 사람들을 차별에서 보호하기도 합니다."

이는 '차별' 개념 뒤에 살짝 가려져 있을 뿐 그날 밤 베토 오루크가 뒤이어 또박또박 밝힌 것과 동일한 자세다. 본질적으로 이 뉴저지 상원의원은 종교의 자유가 사실상 별 의미가 없게 될 때까지만 이 자유를 옹호할 것이다.

이 일 직후 부커 의원은 차별금지법을 통과시킬 것을 요구했고, 하원은 올해 초 이 법을 통과시켰다. 이 법은 부커와 오루크가 타운홀 미팅에서 분명히 말한 바로 그것을 성취한다. 종교의 자유를 보호할 수 있는 그 어떤 적정한 조항도 없이 LGBTQ 정체성을 근거로 모든 차별을 종식시킨다. 타운홀 미팅에서 후보자들이 저마다 차별금지법 통과를 지지하기에, 이들은 실질적으로 오루크와 똑같은 주장을 솔직함도 정직함도 없이 지지한 것이다.

CNN의 다나 바쉬가 부커 의원에게 질문했다. "종교 교육 기관이 LGBTQ의 권리에 이의를 제기할 경우 이들의 면세 지위를 박탈해야 한다고 생각하십니까?" 의원은 이렇게 답변했다. "종교가 사람들에게 마땅히 주어져야 할 건강 보험이나 교육 등을 부인할 수 있는 핑계가 될 수는 없다고 온 나라가 한 마음으로 일어나 말해야 합니다." 여기서 주목해야 할 것은 "교육 등"이라는 말인데, 이는 어떤 기독교 기관이든 성경의 원리를 주장하고 그 신학적 소신을 고수할 경우에는 면세 지위를 박탈해야 한다는 말이다.

이어서 부커에게 후속 질문이 주어졌다. "그렇다면, 그 기관들은 면세 지위를 잃을까요?" 의원이 대답했다. "다시 말씀드리지만, 저는, 저는 이 문제를 밀어붙일 것입니다. 그리고 제 말은, 제 말은 그게 아니라, 이게 장기간의 법적 다툼이라는 것을 알기 때문에, 이 질문을 비켜가려는 게 아니라, 기본적으로 차별은 차별이라는 말씀이지요." 이 질문을 비켜가려는 게 아니었다 해도, 그가 자기 입장의 본질을 소리 높여 밝히고 싶지 않아 머뭇거린 건 확실하다. 종교의 자유는 물론 헌법적 권리로 보호되는 모든 자유를 축소하겠다는 것 말이다. 부커 의원의 말인즉, 종교적 확신이 자신의 정치적 입장과 충돌할 경우 그 확신은 차별로 간주된다는 것이다.

부커 의원 다음으로 전 부통령 조 바이든이 무대에 올라 이렇게 선언했다. "제 생각에…이번 포럼은 민주당 후보자들 사이에 의견불일치가 거의 없는 사례가 되지 않을까 합니다. 설령 의견차가 있다 하더라도 그건 그저 정도의 차이일 뿐이고 정서적 우려 때문일 뿐이기에 저는 우리 후보자들의 입장이 자랑스럽습니다."

부통령의 말이 무슨 뜻인지 정확히 알기는 어렵지만, 적어도 자기 당 좌익들의 현기증 나는 보폭을 따라잡으려고 나름의 방법을 쓴 것으로 보인다. 자칫 뒤쳐질 수도 있는 그 속도를 말이다. 실제로 자신에게 주어진 삼십 분 동안 부통령은 어린 시절 이야기를 장황하게 늘어놓았다. 어린 시절 LGBTQ 이슈를 지지했으므로 자신은 동성애자들을 향해 절대 차별적 감정을 품지 않았다는 것을 보여 줄 목적이었다. 달리 말해 바이든은 동성 결혼과 LGBTQ 운동이라는 어려운 정책에서 자신이 앞장서 왔다는 것을, 즉 이런 문제에서 자신이 다른 민주당원들처럼 더 발전할 필요가 없다는 것을 보여 주려고 애썼다. 하지만 이것이 정직하지 않은 태도임은 말할 필요도 없다. 바이든은 동성 결혼을 지지하는 게 정치적으로 유리한 상황이 되고 나서야 비로소 동성 결혼을 지지했으며, 전 대통령 빌 클린턴과 버락 오바마 같은 인물도 마찬가지였고, 전 국무장관이자 2016년 대선 때 민주당 후보로 지명된 힐러리 클린턴도 다르지 않았다. 이들은 모두 "발전했다."

부통령에 이어 인디애나 주 사우스벤드 시의 시장이자 게이임을 공개하고 대통령 후보 경선에 나선 유일한 인물 피트 부티지지가 등장했다. 실제로 부티지지는 유일하게 동성과 결혼한 후보였다.

타운홀 미팅 몇 시간 전, 부티지지는 LGBTQ 문제에 관한 정강 선언 전문을 배포했는데, 제목은 "온전해지기 : LGBTQ+ 미국인을 위한 새로운 시대"였다. 열여덟 쪽짜리 이 선언문에는 LGBTQ 운동의 목표를 상세히 적은 목록과, "우리 국립 공원 시스템에서 LGBTQ 사람들과 역사의 표현을 확장하라"와 같은 다소 흥미로운 항목들이 담겨 있었다. 빠진 게 있지 않으냐고 누구도 흠잡지 못할 목록이었다.

타운홀 미팅 때 CNN 앵커 앤더슨 쿠퍼가 부티지지에게 종교의 자유에 관해 질문하자 부티지지는 이렇게 말했다. "종교의 자유는 우리나라에서 중요한 원칙이고, 우리는 그 원칙을 존중합니다. 그런데 이 나라에서 우리가 존중하는 어떤 자유든 타인에게 해가 된다면 제한을 해야 하는 경우도 있습니다. 자유롭게 발언할 권리가 있다고 해서 사람 많은 극장에서 '불이야'라고 외칠 권리는 없습니다. 마찬가지로 종교의 자유를 누릴 권리는, 그 종교가 타인에게 해를 끼치는 일에 핑계로 쓰일 경우에는 종식됩니다."

해를 끼친다는 것은 LGBTQ 사람들에 대한 차별로 여겨질 수 있는 어떤 정책이나 행동을 말한다. 기독교 대학이 교직원에게 일정한 교리적 믿음을 요구하고, 교직원과 학생에게 어떤 성경적/도덕적 규약에 따라 살기를 요구하는 것도 여기 해당될 것이다.

더 나아가 부티지지는 자기 자신을 미국의 신학적 좌파의 새로운 아이콘으로 제시하려고 했다. 부티지지에게 할당된 시간에 앤더슨 쿠퍼가 "동성애자로 사는 것이 죄인가요?"라고 물었을 때 실제로 신학적 문제가 발생했다. 시장은 이렇게 대답했다. "저는 그게 죄라고 생각하지 않습니다. 그리고 제가 생각하기에 사람들은 자기 종교에 대해 자기 나름의 이해에 도달합니다. 사람들이 어떤 종교 전통을 가졌고 무엇에 헌신하든 내 종교에 동의할 수 있나요? 우리는 타인에게 공감해야 하지 않습니까? 서로에게 최선을 추구해야 하지 않습니까? 그리고 약하고 다치기 쉬운 사람을 보호해야 하지 않습니까?"

부티지지 시장은 몇 마디 말로 자기 나름의 신학을 꾸며냈다. 그는 방금 자기 나름의 종교를 만들어 냈다. 부티지지는 자신이 그리스도인의 정체성을 가졌다고 주장하지만, 그가 하는 말 중에 멀게나마 정통/성경적 기독교를 닮은 내용은 하나도 없다. 동성애는 죄가 아니라고 선언된다. 동성애가 죄라는 걸 피트 부티지지 자신이 원하지 않기 때문이다. 그는 그저 성경을 무시한다.

부티지지 시장 다음으로 매사추세츠 주의 엘리자베스 워런 상원의원이 등장했다. 워런의 발언 때 한 방청객이 질문했다. 어떤 지지자가 다가와 "의원님, 저는 고리타분한 사람인데요, 제 신앙은 결혼이란 한 남자와 한 여자가 하는 거라고 가르칩니다. 의원님은 어떻게 생각하세요?"라고 묻는다면 어떻게 하겠느냐고 말이다.

워런 의원은 언론에 널리 알려져 있고 타운홀의 방청객들이 확실히 좋아하기도 하는 그 겸손한 척하면서 상대의 코를 납작하게 하는 태도로 반격했다. "글쎄요, 그 말을 한 사람이 남자라고 가정하고 답할게요. '그럼 그냥 한 여자랑 결혼하세요. 전 그런 문제에 쿨해요.'" 방청석에서 박수가 터져 나오는 사이 워런은 한 마디 덧붙였다. "결혼할 여자를 구할 수 있다면 말이에요." 이번에는 방청석에서 폭소가 터졌다.

타운홀 미팅에서 워런 의원은 선두 주자의 지위를 누렸다. 민주당 대통령 후보 지명전의 선두 주자라는 사람이 짐짓 겸손한 척하며 미국인들을 향해 사실상 이렇게 말한 것이다. "결혼과 동성애에 관한 내 견해를 지지하지 않는 사람은 누구하고도 결혼할 자격이 없다." 이런 종류의 정서가 수많은 미국인들에게 환호받는 광경은 우리에게 많은 것을 말해 준다. 간단히 말해, 성 혁명에 항복하지 않는사람은 결혼할 자격도 없을 만큼 시대에 뒤진 사람이고, 누구도 그런 사람과 결혼하고 싶어 하지 않으리라는 것이다.

워런 상원의원에 이어 이번에는 캘리포니아의 카멀라 해리스 의원이 등장했다. 해리스 의원에게는 CNN 앵커 크리스 쿠오모가 질문을 던졌다. 인터뷰가 시작되고 몇 초가 지나 쿠오모는 스스로 말썽을 일으키고 말았고, 그 일은 곧 소셜 미디어에 널리 퍼져나갔다.

소개를 받고 단상에 오른 해리스 의원은 "저를 가리키는 대명사는 '그 여자'(she), '그 여자를'(her), '그 여자의 것'(hers)입니다"라고 말했다. 이는 LGBTQ 운동의 의미론(semantics)을 향한 가벼운 인사였다. 성별 대명사를 그 사람의 생물학적 성에 따라 결정되는 것으로 보지 않고, 무엇이 되었든 그 사람이 주관적으로 판정하는 것에 따른다는 것이다. 이는 남자든 여자든 혹은 LGBTQ 성윤리의 혼돈스러운 스펙트럼 안의 어떤 기발한 정체성으로든 각자 원하는 대로 자신을 규정할 수 있게 "존중하는" 한 방식이다.

농담 한 마디 할 생각이었던 쿠오모는 장난기 어린 얼굴로 "제 대명사도 그렇습니다"라고 한 마디했다. 해리스는 "좋군요"라고 응수했다. 타운홀 미팅 다음 날, 쿠오모는 이 엄청난 실언을 만회하려 진땀을 흘려야 했다. 까딱하다가는 언론계에서 일하는 동안 진보주의권에서 힘들게 쌓아올린 영향력과 위상을 다 잃을 수도 있었기 때문이다.

인칭대명사를 가지고 농담을 하는 순간, 특히 LGBTQ 운동의 전시(戰時) 상태에서 그런 농담을 하는 순간 자신의 어깨에 어떤 골칫거리를 짊어진 것인지 쿠오모는 알았어야 했다. 실제로 지구촌 전역의 언론들은 트랜스젠더 활동가들이 요구하는 새로운 성윤리에 항복하지 않으려는 사람들에게 어떤 결과가 생기는지 시시콜콜 보도한다. 영국의 어떤 의사는 환자 개인이 스스로 규정한 대명사를 인지하지 못한 탓에 직장을 잃었다. 미국의 한 교사는 트랜스젠더 학생을 부를 때 그 학생이 선호하는 성별 대명사를 쓰지 않겠다고 한 탓에 역시 직장을 잃었다. 크리스 쿠오모는 자신의 이미지를 회복하려 애쓰는 모습으로 LGBTQ 활동가들에게 합격 통지를 받을 수도 있지만, 이는 단지 그가 바짝 몸을 낮춰 굽신거리는 기술을 시전하기 때문이다.

카멀라 해리스와의 대담에서 쿠오모의 실언에 관심이 더 쏠리기는 했지만, 이 캘리포니아 상원의원도 그날 밤 다른 모든 후보들과 마찬가지로 차별금지법을 확고히 지지한다고 선언했음을 주목해야 한다. 해리스 의원은 차별금지법을 통과시키는 것이 자신의 최우선 과제가 될 것이라고 했다. 다시 말하지만 현재의 법조문상 그 법 안에는 종교의 자유를 위한 규정이나 고려가 전혀 없다.

해리스 의원 다음으로 베토 오루크가 나왔다. 오루크의 발언은 그 중요성을 고려해서 뒤에 좀 더 자세히 다루겠다. 오루크 전 하원의원에 뒤이어 미네소타 주 민주당 상원의원 에이미 클로부처가 나왔다. 중도파로 확인되는 이 의원은 LGBTQ 운동의 가장 급진적 요소들과 뜻을 같이한다고 자신의 위치를 설정했다.

클로부처 의원은 차별금지법 통과를 최우선 과제로 여기고 있다. 이 법은 그리스도인, 기독교 실업인들, 나아가 기독교 기관과 학교들을 대상으로 양심의 자유를 인정하지 않는 법이다. 클로부처 의원의 우호적 태도와 밝은 미소 뒤에는 이렇게 종교의 자유를 궤멸시키려는 의도가 숨어 있다. 실제로 그는 다음과 같은 발언으로 자신의 입장을 분명히 했다. "무엇보다도 우리 헌법은 아시다시피 정교(政敎) 분리 원칙에 토대를 두어 왔습니다. 이 나라에서 우리는 서로 다른 종교를 가질 수 있지만, 그러면서도 모두 법의 지배를 받습니다. 그리고 차별을 비롯해 온갖 다른 문제에서도 법이 지배합니다. 제가 말씀드릴 수 있는 것은, 바로 이 점을 아는 사람을 대법원 판사로 지명하겠다는 것입니다. 그 점이 가장 중요합니다."

또한 클로부처 의원의 발언 중 많은 민주당원에게 중요한 의미를 갖는 문제 하나가 떠올랐다. 즉, 좋은 종교와 나쁜 종교를 구별해야 한다는 것이었다. 여기서 말하는 좋은 종교란, 자유주의적 종교, LGBTQ 혁명과 어깨를 나란히 하는 일련의 종교이다. 클로부처는 자신이 연합 그리스도의 교회(United Church of Christ) 교인이라고 선언함으로써 개인적으로 그런 신앙을 가지고 있다고 밝혔다. "저는 그런 신앙으로 제 딸을 키웠고 지난 몇 년 간 그 신앙 안에서 성숙했습니다."

그때 돈 레먼이 물었다. "그럼, 그 문제와 관련해, 연방 정부는 동성 결혼을 반대하는 비영리 종교 단체에 자금을 지원해야 합니까? 예를 들어, LGBTQ 부모에게는 입양을 보내려 하지 않는 입양기관 같은 곳 말입니다." 클로부처 의원은 지체 없이 답변했다. "네, 저는 법을 지키는 기관을 지원해야 한다고 생각합니다. 그것이 바로 제가 차별금지법을 통과시키고자 하는 한 가지 이유입니다. 그건 정말 중요하다고 생각합니다." 스스로를 중도파라고 밝히는 클로부처 의원조차도 본질적으로는 베토 오루크가 분명히 밝힌 것과 동일한 입장을 고수한다.

과거 내각의 일원이었던 훌리안 카스트로 또한 자신을 로마가톨릭 교도로 밝히면서도 좋은 종교와 나쁜 종교 이분법을 조장했다. 카스트로는 로마가톨릭 교도 중에도 LGBTQ 혁명에 동의하는 이들이 많다고 지적했다. 물론 그는 그런 입장이 로마가톨릭 교회의 공식 교리와 정면 충돌한다고 언급하지는 않았다. 이렇게 해서 좋은 종교만 인정될 수 있다는 입장이 다시 한 번 확인된다. 로마가톨릭의 공식 교리에 질색하는 이유는 이 교리가 여전히 LGBTQ 혁명의 정설(正說) 밖에 있기 때문이다.

마지막으로 단상에 오른 인물은 민주당 후보로서 타운홀 미팅이라는 중요한 자리에 처음 모습을 드러낸 억만장자 후보 톰 스타이어였다. 스타이어는 미국 대중들 사이에서 대규모 세대 변천이 일어나고 있음을 확인했다. 그는 LGBTQ 활동가들을 향해 말했다. "걱정하지 마십시오. 모든 것이 여러분들의 뜻대로 되어가고 있습니다. 이는 우리 세대에서 불가피한 일입니다." "우리 세대에서 불가피한 일" 때문에 스타이어는 미국의 하원의원에게 임기 제한을 두자는 주장을 옹호하게 되었다. 스타이어는 이렇게 말했다. "하원의원이 좀 더 젊은 사람들로 대체된다면, 그 젊은 의원들이 여러분들의 생각에 동의할 것이 거의 확실합니다."

하지만 그 무엇도 베토 오루크의 솔직함을 당할 수 없었다. 새로 규정된 성의 정설을 지지하지 않는 교회와 기독교 기관들은 면세 지위를 잃어야 하는지 묻는 질문에 대해 오루크는 간단히 답변할 준비가 되어 있었다. "그렇습니다." 다의적으로 해석할 여지는 없었다. 모호한 수사(修辭)라는 "정치적으로 올바른" 위장막도 없었다.

미 연방 대법원의 초대 대법원장은 과세를 할 수 있는 권력은 곧 파괴할 수 있는 권력이라고 했다. 오루크의 답변에 달려 있는 게 바로 그것이었다.

좌파에서 오루크는 몇 사람의 반대에 부딪쳤는데, 이는 이들이 오루크의 입장에 동의하지 않기 때문이 아니라 그가 무심코 비밀을 누설했기 때문이었다.

〈로스앤젤레스 타임스〉의 수석 논설위원 마이클 맥고프는 "베토 오루크의 '교회세' 개념이 동성 결혼에 관한 보수주의 편집증에 기여한다"는 제목의 기사를 실었다.[11] 흥미롭게도 맥고프는 보수 복음주의자들을 편집증 환자로 묘사했다. 아마도 우리가 미국의 최고위직을 꿈꾸는 이들과 민주당 지도부가 하는 말을 실제로 경청하기 때문일 것이다. 맥고프가 말하는 편집증이란 현실(reality)이라는 말로 달리 부를 수 있을 것이다.

〈로스앤젤레스 타임스〉 기사에서는 이렇게 말한다. "CNN에 출연한 오루크의 답변으로 볼 때, 그의 뜻대로 될 경우 가톨릭교회는 결혼에 관한 가르침을 바꾸지 않을 경우 면세 지위를 잃을 것으로 보인다." 이어서 맥고프는 이렇게 말했다. "보수주의자들은 동성 결혼이 합법화되면 종교의 자유가 축소될 것이라는 개념을 오랫동안 유포해 왔다."

이는 절대적으로 틀린 말이다. 종교의 자유에 족쇄가 채워지리라는 것은 종교적 우파의 두려움일 뿐만 아니라 문화적 좌파의 예측이기도 하다. 종교의 자유에 대한 주장이 오버거펠 판결 이후 미국 사회에서 하나의 쟁점이 될 것이라고 연방 대법원에서 진술한 사람은 오바마가 임명한 미국 법무차관이었다. 하버드 대학교 법학교수 마크 투쉬네트는 얼굴색 하나 변하지 않고 이렇게 말했다. "문화 전쟁은 끝났다. 저들은 졌고, 우리는 이겼다."¹²

투쉬네트는 계속해서 말했다. "자유주의자들(liberals)에게 지금 문제는 문화 전쟁의 패자들을 어떻게 대하느냐 하는 것이다. 그것은 주로 전술의 문제다. 내가 판단하기에, '너희는 졌어, 그러니까 그 사실을 인정하고 살아'라고 강경 노선을 취하는 게 패자들을 수용하려 애쓰는 것보다 낫다. 기억하라, 그들은 자유주의자들이 보기에 규범적 견인력이 전혀 없는 입장을 옹호했고 지금도 옹호하고 있다. 강경 노선을 취하는 게 1945년 이후 독일과 일본을 대할 때도 상당히 효과가 있었다."

하버드 로스쿨의 윌리엄 넬슨 크롬웰 법학 석좌교수인 투쉬네트는 보수주의 그리스도인, 전통적 로마 가톨릭 교도, 정통 유대인, 그리고 성 혁명에 동참할 수 없는 무슬림들을 패배한 적(敵)으로 취급해야 한다고 말한 것이다. 제2차 세계대전 이후 독일과 일본을 그렇게 대했던 것과 비슷하게 말이다. 이는 종교적 보수주의자의 입에서 나온 그릇된 편집증적 발언이 아니다. 좌파의 입에서 이런 말이 나오는 것이다.

타운홀 미팅 직후 오루크 선거 본부 대변인이 말했다. "물론 베토는 차별 행동을 하는 종교 기관을 언급한 것이다. 극우는 자신들의 의제를 위해 이를 왜곡하고 있다."

이 발언은 〈댈러스 모닝 뉴스〉(Dallas Morning News)의 사설에 등장했다. 사설은 다음과 같이 보도했다.

오루크는 다음과 같은 우파의 비난을 불러들였다. 오루크는 관용을 의욕적으로 추진하는 중에 자신과 의견을 달리하는 종교 단체들을 응징할 것이며, 그래서 결과적으로 불관용을 밀어붙이고 있다는 비난이다. 게이 권리 활동가들로부터의 지지는 열광적이었다. 하지만 일부 논평가들은 오루크가 보수주의 그리스도인들이 민주당에게 품는 의혹 및 자신들이 박해받고 있다는 인식에 부채질을 하고 있을 뿐이라고 경고했다.[13]

바로 이 지점에서 나는 민주당 후보 지명전에 나선 이들에게 중요한 도전을 하나 던지고 싶다. 이것이 당신의 입장이 아니라면 아니라고 말해 주기를 감히 요청한다. 후보들 중 누구든 오루크가 틀렸으며 종교적 소신은 종교적 행위와 분리될 수 없으며, 헌법에 따를 때 정부는 양심과 종교적 확신의 자유를 침해할 수 없다고 말해 주기를 감히 요청한다.

내가 생각하기에 유력한 후보들 중 오루크와 동일한 입장을 철회할 사람은 한 명도 없을 것이다. 이들은 다른 표현을 쓸 수도 있고 오루크가 본인의 말에 담긴 의미를 제대로 알지 못한다고 말할 수도 있다. 혹은 질문을 얼버무려 넘기거나 어조를 부드럽게 할 테지만, 착각하지 말라. 이들은 LGBTQ 혁명의 도덕관을 계속 고수할 것이다. 원쪽으로 힘써 달리고 있는 민주당 안에서는 다른 선택이 없다.

우리의 헌법 질서는 종교의 자유를 우선순위에 두며, 이어지는 모든 권리는 거기에 뿌리를 두고 있다. 헌법에서 종교의 자유 조항은 거기 열거된 다른 어떤 권리들보다도 기본적이다. 그리고 모든 권리 중 가장 기본적인 권리가 위협당하면 결국 다른 모든 권리도 위협당할 것이다.

게다가 우리는 수정헌법 제1조에서 자유의 도덕적, 현실적 기본 논리를 발견한다. 또한 자유의 상호의존성도 확인할 수 있다. 그래서, 언론의 자유와 출판의 자유 또한 위험에 처해 있다는 사실에 놀라서는 안 된다. 미국인들은 언론의 자유 종종 부정 당한다는 사실에 충격을 받기도 하고 심지어 분노하기도 하지만, 다수의 초일류 대학 캠퍼스에서 언론의 자유는 부르주아적 가치로 일축된다. U.C. 버클리 대학교는 1960년대에 언론의 자유 운동이 태동한 곳인데 이제는 언론의 자유에 점점 적의를 보이고 있으며, 많은 학생들과 교수들은 언론의 자유가 캠퍼스를 "불안정하게" 만든다고 주장하고 있다.

그리고 너무도 많은 이들에게 출판의 자유란 자기가 좋아하는 언론사를 위한 자유를 의미하며, 이는 우파와 좌파 모두에게 나타날 수 있는 충동이다. 하지만 출판의 자유란 언론의 자유의 논리적, 필연적 확장으로서 인쇄하고, 출판하고, 방송하고, 게시하고, 전달할 자유를 뜻한다. 출판의 자유가 없으면, 대중은 강제로 주입당한 정보와 소식으로 오도(誤導)되어서, 점점 진실을 알아볼 수 없게 되고, 언론의 자유는 사라진다.

이는 모든 기독교 학교와 기독교 대학에 문제가 될 것이다. 전문직,

사업체, 공직, 군대에 있는 모든 그리스도인들에게도 문제가 될 것이다. 우리 모두에게, 특히 우리 자녀들과 자녀의 자녀들, 그 자녀의 자녀들에게도 문제가 될 것이다.

세속주의를 강제하려는 자들은 최후의 종교적 상징이 공적 영역 마지막 한 모퉁이에서까지 지렛대로 들어 올려져 철거될 때까지 미국의 공적 영역은 안전하지 않다고 믿는 게 분명하다. 세속화는 블레덴스버그의 평화 십자가(Peace Cross : 메릴랜드 주 블래덴스버그에 있는 제1차 세계 대전 기념비. 2017년, 제4 순회 항소법원은 십자가가 기독교의 핵심 상징인데 이것을 공공 기금으로 유지 관리하는 것은 정부가 종교에 지나치게 엮이게 하고 교회와 국가를 나누는 벽을 깨는 행위이므로 헌법에 위배된다고 판결했다. 그러나 대법원은 전사자를 기리는 평화 십자가를 공공 부지에 두는 것은 헌법에 위배되지 않는다고 판결했다—역자주)와 제빵사 잭 필립스(콜로라도 주에서 케이크 숍을 운영하는 제빵사로, 2012년 동성 커플의 결혼 케이크 주문을 거부했다는 이유로 콜로라도 주 민권위원회에게 고소당했으나 민권위원회의 판단이 수정헌법 1조에 따른 권리를 침해했다는 대법원의 판결이 나와 승소했다. 2019년에는 성전환 기념 케이크 주문을 거절했다는 이유로 또 한 번 고소당했으나 주에서 소송을 철회했다—역자주)를 둘러싼 몇 가지 주목할 만한 전투에서 패배했다. 하지만 이렇게 패배했음에도 미국인들의 공공 생활에서 종교의 자유가 축소되는 광경을 보고야 말겠다는 세속주의의 지속적 열심은 한계를 모른다.

이에 대한 대응으로 나는 다음 세 가지 본질적인 단어 없이는 종교의 자유의 초월적 가치를 이해할 수 없다고 생각한다. 그 세 가지는 하나님·진리·자유이며, 순서도 이러해야 한다. 이 세 단어는 하나하나가 다 없어서는 안 된다. 이 단어들은 저마다 논란의 여지가 있다. 이 단어들이 함께 어떻게 작용하는지 알지 못하면 종교의 자유를 지속적으로 수호할 수 없다. 이 세 단어의 의미를 되찾아 이 세속의 순간에 끼워 넣어야 종교의 자유를 위한 강력한 변증을 펼쳐 보일 수 있다. 종교의 자유는 서양 문명의 번영과 지속적 안전에 꼭 필요한 자유이다.

하나님

알렉산드르 솔제니친이 한 번은 나이 지긋한 러시아인들이 자기 나라가 20세기에 대재앙을 겪은 이유에 대해 설명하는 것을 들었다. 그들은 "사람들이 하나님을 잊었다. 그 때문에 이 모든 일이 일어났다"고 말했다. 나이 든 미국인들이 소련의 전제 정치를 설명하면서, 시대를 막론하고 가장 용감한 목소리를 낸 사람 중 하나인 솔제니친의 이 말을 인용한 것이 기억난다. 하지만 이 말은 이제 좀 다른 의미로 내 귀에 울린다. 우리가 사는 시대도 자유가 위협 당하는 시대이긴 마찬가지다. 인간은 정말로 하나님을 잊었고, 그것이 이 모든 일이 일어나는 이유다.

우리는 세속화가 점점 빠르게 진행되는 시대에 살고 있다. 세속화의 원인과 경로에 관해서는 이론(異論)이 있을 수 있지만, 본질적 진실에는 의문의 여지가 없다. 하나님을 믿는 믿음, 유신론적 믿음이 이제 모두 소멸 중이다. 지식 엘리트들과 문화 창작가들 사이에서 특히 더 그렇다. 몇 십 년 전, 예일 대학교 법학 교수 스티븐 카터는 지식 엘리트들이 하나님을 일종의 상징으로, 종교를 일종의 취미로 격하시켰다고 주장했다. 이제, 바로 그 엘리트들은 하나님을 위험한 상징으로, 종교를 수치스러운 취미로 보고 있다.

〈뉴욕타임스〉 컬럼니스트 프랭크 브루니의 주장을 생각해 보라. 브루니는 여러 정치인들이 여러 해 동안 이야기해 온 것을 몇 마디 말로 압축했다. 즉, 종교의 자유는 신자들이 자기 종교를 자기 마음, 자기 집, 자기 교회 안에 머물게 하는 한에서만 관용되어야 하며, 공적인 의미를 갖게 해서는 안 된다는 것이다. 신앙적 소신은 그 소신이 속한 곳, 곧 대중의 시선이 미치지 않는 곳에 머물게 하라는 것이다. 이는 종교의 자유를 부인하는 말이다.[14]

나는 불신자들 사이에서 종교의 자유를 방어할 수 없다고 말하는 것이 아니다. 미국을 건국한 사람들 중에 이신론자가 없었다는 말도 아니다. 내 말은, 하나님을 믿는 믿음에 대한 지적 존중과 신앙적 헌신에 대한 문화적 존중 없이는 종교의 자유를 지속적으로 방어할 수 없다는 뜻이다. 미국인들은 세속적 토대 위에서도 자유를 말하고 인권과 인간 존엄을 말하지만, 그럴 때조차도 사실 이들은 기독교에서 지적 자본을 빌리고 있다. 심지어 이들의 비(非)유신론적 방식도 유신론에서 빌려온 유산을 필요로 한다. 하지만 나는 종교의 자유를 포함하는 인권과 인간 존엄에 대한 세속 사회의 인식이 붕괴하고 후퇴하는 광경을 우리가 목도하고 있는 것이 두렵다.

진리

내가 생각하기에 진리라는 단어는 미국 독립선언문의 가장 중요한 어휘 중 사실상 가장 등한시되는 단어일 것이다. 독립선언문은 "우리는 모든 인간이 평등하게 창조되었고, 양도할 수 없는 일정한 권리를 창조주에게 부여받았으며, 그 권리 중에는 생명·자유·행복 추구권이 있다는 진리들이 자명하다고 믿는다"고 말한다.

단어 하나하나 다 세심히 살펴봐야 하지만, "진리들"(truths)이라는 단어를 대충 넘겨서는 안 된다. 종교의 자유(그리고 다른 모든 자명한 자유)를 수호하는 것은 단순한 의견이나 '가치'가 아닌, 진리의 확언에 기초를 두고 있다. 자유를 지탱할 세계관은 진리 수호를 기반으로 세워진 세계관이다.

왜 우리는 온통 포스트모던 진리 개념에 의해 형성된 엘리트 학계 문화가 신앙의 자유를 수호할 것을 기대해야 하는가? 객관적 현실이 존재하지 않거나 우리에게 알려질 수 없다면, 정치는 하버드 대학의 교수인 메리 앤 글렌던이 올바로 지칭한 것처럼 "권리 담화"(rights talk)로 축소된다. 정치는 서로 경쟁하는 "권리"를 두고 무한히 계속되는 전투에 지나지 않는다.

우리가 인식할 수 있는 현실로서의 진리를 부인하는 현대인들의 모습을 보면 신학자 프랜시스 쉐퍼의 예언적 경고가 떠오른다. 쉐퍼는 반 세기 전에, 객관적 진리를 믿는 사람은 "참 진리"를 믿는 믿음을 선언해야 한다고 주장했다. 아메리칸 패트리어트(The American Patriots, 전쟁 범죄 혐의로 부당하게 유죄 판결을 받고 수감되었다고 여겨지는 미국 군인들을 법적으로 방어하고 자금을 지원하는 미국의 비영리 단체―역자주)는 자신들이 객관적 현실뿐만 아니라 목숨과 재산과 개인의 명예를 기꺼이 바쳐 지키려 한 자명한 진리들을 믿는다고 선언했다. 그들이 담대히 주장하는 것은 이런 진리들이지 어떤 의견, 어떤 가치, 혹은 어떤 사회적 구성물이 아니다. 진리가 없으면 자유도 없다.

포스트모던, 사회구성주의적, 비현실주의 진리관은 대중문화에서 거의 논쟁거리가 되지 않는다. 그런 진리관이 드물기 때문이 아니라 오히려 그런 진리관을 도처에서 볼 수 있기 때문이다. 학계와 문화 자본을 창조하는 이들의 주도하에 이런 진리관이 미국인들의 삶의 분위기가 되었다. 하지만 참 진리가 없다면 자명한 진리도 없는 것이 분명하며, 참 진리가 없으면 종교의 자유를 포함해 미국인들의 자유 실험의 토대는 사라진다.

자유

미국 건국의 아버지들은 진리에 관한 조항들을 확언했을 뿐만 아니라 자유를 옹호했으며, 한 걸음 더 나아가 "이런 권리들을 확실히 하는 것"이 정부 고유의 기능이라고 주장했다. 정부의 기능은 이런 권리들을 확실히 하는 것이지, 권리들을 꾸며내거나, 창조하거나, 발견하는 게 아니다. 정부의 기능은 정부보다 먼저 존재하고, 국가보다 먼저 존재하는 것이 분명한 권리들과 자유들을 확고히 하는 것이다. 종교의 자유는 참으로 최고의 자유이다. 이 우선하는 자유가 없으면 다른 모든 자유가 덧없고 불확정적인 자유가 되기 때문이다.

기독교 신학자로서 나는 이 최고의 자유의 근거를 성경 첫 번째 책 첫 번째 장에 두고자 한다. 창세기는 하나님이 인간을 자신의 형상으로 만드시되, 각 사람을 생령(生靈)으로 만드셨다고 말한다. 인간의 존엄은 자존하시고 전능하시며 최고로 영광스러우신 하나님의 자애롭고 영광스러운 창조에 근거하며, 이 하나님은 예수 그리스도 안에서 성육신을 통해 자신을 완벽히 계시하셨고, 성경 말씀으로 계시하셨으며, 창조 세상을 통해 분명하게 계시하셨다. 우리는 태(胎) 속의 생명을 포함하여 하나님의 형상으로 창조된 모든 인간에 대하여 인간의 존엄성 및 인간 생명의 존엄성을 돌린다.

착각하지 말라. 이것들은 서로 무관하지 않다. 생명에 대한 권리, 종교의 자유 등의 자유를 행사할 권리는 깊이 연관되어 있다. 태 속의 생명을 가치 없게 여기는 사회가 종교의 자유 또한 무가치하게 여기는 것은 우연이 아니다. 우리가 우주에서 우연히 생겨난 존재이고 우리 삶에 그 어떤 고유한 의미도 없다면, 인간의 생명은 신성하지 않고, 자유는 내 기호(嗜好)가 너의 기호보다 낫다는 말의 또 다른 표현에 지나지 않는다. 성경적 세계관이 퇴조하면, 태에서부터 학교 교실, 법정, 침실에 이르기까지 삶의 모든 영역에 치명적으로 위험하다.

결론

하나님, 진리, 그리고 자유. 우리는 이 세 가지 단어를 함께 말할 수 있도록 스스로를 단련할 필요가 있다. 자녀와 이웃에게 이 세 가지를 가르쳐야 한다. 학교와 가정에서 이 세 가지를 소중히 여겨야 한다. 교회에서 이 세 가지를 가르쳐야 한다. 우리 시대에 종교의 자유에 대해 제기되는 도전은 자유주의 신앙에는 위협이 되지 않는다. 자유주의 교회와 교파는 오래 전에 이미 도덕 혁명에 굴복했으며, 이들은 자기들 중 누군가를 곤경에 빠뜨릴 정도로 신학적인 것을 믿지 않는다. 이들은 그저 종교의 자유라는 말에 인용부호를 붙여 인용할 수 있을 정도의 수준이다.

이 세속 시대에 우리는 어디에서 누구하고든 의견충돌을 일으킬 수 있을 만큼 신학을 믿을 권리를 수호해야 한다. 다른 모든 신자들과 더불어, 자기 집이나 자기 마음, 자기 교회라는 사적인 공간뿐만 아니라 공공의 광장에서도 신앙을 지킬 수 있는 권리를 수호해야 한다. 주의 교훈과 훈계로 우리 자녀들을 가르칠 그리스도인의 권리를 지켜야 한다. 기독교 학교가 기독교적일 수 있는 권리를 수호해야 하고, 두 말 못하게 하는 국가 권력에 대한 두려움 없이 하나님의 말씀 중심으로 기독교 기관의 질서를 잡아나갈 권리를 지켜야 한다. 아직 태어나지 않은 세대의 권리, 그들도 자유를 누릴 권리를 지켜 주어야 한다.

기이한 이야기지만, 이는 곧 세속 권력에 감히 저항하는 플로리스트와 케이크 제빵사와 소방서장, 약사, 교사, 설교자, 엄마 아빠를 변호한다는 의미다.

이 시대는 용기, 확신, 명확한 통찰을 요구하는 시대다. 우리는 하나님이 자신의 형상으로 만드신 모든 사람 하나하나에게 주신 가장 기본적 자유를 위해 싸우는 중이다. 종교의 자유는 단순한 예배의 자유 정도로 재정의되고 있지만, 이 자유가 공공 영역에서 목소리를 낼 수 없는 개인 영역의 일로 축소되면 그리 오래가지 못할 것이다. 현재 예수 그리스도의 복음을 전할 수 있는 자유 자체가 위기에 처해 있고, 그래서 모든 미국인들의 자유 또한 위기에 처해 있다. 창조주께서 주신 선물인 인권과 인간 존엄이 이 자유와 분리되면 덧없는 추상적 개념이 되고 만다. 기독교의 진리가 퇴조하면 필연적으로 인간 존엄이 비극적으로 상실되는 결과를 낳을 것이다. 종교의 자유를 잃으면 다른 모든 자유도 하나씩 하나씩 잃게 될 것이다. 하나님이 없으면 진리도 없다. 진리가 없으면 자유도 없다. 자유가 없으면, 누군가의 발굽에 밟히는 일밖에 남지 않을 것이다.

독립선언문에 서명한 사람들은 자기 목숨, 자기 재산, 자기의 신성한 명예를 걸고 서약했다. 미국의 가장 기본적 국가 헌장인 독립선언문은 실제로 "자연의 법칙과 자연의 하나님"에 관해 말했다. 이 진술을 과대해석해서도 안 되지만, 과소평가해서도 안 된다. 미국을 건국한 이들은 자기 자신보다 높은 권위, 정치보다 앞서고 헌법보다 앞서며 정부보다 앞서고 우리의 자기 존중보다 우위에 있는 한 권위를 주장했다. 하나님을 믿는 믿음이 퇴조하면, 인권과 인간 존엄의 유일하고 확고한 터도 함께 약화된다. 솔제니친의 말이 옳았다. 어떻게 이런 일이 생겼느냐고 묻는가? 인간이 하나님을 잊었기 때문에 이 모든 일이 일어났다.

독립선언문은 우리가 이 진리들을 자명한 것으로 믿는다고 담대히 진술하여 이 나라의 확신을 표명했다. 우리는 단순한 의견이나 소신이 아닌 이 진리들을 신봉한다. 우리는 단순히 확언하거나 주장하는 것이 아니라 신봉한다. 신봉한다는 것은 청지기 직분을 이행하는 것을 의미한다. 우리는 이 진리들을 신봉하되 단순히 우리 시대에 우리 자신을 위해서만이 아니라 우리 자녀들, 그리고 우리 자녀의 자녀들, 또한 자기 스스로 자기를 다스린다는 이 엄청난 실험의 한 부분이 될 모든 사람들을 위해서 그렇게 한다. 또한 우리는 세상을 위해, 그리고 세상 앞에서 이 진리들을 신봉한다. 그런 청지기직을 이행하려면 반드시 이 진리들을 수호해야 하며, 이 진리들을 면밀히 정의해야 한다. 이 진리들은 자명한 것으로 인정되어야 하지만, 종종 그렇지 못할 때가 있기 때문이다.

수정헌법 제1조가 우리를 구원하지는 못한다. 지속적 헌신 없이는 헌법 조항은 종이 위의 글씨에 불과하다. 그리스도인으로서 우리는 자신의 형상으로 우리를 만드시고 우리에게 생명을 주시고 우리에게 이런 권리들을 부여하시는 하나님께만 감사를 드린다. 오직 예수 그리스도만이 구원하실 수 있으며, 그분은 끝까지 구원하신다. 그것은 위대한 좋은 소식이다. 우리가 소중히 여기는 신성한 자유가 영과 진리로 하나님을 예배하고, 예수 그리스도의 복음의 좋은 소식을 전하고, 하나님의 온전한 뜻을 가르칠 수 있는 권리를 확보해 준다.

수정헌법 제1조는 우리를 구원해 주지 못하지만, 수정헌법 제1조를 구하는 일이 이제 우리에게 달려 있다.

결론

폭풍우 속으로

　1930년대 윈스턴 처칠의 예언적 경고는 무시당했다. 그때 처칠은 그의 "광야 시대"라고 일컬어지던 세월을 홀로 헤쳐 나갔다. 1930년대 말, 처칠의 경고는 옳은 것으로 드러났고, 유럽은 또 한 차례의 끔찍한 전쟁 속으로 무모하게 뛰어들었다. 그 전쟁은 인간 역사상 이전의 모든 전쟁보다 더 끔찍하고 치명적인 전쟁이었다. 1930년대의 큰 비극은, 많은 이들이 그 위협을 심각하게 받아들이지 못했다는 것이다. 유럽의 민주국가들은 또 한 번 착각에 빠져들었다. 현실이 희미하게 모습을 드러냈을 때는 이미 때가 늦어 있었다.

　윈스턴 처칠을 언급하는 것은 군사적 은유를 터무니없이 가져다 붙이려는 것이 아니다. 우리는 지금 사상 전쟁 중이며, 예수님이 오실 때까지 이 전쟁을 하게 될 것이다. 내가 아주 어렸을 때 처칠의 역사적 위치와 예언자적 역할을 맨 처음 깊이 생각해 보게 된 이후 처칠의 예는 내 머릿속을 떠나지 않았다. 나는 우리에게 몰려들고 있는 폭풍우를 알아차리지 못하는 일이 없기를 바란다. 몰려들고 있는 폭풍우를 우리가 마주하고 있다는 데에는 의심의 여지가 있을 수 없다. 이제 이 폭풍우는 우리 앞의 현실이며 절대 피할 수 없다는 것이 분명해졌다. 유일하신 참 하나님은 역사를 주관하는 주님이시며, 지금 그 하나님께서 이 세대의 그리스도인들을 폭풍우 속으로 부르신다.

이 책의 각 장에서 나는 몰려오는 세속 시대의 폭풍우가 우리 사회의 모든 영역에 어떤 결과를 낳는지를 드러내 보여 주고자 했다. 문화의 탈기독교화, 즉 현대 사회 문화를 성경적 세계관에서 끊어내는 현상은 태속의 아기를 인간이 아닌 것으로 취급했고, 결혼을 재정의했으며, 가정이라는 단위를 무너뜨렸고, 급진적 성 혁명을 조장했으며, 이를 통해 인간이 살아가는 방식을 근본적으로 바꾸어 놓았을 뿐만 아니라 인간으로 존재한다는 게 무슨 의미인지에 대한 우리의 이해까지도 바꾸어 놓았다. 미국의 경우, 이 폭풍의 강도가 어느 정도인지는 대통령 선거를 배경으로 보면 더욱 뚜렷해진다. 선거는 일종의 고압실 역할을 하여, 중요한 쟁점들을 모두 표면에 드러낸다. 결혼, 인간 생명, 낙태, 가정, 교육, 성에 관한 모든 문제들이 선거 기간이면 표면으로 부상한다.

더 지속적인 경쟁은 라이벌 후보 간의 경쟁이 아니라 라이벌 세계관 사이의 경쟁이라는 것을 그리스도인은 깨달아야 한다. 두 세계관이 충돌하면 교육과 경제에서부터 예술과 연예 오락에 이르기까지 사회의 모든 단층선들이 다 드러난다. 결국 선거는 만사가 다 걸린 일이다. 시간이 흐르면서 모든 문화는 일반적인 관점에서 하나 이상의 세계관이 아니라 하나의 세계관에 순응한다. 하나의 도덕체계, 하나의 근본적 세계상, 인간을 보는 하나의 시각이 우세해진다. 그리스도인으로서 우리는 문화가 우리를 모질게 대하는 것 같을 때에도 소망과 기쁨과 완전한 믿음을 유지해야 한다는 도전에 직면해 있다.

물론, 현실 부인은 우리가 선택할 전략이 아니다. 서글프게도, 하나하나 쟁점이 생길 때마다 우리 사회는 도덕적 건전함을 내팽개쳐 왔다. 또한 우리에게도 이런 현상에 일부 책임이 있다. 그러나 과거에는 우리가 실패했을지라도 이제는 실패할 여유가 없다.

나는 그리스도인이 이 세속 시대에 가장 고귀한 책임을 감당한다고 믿는다. 우리에게 맡겨진 일이 무엇인지 생각해 보라. 우리는 인간 존엄과 인권의 참 토대를 알고 있다. 우리는 어떤 시대의 어떤 조건에서든 모든 인간의 생명이 왜 소중한지 그 이유를 알고 있다. 우리는 진리가 왜 진리인지 알고 있다. 세상이 망가진 이유는 죄 때문이라는 것을 알고 있고, 우리 자신부터 시작해서 세상이 얼마나 망가졌는지도 알고 있다. 우리는 결혼이 오직 한 남자와 한 여자의 연합이어야 한다는 것을 알고 있고, 건전한 문명에서는 왜 가정이 최고로 존중되고 보호받는지를 알고 있다. 우리는 옳은 것은 왜 옳고 그른 것은 왜 그른지 알고 있다. 생명은 무의미하지 않으며, 올바르다는 것은 단순한 사회적 결정사항이 아니며, 타협의 대상이 될 수 있는 게 아니라는 것도 알고 있다. 우리는 우리가 책임 있는 피조물이라는 것도 알고 있다. 언젠가는 하나님께서 우리의 모든 생각과 행동에 대해 우리를 심판하실 것을 알고 있다.

러셀 커크(Russell Kirk : 20세기 미국의 보수주의에 영향을 미친 정치 이론가이자 역사학자—역자주)가 일깨워 주는 것처럼, "지혜로운 사람은 하늘에 어떤 악한 일들이 기록되어 있는지 안다."[1] 정말로 우리가 그렇다.

기독교 세계관만이 세속화의 요구에 넉넉히 답변할 수 있으며, 다른 어떤 세계관도 인간의 참 번영을 위한 틀을 제공해 주지 못한다. 지금 같은 시대에 침묵은 선택사항이 아니다. 사실 침묵과 후퇴는 실패에 다름 아니다. 예수 그리스도를 믿는 신자는 예수 그리스도의 복음을 소유하며, 뿐만 아니라 성령의 능력도 소유한다. 그리스도께 순종하려면 청지기 직분을 성실히 이행하고, 면밀히 사고하며, 이 긴박한 위기에 지혜롭게 참여할 것이 요구된다. 그리스도인의 세 가지 올곧은 덕목이 우리가 가는 길의 특징이다. 사도 바울이 고린도 교인들에게 말했듯이, "그런즉 믿음, 소망, 사랑, 이 세 가지는 항상 있을 것인데 그 중의 제일은 사랑"이다(고전 13:13).

믿음

그리스도의 사람들은 믿음의 사람들이다. 가장 핵심적으로는, 그리스도를 믿는 믿음의 사람들이다. 이 덕목이 없으면 예수 그리스도의 교회는 어떤 도전 앞에서든 넘어진다. 세속 시대에는 믿음이 혼동된다. 세속적인 사람들도 "믿음을 갖는 것"에 대해 말한다. 그러나 그리스도인은 믿음을 믿는 것이 아니라 그리스도를 믿는다. 쇠퇴해가는 교회와 교단을 보면, 그들이 하나님을 믿는 믿음을 잃었음을 알 수 있다. 용기, 확신, 확고부동함이 있는 곳에서는 그리스도와 그분의 약속에 대한 생기 넘치는 믿음을 지닌 하나님의 백성을 볼 수 있다. 이 세속 시대에 그리스도인은 최소한 다음 세 가지 믿음을 보여 주어야 한다. 그것은 하나님의 계획을 믿는 믿음, 하나님의 말씀을 믿는 믿음, 그리고 복음의 능력을 믿는 믿음이다.

하나님의 계획을 믿는 믿음

우리는 성경적 세계관에서 나온 것에 대해서는 예외 없이 이의를 제기하는 시대에 살고 있다. 이 책 전체를 통해 우리는 가정의 급진적 변화에 대해 살펴보고 성 혁명이 결혼과 젠더와 성에 끼친 영향을 살펴보았다. 이런 변화는 기독교의 도덕적 세계관을 벗어난 세속 문화로부터 기대할 수 있는 것이다. 우리는 그리스도의 이름을 주장하고 스스로를 그리스도의 신부로 여기는 지역교회와 교단에게서 그런 변화를 기대할 수는 없다. 그러나, 지금까지 보았다시피 교회와 교단이 하나씩 둘씩 이 세속 세계관의 요구에 굴복해 왔다. 이런 교회들은 성경에 대한 충성을 문화적 시의성이라는 제단에 제물로 바쳤다. 이들은 "역사의 옳은 편에" 서기 위해 성경적 기독교를 기꺼이 버리고 있다.

하지만 교회와 기독교 기관들은 문화적 도전의 최전선에 서 있다. 결혼과 성에 관해 성경적 관점을 지니고 이를 가르치는 그리스도인은 서양 문명을 재정의하려고 하는 세속 세력들에게 위협이 된다. 혁명가들의 말에 따르면, 기독교 세계관은 사라져가는 시대, 인류와 인간의 행복에 본질적으로 해로운 시대의 흔적이다. 이것이 바로 문화가 낙태와 동성 결혼 같은 사회적 쟁점에 관해 항복을(혹은 침묵을) 요구하면서 교회에 압박을 가하는 이유다. 이것이 바로 민주당 대선 후보 지명전에 나선 일부 후보들이 역사적 정통 신앙을 밀어내고 새로운 종합 종교를 그 자리에 세우려는 시도로 진보적 "기독교"를 주장하는 이유다. 그런 것은 기독교가 아니다.

하지만 그리스도인은 하나님의 창조 질서와 인간 번영을 위한 하나님의 계획을 믿는 믿음을 지녀야 한다. 이 믿음이 우리를 이끌어 성경적 결혼관을 표명할 수 있게 해주고, 성경이 말하는 남자다움과 여자다움의 영광을 보여 줄 수 있게 해주며, 점점 세속화되어 가는 이 나라에 인간 생명의 존엄을 보여 줄 수 있게 해야 한다. 세속화는 하나님의 존재론적 진리를 거짓으로 대체한다. 성경의 진리를 새로운 이데올로기로 대체한다. 그리스도인은 하나님의 계획이 참되고 선할 뿐만 아니라 인간 번영의 유일한 길이라는 사실을 믿어야 한다. 하나님이 계획하셨다면 그게 옳다. 하나님이 창조 첫 날에 친히 말씀하신 것처럼 "그것은 좋다."

하지만 하나님의 계획을 믿는 믿음은 단순한 지적 동의 이상으로 확장되어야 한다. 하나님의 창조 명령을 믿는 믿음은 우리 세계관의 참된 토대이며 이로 말미암아 우리의 모든 사고는 질서를 유지한다. 그러므로 그리스도인은 결혼에 관한 하나님의 계획을 믿는 믿음을 드러낼 때, 그 진리를 입으로 말할 뿐만 아니라 삶으로 살아내야 한다. 야고보서 2장 18절은 이렇게 말한다. "어떤 사람은 말하기를 너는 믿음이 있고 나는 행함이 있으니 행함이 없는 네 믿음을 내게 보이라 나는 행함으로 내 믿음을 네게 보이리라 하리라." 그리스도인은 하나님의 계획 안에서 신실하게 살아 믿음을 입증한다. 그러므로 우리의 결혼은 지속되어야 한다. 우리의 자녀들은 성경과 성경의 이야기를 알아야 한다. 우리의 가정은 지역 교회와 연합하여 교회를 완전하게 만들어야 하며 그리스도의 몸과 규칙적으로 교제해야 한다. 낙태 반대는 도움의 손길을 필요로 하는 아이들을 입양해서 양육하는 기독교 가정을 배출해야 한다.

하나님의 말씀을 믿는 믿음

신실한 교회가 있는 곳에는 오류가 없고 영감으로 기록되었으며 틀림이 없는 성경 말씀에 헌신하는 사람들이 있다. 이 책 전체를 통해 우리는 시대 정신 앞에 허무하게 무너져 내리는 교단과 교회들을 보았다. 이유가 뭔가? 가장 중요한 이유는 이들이 거룩한 말씀을 믿는 믿음을 잃었기 때문이다. 교회가 시대에 뒤떨어지고 문화적 한계 아래 놓여 있는 잘못된 텍스트에 문호를 개방하면, 그 교회는 이미 기독교의 진리에서 벗어나는 길에 접어든 것이다.

우리 시대의 가장 영향력 있는 복음주의 신학자 J. I. 패커가 한 번은 "삼십 년 전쟁 : 성경을 위한 싸움"이라는 제목의 강연을 한 적이 있다. 이 강연을 한 것이 1985년이니 벌써 삼십 년도 더 지났다. 내 말의 요점을 간단히 말하자면, 우리는 성경의 완전한 참됨과 권위를 위해 교회 안에서 길고도 지속적인 싸움을 하고 있다는 것이다. 어떤 의미에서 이 싸움은 모던 시대가 밝아온 이후 지금까지 계속되고 있다.

프로테스탄트 종교개혁은 '오직 성경'(sola Scriptura)을 핵심 원리 중 하나로 소중히 여겼다. 이는 성경만이 권위의 궁극적 근원이라는 확언이다. 위대한 신학자 B. B. 워필드가 우리에게 일깨웠다시피, "성경에 대한 교회의 교리는, 성경이 말할 때 하나님이 말씀하신다는 것이다." 성경은 기록된 하나님의 말씀이라는 것이 우리의 확신이다. 성경이 없으면 교회에는 권위 있는 말씀도 없고 교리에 따른 질서도 없다.

교회가 성경에 관해 가장 먼저 확언해야 할 것은 성경의 영감성이다. 베드로후서 1장 21절에서 말하다시피, "예언은 언제든지 사람의 뜻으로 낸 것이 아니요 오직 성령의 감동하심을 받은 사람들이 하나님께 받아 말한 것"이다. 신적(神的)인 영감, 이는 성경을 아름답게 묘사한 말이다. 성경 기자들은 한 글자 한 글자 "성령의 감동하심을 받"았다. 한 글자 한 글자가 다 하나님의 영감을 받았고 한 글자 한 글자가 다 완전히 영감 받았다.

이 세속의 시대에 우리가 목격하는 것은 혁명과 계시 사이의 전투다. 세속 세계관이 마침내 성경적 세계관을 대체했다. 세속의 공간에서는 하나님의 계시의 모든 주장에 의미를 부여하지 않는다. 학계에서는 계시가 주장하는 모든 것에 대한 적개심이 점점 커지고 있다. 성경이 하나님의 말씀이라고 주장하면 도처에서 지적으로 곤혹스러워하는 얼굴과 마주친다. 교회는 초(超) 모던 사회에서 "하나님이 말씀하시기를"이라는 표현이 그 어떤 의미를 만들어 내는 최종적 공간이다. 교회에서는 이 표현 자체로 족해야 한다.

그리스도인이 두 번째로 확언해야 할 것은, 성경은 참되다는 것이다. 신적 영감을 확언하면 자연스럽게 이렇게 말할 수밖에 없다. 하나님이 성경의 궁극적 저자이시라면, 성경은 완전히 참되다. 요한복음 17장 17절에서 예수님은 교회를 위해 아버지께 이렇게 기도한다. "그들을 진리로 거룩하게 하옵소서 아버지의 말씀은 진리니이다."

성경의 완전한 참됨은 성경의 무오성(無誤性)과 직결된다. 성경에는 그 어떤 오류도 없다. 성경에는 절대 오류가 없으며, 그래서 성경에는 틀린 내용이 전혀 없다. 우리를 둘러싼 세상이 그 도덕의 경계선을 자꾸 바꿀 때 성경의 참됨은 교회가 꾸준하고 일관성 있게 서기 위해 결정적으로 중요하다.

결혼이 무엇인지 우리는 어떻게 아는가? 성경이 결혼이 무엇인지 정의해 준다. 남자와 여자를 이해하는 법을 우리는 어떻게 아는가? 마태복음 19장 4-5절에서 예수님은 창세기 1, 2장으로 돌아가 이를 실제적으로 설명해 주셨다. "사람을 지으신 이가 본래 그들을 남자와 여자로 지으시고 말씀하시기를 그러므로 사람이 그 부모를 떠나서 아내에게 합하여 그 둘이 한 몸이 될지니라 하신 것을 읽지 못하였느냐." 결혼의 패턴이 이렇게 계시되고 있으며, 이는 전적으로 신뢰할 만하다.

그리스도인이 성경에 관해 세 번째로 확언해야 할 것은, 성경으로 충분하다는 것이다. 성경의 충분성에 대해 사실상 가르침 받지 못하는 그리스도인이 많다는 것은 서글픈 사실이다. 쉽게 말해 이는 신실한 신자로 살기 위해 우리에게 필요한 모든 것을 하나님이 교회에 주셨다는 의미다. 하나님은 우리가 알아야 할 것을 우리에게 말씀해 주셨다. 더 나아가, 이는 그리스도인이 그 지식을 교정하거나 보완하기 위해 세상의 어떤 권위에 의지하지 않는다는 뜻이다. 이는 그리스도인이 현대 과학이나 다른 어떤 형태의 현대적 지식에서 아무것도 배우지 않는다는 뜻이 아니다. 이는 어떤 외적 권위가 성경을 교정해 주는 지식을 그리스도인에게 제공하거나 어떤 권위 있는 메시지를 제공하지 않는다는 뜻이다.

성경의 충분성으로 말미암아 우리는 성경이 말하는 어떤 주제에 관해 하나님이 뭔가 새로운 말씀을 주시거나 최신 지식을 주시기를 기다리지 않는다. 우리는 성경을 통해 규정되고 가르침 받는 사람들이다.

또 한 가지 마음에 새겨야 할 위대한 진리는, 하나님은 언제나 자기 말씀에 신실하시다는 것이다. 교회는 하나님의 말씀을 고수한다는 이유로 세상 앞에서 수치를 당하지 않는다. 계시냐 혁명이냐 하는 선택 앞에서, 우리는 성경을 통해 우리에게 자신을 계시하시고 자신의 길을 보여 주신 하나님의 선하심을 실제적으로 인식한다. 칼 F. H. 헨리가 매우 아름답게 표현한 것처럼, 하나님은 우리가 하나님을 알고 사랑할 수 있게 하려고 "하나님 자신의 프라이버시를 상실"하실 만큼 우리를 사랑하셨다.[2]

하나님의 계시에 견고히 터를 잡으면, 그 어떤 혁명도, 심지어 성 혁명과 젠더 혁명도 우리를 혼란스럽게 하지 못한다. 만약 우리가 다른 어떤 권위에 근거해 우리 입장을 정하면, 혁명은 우리를 삼켜 버릴 것이다.

하나님의 권능을 믿는 믿음

예수 그리스도의 복음을 믿는 믿음이란, 무엇보다도 예수님이 구원하신다는 믿음을 뜻한다. 간단히 말해 이는 기독교의 가장 기본적 사실이다. 성경에서 가장 유명한 구절은 요한복음 3장 16절일 것이다. "하나님이 세상을 이처럼 사랑하사 독생자를 주셨으니 이는 그를 믿는 자마다 멸망하지 않고 영생을 얻게 하려 하심이라."

예수님이 니고데모에게 말씀하신 것처럼, "너는 다시 나야 한다"(요 3:7, 현대인의 성경). 복음의 좋은 소식은, 그리스도를 믿고 자기 죄를 회개하는 모든 사람에게 구원이 임한다는 것이다. 게다가 우리는 우리가 행해야 하거나 행할 수 있는 어떤 일로써가 아니라 은혜로 구원받는다. 구원은 하나님의 순전한 자비로 임한다.

하지만 구원은 엄청난 대가를 치르고 임한다. 사도 바울이 고린도 그리스도인들에게 말한 것처럼, 복음이란 그리스도께서 우리 죄를 위해 죽으셨고, 하나님이 성경대로 그리스도를 죽음에서 일으키셨다는 것을 뜻한다. 그건 그렇고, 바울은 우리가 해야 할 바로 그 일을 행했다는 사실에 주목하라. 바울은 "성경대로"(고전 15:3) 무엇이 참인지를 찾아내었다.

물론 복음은 하나님이 죄인들을 구원하신다는 엄청난 소식이며, 이는 우리가 늘 마음에 새겨야 할 성경의 진리의 또 다른 측면이다. 인간은 여러 가지 문제에 봉착하지만, 인간의 가장 기본적인 문제는 우리 힘으로 어찌할 수 없는 어떤 일들이다. 이 문제는 어떤 요법으로도 해결할 수 없고, 어떤 정치 강령으로도 해결할 수 없다. 이는 그리스도인이 명심해야 할 결정적인 내용이다. 이것을 기억해야 문화적/정치적 혼란을 피할 수 있다. 정부가 나름의 역할을 하지만 우리를 구원하지는 못한다.

그리스도인은 모종의 정치적 메시아주의에 굴복할 수 없다. 그리스도의 나라는 정치 강령에 숨겨져 있지 않다.

기독교 세계관은 정치와 정부의 중요성을 강조한다. 정치와 정부는 하나님의 주권 및 이웃을 사랑하라는 명령에 뿌리를 두고 있다. 하지만 성경적 세계관은 정치를 정치 본연의 위치에 놓기도 한다. 우리는 문화의 다른 차원에서도 청지기 역할을 하듯이 정치 과정에도 참여한다. 하지만 우리의 궁극적이고 유일한 소망은 그리스도 안에 있다.

바울이 로마서 1장 16절에서 한 말을 기억하라. "내가 복음을 부끄러워하지 아니하노니 이 복음은 모든 믿는 자에게 구원을 주시는 하나님의 능력이 됨이라." 기억해야 할 말씀이 여기 있다. 이것은 더할 수 없이 명확한 말씀이다.

소망

소망은 어떤 속성이 아니다. 그것은 확신이다. 인간으로서 우리는 어떤 속성을 꾸준하게 지닐 능력이 없다. 속성으로서의 소망은 지속되지 않는다. 하지만 우리의 소망은 사실상 그리스도께 대한 우리의 확신이다. 그리스도는 우리의 소망이시다.

이 점을 유념할 때, 이생에서 그리스도인에게 소망이란 무슨 의미일까? 무엇보다도, 소망이란 그리스도 안에서, 그리고 그분의 영광을 위해 우리가 이 세상에서 변화를 낳을 능력이 있다고 믿는다는 뜻이다. 우리의 삶은 단순히 역사의 우연이 아니다. 하나님은 우리를 위한 목적을 갖고 계신다. 지금 여기서 말이다.

구약성경에서 흥미로운 동사 중 하나가 선지자 예레미야의 말에 등장하는데, 예레미야는 하나님의 백성이 극심한 압제 아래 있을 때도 이들에게 말씀을 전했다. 예레미야를 통해 말씀하실 때 하나님은 낙심하지 말고, 부지런하라고 백성들에게 말씀하셨다. 이스라엘에게 주신 지시는 다음과 같았다. "너희는 집을 짓고 거기에 살며 텃밭을 만들고 그 열매를 먹으라"(렘 29:5).

이는 놀라운 말씀이며 오늘을 사는 그리스도인에게 엄청나게 도움이 되는 말씀이다. 세속 시대 앞에서 우리는 무엇을 하는가? 집을 짓고 거기서 산다. 결혼을 하고 아기를 낳고 가정을 일구며 교회를 개척하며 세상에 변화를 일으킨다. 현대의 세속 세계관에서 가장 슬프고 그 어두운 면모를 드러내 보여 주는 것은, 기후 변화를 이유로 더는 아기를 낳아서는 안 된다는 주장이다.

하지만 그리스도인의 소망은 우리를 자유롭게 해, 그리스도가 아닌 다른 어떤 것이나 어떤 사람에게 궁극적 소망을 두지 않게 한다. 그리고 땅의 어떤 문제에 대해서든 궁극적 해법이 있으리라는 기대를 하지 않게 해준다. 궁극적 승리는 없다. 세상에 대한 있는 모습 그대로의 현실적 이해가 있을 뿐이다. 그리스도인에게는 승리도 있고 패배도 있음을 우리는 알고 있다. 우리는 승리도 하고 패배도 하지만, 어떤 승리나 패배도 최종적이지는 않다.

전국 단위의 선거가 몇 년에 한 번씩 치러진다. 경제 계획과 세금 정책은 결국 또 다른 계획과 정책으로 대체된다. 판사들은 은퇴하고 죽는다. 정당도 생겼다가 사라진다.

이 모든 일이 정말 중요하지만 절대 궁극적이지 않은 이유를 오직 기독교 세계관만이 설명해 줄 수 있다. 우리의 궁극적 소망은 이 세상에 있지 않고 다가올 세상에 있다. 하나님의 나라가 그 충만함으로 다가오고 있다. 그리고 예수 그리스도께서 주님이시다. 그리스도에게 우리는 최고의 소망을 두며, 그것은 속성으로서의 소망이 아니라 확신으로서의 소망이다.

이 말씀을 기억하라. "믿음은 바라는 것들의 실상이요 보이지 않는 것들의 증거니"(히 11:1).

사랑

믿음과 소망과 사랑 중에 제일은 사랑이라고 바울은 기록했다. 성경이 말하는 소망이 속성이 아닌 것처럼 성경이 말하는 사랑은 감상(感想)이 아니다. 기독교의 사랑은 실제적이다. 이 사랑은 헌신의 형태를 지닌다.

성경이 말하는 사랑의 순서는 하나님이 먼저 우리를 사랑하셨기에 우리도 사랑한다고 이해할 수 있다. 요한복음 3장 16절을 돌아보면, 우리의 구원은 오로지 하나님의 사랑의 주권적 능력 덕분에 임하며, 하나님의 사랑이 우리의 사랑보다 앞선다는 것을 알 수 있다. 하나님은 우리가 그분을 사랑하기 훨씬 전부터 우리를 사랑하신다.

사랑때문에 예수 그리스도는 십자가를 지셨다. 하나님의 사랑은 그저 놀랍기만 하다. 어렸을 때 내가 가장 먼저 외운 성경 구절은 이것이다. "하나님은 사랑이심이라"(요일 4:8).

그런데 성경은 그리스도인이 서로를 사랑해야 한다고 말한다. 사도 요한은 우리가 그리스도 안에 있는 형제자매를 사랑하지 않으면 우리는 하나님의 교회가 아니라 마귀의 자녀라고 말한다(요일 3:10).

더 나아가 예수님은 이웃을 우리 자신처럼 사랑하라고 말씀하셨다. 이 명령에서 우리는 신자들의 정치적/사회적 책임을 발견한다. 가장 위대한 교부 아우구스티누스는 그리스도인은 두 도성, 즉 하나님의 도성과 인간의 도성에 대해 생각해야 한다고 가르쳤다. 두 도성은 저마다 고유의 강력한 사랑을 갖고 있다. 하나님의 도성에서 위대한 사랑은 하나님의 사랑이다. 인간의 도성에서는 동료 인간의 사랑이 큰 사랑이다. 그런 통찰력으로 아우구스티누스는 두 가지 사랑 모두 실제적 사랑이지만 오직 하나님의 사랑만이 영원하다는 것을 보여 주었다. 하나님의 도성에는 그리스도를 믿는 사람들이 산다. 인간의 도성에는 이 땅에 태어난 모든 인간이 다 들어간다. 하나님이 도성은 영원하다. 인간의 도성은 일시적이다.

하지만 아우구스티누스의 큰 업적은, 인간의 도성, 즉 이 세상이 하나님께 얼마나 중요한지를 우리에게 알려 주었다는 점이다. 하나님은 이 세상과 그 안에 있는 모든 것을 만드셨다. 하나님은 이 세상을 비롯해 자신이 만든 모든 피조물을 사랑하신다. 하나님은 특히 자신의 형상으로 만드신 존재들을 사랑하신다. 하나님은 우리가 이 세상에서 선을 위해 힘쓰기를 바라신다. 그리스도인은 이 타락한 세상에서 선을 위해, 하나님의 영광을 위해 힘쓰라고 배운다. 왜냐하면 그렇게 명령받았기 때문이다. 우리의 궁극적인 시민권은 하늘, 즉 하나님의 도성에 있지만, 우리는 지금 이 땅의 나라의 시민이기도 하며, 이는 우연한 일이 아니다.

따라서 그리스도인에게는 정치적 책임이 있으며 정치는 중요하다. 정부는 중요하다. 법도 중요하다. 선거도 중요하다. 경제 정책도 중요하다. 모든 것이 중요하다. 하지만 우리는 이 책임에 관해 어떻게 생각해야 할까? 무엇이 우리에게 동기를 부여해 주고 우리가 행할 길을 안내해 주는가?

그 답은 사랑이다.

예수께서는 마태복음 22장에서 이 모든 것을 정연하게 설명해 주셨다. 예수님은 가장 크고 첫째 되는 계명이 무엇이냐는 질문을 받고 이렇게 대답하셨다. "네 마음을 다하고 목숨을 다하고 뜻을 다하여 주 너의 하나님을 사랑하라 하셨으니 이것이 크고 첫째 되는 계명이요 둘째도 그와 같으니 네 이웃을 네 자신 같이 사랑하라." 그 후 예수님은 이렇게 덧붙이셨다. "이 두 계명이 온 율법과 선지자의 강령이니라"(37-40절).

이제 패턴을 분명히 볼 수 있을 것이다. 하나님의 도성은 하나님의 사랑, 그 무엇도 섞이지 않은 완전한 그 사랑으로 움직여간다. 인간의 도성은 인간의 사랑, 현실적이지만 불완전한 사랑으로 움직여간다. 인간의 사랑은 그대로 내버려 두면 위험한 인본주의가 되어간다. 우리 시대에서 성경적 기독교에 가장 위협이 되는 경쟁적 세계관은 세속 인본주의다. 이런 형태의 인본주의는 우상숭배적이고 타락했다. 인간은 자존(自存)하지도 않고 자충족적이지도 않다. 그리고 인간 숭배는 순식간에 치명적인 것이 되어 버린다. 세속 인본주의는 인간을 모든 외적 권위에서 자유로운 자율적 존재로 제시한다. 이런 인간관은 재앙으로 귀결된다.

그리스도인은 전혀 다른 세계관을 지니며, 전혀 다른 동기에 의해 움직인다. 우리의 동기는 이웃에 대한 사랑이다. 우리는 이웃을 내 몸 같이 사랑하라는 부름을 받는다. 아니, 명령 받는다. 그런데 누가 우리의 이웃인가? 그리스도께서는 모든 사람이 다 우리의 이웃이라고 분명히 알려 주셨다.

정리하자면, 소망은 우리가 가정을 이루고 그 안에서 살 이유를 제공한다. 사랑은 우리가 타인을 위해 가정을 이루고 그들이 그 안에서 살 수 있게 할 이유를 제공한다. 이웃을 사랑하기에 우리는 의로운 법을 위해, 의와 정의를 위해, 인간의 생명을 보호하기 위해, 우리 이웃의 유익을 위해 만사에 힘쓴다.

이는 하나님의 영광을 위해 이웃을 사랑하는, 인간의 도성의 시민 된 우리의 책임에 수많은 실질적 내용을 더해 준다. 경제·정치·선거·연예오락·법률·정부·병원·입양기관·교회·기독교 기관 등 우리가 떠올릴 수 있는 모든 일에 우리는 하나님의 영광을 위해 참여할 수 있다.

이것을 우리의 청지기직과 소명에 달려 있다. 믿음, 소망, 사랑은 궁극적으로 영원하지만, 그 중 가장 큰 것은 사랑이다.

몰려오는 폭풍우는 실제적이다. 우리는 이 폭풍우를 눈으로 볼 수 있으며, 용기를 내서 그 본질도 관찰할 수 있다. 하지만 주님 되시는 예수 그리스도께서는 음부의 권세가 자신의 교회를 이길 수 없을 거라고 약속하셨다. 그것으로 충분하다.

부록

법정 위로 몰려오는 폭풍우

미국의 정부 체계, 우리가 소중히 여기는 헌정(憲政)과 질서정연한 자유 실험은 권력의 분산에 의존한다. 전제 정치를 염려한 건국의 아버지들은 정부를 행정부, 입법부, 사법부로 나누었다. 알렉산더 해밀턴(Alexander Hamilton, 미국 독립전쟁 중 조지 워싱턴의 부관으로 일했고, 독립 후에는 헌법제정회의에 뉴욕 대표로 참가했다—역자주)은 사법부는 삼부(三府) 중 "가장 덜 위험한 부"일 것이라는 유명한 말을 남겼다.[1]

해밀턴의 판단은 오랫동안 옳아 보였다. 하지만 최근 들어 판도가 바뀌었다. 지난 몇 십 년 동안 법원, 특히 연방 대법원은 의회나 백악관의 손에 있어야 마땅한 권력을 스스로 취했다. 대부분의 경우, 법원은 의회가 해결할 의사가 없거나 해결할 능력이 없는 문제들을 떠맡았다. 어떤 경우에는 사법부 스스로 권력을 찬탈하기도 했다.

그와 동시에, 법원이 전반적으로 행동주의로 전환한 것은 여러 쟁점들에 대한 변화의 속도에 만족하지 못한 정치적 자유주의자(political liberals, 여기서 말하는 자유주의자는 정치적 보수주의자의 반대편에 서 있는 사람들을 지칭함—편집주)와 진보주의자들이 주도했다는 점을 인식하는 게 중요하다. 지난 몇십 년 동안 연방 법원의 특징을 이룬 자유주의적 행동주의는 보수주의 성향의 판사들을 연방 판사로 임명한 보수주의 대통령들에 의해 점차 저지되었다. 그런 이유로 우리는 여러 가지 새롭고도 난처한 전개 상황을 보게 된다. 〈월 스트리트 저널〉의 조슈아 제이머슨은 "민주당 후보들은 대법원 개편을 지지해 줄 것을 촉구했다"는 제목의 기사를 썼다. 제이머슨은 이렇게 보도했다.

> 진보적 활동가 단체들은 연방 대법원 변화를 위한 제안들을 지지해 달라고 민주당 대통령 후보들에게 압력을 넣고 있는데, 이 같은 움직임은 그 안정된 기관에 충격을 주고 싶지 않은 유권자들의 항의를 불러올 수도 있다. 팩 더 코트(Pack the Courts)는 샌프란시스코 주립대학교 애런 벨킨 교수가 최근 결성한 단체로서, 고등법원 판사 정원 확대를 지지해 달라고 후보들에게 압력을 넣으려 한다. 좀 더 자유주의적인 사법부를 옹호하는 단체 디맨드 저스티스(Demand Justice)는 판사 임기 제한 제도를 도입하고, 소득세 신고서 공개와 같은 일종의 윤리 지침을 내놓으면서 더욱 광범위한 일련의 개편을 추진하고 있다.[2]

연방 대법원의 최근 변화, 특히 닐 고서치와 브렛 캐버노를 대법관으로 임명한 데서 볼 수 있는 변화는 민주당의 강성 당원들 사이에 적의를 불러일으킨다. 제이머슨의 기사에서 분명히 하고 있다시피, 일부 자유주의자들은 이제 연방 대법원 구조에 철저한 변화를 주기를 요구한다. 왜 그래야 할까?

자유주의자들은 국가가 직면한 주요 문제를 판결하는 국가 최고

법원의 권한을 알고 있다. 낙태와 동성 결혼 합법화는 의사당에서의 공개 토론을 통해서가 아니라 대법원 다수 판사들의 법적 판단을 통해 이뤄진다는 것을 말이다. 낙태 권리 운동과 동성 결혼 합법화 운동 측은 의회를 통해 획득할 수 없었던 것을 연방 대법원에서 얻었다.

실제로, 낙태와 LGBTQ 같은 문제에서 문화를 형성하는 주요한 변화는 일반적으로 입법부가 아닌 법원의 조처에 의해 생겨난다. 로 대 웨이드 판결이나 오버거펠 대 하지스 판결만 봐도 알 수 있다. 이렇게 여러 사건에서 연방 대법원 판결은 자유주의의 도덕적 의제와 관련해 사회적 변화를 일으키는 가장 큰 엔진 역할을 해 왔다.

하지만 자유주의자들은 법원에 대한 자신들의 영향력이 약해지고 있다고 염려한다. 도널드 트럼프가 대선에서 이기고 공화당이 상원에서 다수당이 됨에 따라 지난 삼 년 동안에만 연방 대법원 판사 임명이 두 차례 있었고 연방 판사의 25퍼센트가 임명되었다. 조지 W. 부시와 버락 오바마 대통령은 도합 팔 년 간의 임기 동안 연방 대법원 판사를 각각 두 명씩 임명했을 뿐이다.

이 점에 비추어, 일부 민주당 의원들은 새로 당선된 민주당 대통령이 연방 대법원 판사 정원을 늘려 판사 구성을 민주당에 "유리하게 만들어야" 한다고 주장하고 있다. 또 어떤 의원들은 판사 임기를 종신제에서 제한제로 바꿈으로써 국가 최고 법원의 개념을 아예 재정의하는 더욱 급진적 조치를 주장한다. 미국 정치의 깊은 분열은 연방 법원에 관한 깊은 분열에 잘 나타나 있다.

연방 대법원에 대한 서로 다른 시각은 다양한 해석학, 즉 텍스트를 읽는 서로 다른 방식에 주로 기인한다. 이 경우, 텍스트는 미합중국의 헌법과 연방 법규다. 지난 수십 년 동안 자유주의 성향의 판사들과 법학 교수들은 국가가 성숙함에 따라 함께 발전하는 "살아 있는 헌법" 개념을 주장했다. 반면 보수주의자들은 헌법을 포함해 모든 텍스트는 저자의 원래 의도에 비추어 해석되어야 한다고 주장했다. 위와 같은 자유주의적 해석학 추세는 이십 세기 초 우드로 윌슨의 지도 아래서 시작되었다.

윌슨 같은 진보주의자들은 보수주의적 해석 방식이 미국의 진보를 제한한다고 믿었다. 이들은 헌법 자체가 너무 보수적이라고 믿었다. 특히 연방 정부의 권력을 제한한다는 점에서 그러하다고 믿었다. 이들은 헌법을 읽는 방식을 재규정함으로써 이 딜레마에서 벗어날 수 있다고 보았다. 진보주의자들은 헌법 본문은 살아 있다고, 즉 본문의 의미는 발전할 수 있다고 단정했다. 설령 그 의미가 문서상의 실제 단어들과 모순되더라도 말이다. 1950년대와 1960년대에는 두 주요 정당 모두 이 진보적 법 해석 논리를 받아들였다.

실제로 1958년, 미합중국 연방 대법원장 얼 워런은 트로프 대 덜레스(Trop v. Dulles : 1944년 앨버트 트로프는 육군 사병으로 복무 중 탈영했다가 군법회의에서 유죄 판결을 받고 불명예 제대했다. 이후에 여권을 신청한 트로프는 탈영한 미군은 시민권을 상실하게 되어 있는 국적법에 따라 여권 발급을 거부당했고, 이에 자신이 미국 시민이라는 선언적 판결을 받으려고 소송을 제기했다. 지방법원은 정부의 손을 들어줬고, 연방 제2 순회항소법원도 지방법원의 결정을 지지했으나 연방 대법원은 범죄에 대한 처벌로 시민권을 취소하는 것은 위헌이라고 하면서 판결을 뒤집었다—역자주) 사건으로 알려진 재판에서 다수 의견을 작성했다. 판결문에서 워런은 "품격의 기준은 진화하며 그것이 성숙해가는 사회의 진보를 특징짓는다"면서 이 사실을 법원이 인정해야 할 것이라고 주장했다. 이 간명한 진술에 진보주의 법리와 도덕의 이상(理想)이 요약되어 있다. 워런은 연방 대법원이 "진화하는 기준"을 통해 헌법을 읽어야 할 것이라고 주장했다. 이것이 곧 법원이 새로운 권리를 창안해 낸다는 의미일지라도, 혹은 헌법 본문이 실제로 뭐라고 말하느냐가 아니라 헌법은 이렇게 말해야 한다는 판사의 생각을 근거로 판결을 내린다는 의미일지라도 말이다.

대법원장은 사회가 그 품격의 기준을 변경시키고 과거에 지녔던 신념 수용을 진화시킴으로써 도덕적으로 전진한다고 주장했다. 이러한 논법과 철학이 1950년대와 1960년대부터 연방 대법원과 미국의 사법부를 이끌었으며, 오늘날까지도 그 추세는 계속 이어지고 있다. 이는 미국 사회의 도덕적 풍경을 바꾼 참으로 급진적인 사법 철학이다. 본질적으로, 진보주의자들은 현재 이 순간의 문화라는 렌즈를 통해 헌법의 용어를 읽어야 한다고 주장한다. 헌법의 용어들의 의미는 당대 사회의 당면한 필요에 따라 갱신되어야 한다는 것이다. 이들은 자신들의 해석에 따라 연방 대법원이(종종 연방 법원들도 마찬가지로) 헌법을 최신화해야 한다고 주장했다. 다시 말하지만, 여기서 우리는 입헌 공화국의 공개 토론 과정에서 이길 수 없는 경우 자유주의 세력이 어떤 패턴으로 승리를 추구하는지 알게 된다. 헌법을 바꾸려면 개정을 통해 바꿔야지 판사들의 명령에 따라 바꿔서는 안 된다.

이십 세기 중반 헌법 해석에 관해 공화당과 민주당 사이에 이런 의견일치가 있었던 결과로, 1973년 로 대 웨이드 판결 같은 변혁적 판결의 무대를 마련해 준 일련의 고등 법원 판결들이 나왔다. 법조계에서 현대 보수주의 동향은 헌법 해석의 대체적 방식으로서 등장했다. 이는 국가 운영 문서의 단어, 문법, 내용에 근거한 헌법 해석이었다.

하지만 진보 성향 법관들 대다수는 먼저 사생활 보호라는 헌법상 권리를 찾아냄으로써 낙태(그리고 결국 동성 결혼)를 합법화하는 길을 마련했다. 그 권리는 헌법의 실제 표현에서 찾아낸 권리가 아니라 윌리엄 O. 더글러스 대법관이 말하는 "권리장전의 특정한 보장 사항에 있는 음영(陰影) 부분"에서 찾아낸 권리다. 이 음영은 "그 보장 사항의 영향으로 형성된 것으로, 그 보장 사항의 도움으로 생명과 실체를 부여받는다."[3] 다시 말해, 더글러스 판사는 연방 대법원의 결정을 옹호하는 글에서 방금 새로운 권리를 불러들였고 권리장전에 이 권리가 있었어야 한다고 선언했다. 하지만 권리장전에는 이 권리가 없다.

단 몇 년 사이 연방 대법원의 진보주의자들은 그리스올드(Griswold) 사건(주 정부가 부부의 피임 접근권을 부인할 수 없다면서 헌법상 자기결정권으로서 프라이버시권을 인정한 판례─역자주)에서 피임에 찬성했고, 뒤이어 낙태권에 찬성하는 판결을 내렸다. 물론 미국 헌법은 낙태를 언급조차 하지 않고 낙태 비슷한 말도 하지 않는데, 대다수는 어떤 식으로든 낙태를 강요했다. 결국, 동일한 논리가 동성애와 동성 결혼에까지 확장되었다.

보수주의자들의 주장은 헌법이 그러한 권리를 포함할 수 없다는 게 아니라, 그런 권리는 헌법에 포함되어 있지도 않고 포함되어서도 안 된다는 것이다. 미국인들이 낙태와 동성 결혼을 합법화하기를 원했다면, 의회에서 입법 절차를 거쳐 합법화할 수 있었다. 하지만 1973년에 의회를 통해 낙태 합법화를 강제할 정치적 방법도, 2015년에 동성 결혼을 합법화할 정치적 방법도 없었다. 그래서 행동주의자들은 법원으로 갔고, 행동주의자 법관들은 이들의 요구를 들어 주었다.

이제 분명해졌을 것이다. 연방 법원에 판사를 임명하고 대법원에 법관을 임명하는 사람이 국가의 미래를 상당 부분 통제한다.

보수주의 르네상스

하지만 보수주의자들은 연방 판사진과 연방 대법원에 새로운 물결의 법관들을 지명함으로써 법원의 진보 지향에 대응했다. 이 판사들은 국가 운영 문서의 단어, 의도, 본문에 직접적으로 연결된 헌법 해석을 대표했다. 현재 연방 대법원 법관인 클래런스 토머스는 이 나라 최고 법원의 일원 중 가장 일관성 있게 보수 지향적이며, 토머스의 헌법 해석 방식은 다수의 좌파 인사들의 관심을 끌고 있는데, 〈뉴욕타임스〉의 베테랑 법조 담당 기자 애덤 립턱도 그 중 한 사람이다.

2019년 3월, 립턱은 〈뉴욕타임스〉에 "판례, 클레런스 토머스를 만나다. 그럭저럭 넘어가지 못할 수도 있다"라는 제목의 기사를 실었다.[4] 이 기사에서 립턱은 이렇게 보도했다. "클래런스 토머스 판사는 2월에 바빴다. 늘 그렇듯 그는 연방 대법원 변론 중에 아무 질문도 하지 않았다. 하지만 그는 법원의 가장 유명한 판례 몇 가지를 문제 삼은 팔 일 동안 세 가지 의견으로 침묵을 만회했다."

토머스 판사는 '뉴욕타임스 대 설리번'(New York Times v. Sullivan) 판결의 합헌성에 의혹을 제기했는데, 1964년에 내려진 이 판결은 립턱의 주장처럼 "공무원들이 제기한 명예훼손 소송에 대해 수정헌법 제1

조로 언론을 광범위하게 보호했다. 토머스 대법관은 설리번 사건 및 이를 확장한 판결들이 '헌법을 가장한 정책 중심의 결정'이었다고 말했다."

이어서 2월 20일, 토머스는 '로 대 웨이드' 사건을 통해 미국에서 낙태가 합법화된 것은 "올바르지 않기로 유명하다"고 비판했다. 립턱은 로 사건 판결이 "수정헌법 제14조의 적법절차 조항에 따라 기본권을 확인하고 보호하려는 그릇된 노력의 산물"이라는 말로 토머스의 견해를 요약했다. 토머스 대법관은 "음영"과 "영향"에 관한 더글러스 대법관의 주장을 직접적으로 비판했다.

토머스가 2019년 2월에 작성한 최종 의견은 "기디언 대 웨인라이트'(Gideon v. Wainwright) 판결에 대한 회의론을 드러냈다. 1963년에 내려진 이 판결은 수정헌법 제6조에 따를 때 중범죄로 기소된 가난한 사람들에게 정부가 변호사를 제공해 주어야 한다고 했다. 그러나 토머스 대법관은 수정헌법 제6조의 초안을 만들고 비준한 사람들이 이해하기로는 이 조항이 변호사를 고용할 권리만을 보장한다고 말했다."

이 부분에서 립턱의 의도는 자신의 기사를 읽고 독자들이 분개했으면 하는 것이다. 현직 연방 대법원 판사가 어떻게 감히 미합중국 연방 대법원의 세 가지 기념비적 판결의 적법성과 합법성에 의문을 제기할 수 있단 말인가? 립턱은 이어서 이렇게 말했다. "이 의견은 토머스 대법관의 법이론의 두 가지 독특한 측면을 강조했다. 그는 헌법의 본래 의미를 밝혀내려고 하며, 그는 원래의 이해에서 벗어난 판례를 활용하지 않는다."

립턱은 토머스를 고발할 의도로 위와 같이 말했으나, 사실상 이는 토머스가 지닌 법철학의 본질을 요약하는 말이었다. 추론과 주장을 헌법 본문에 동여매는 것이 그의 철학이다. 연방 대법원의 판결이 헌법에서 벗어났을 때, 그 판결은 법적 선례를 위한 권위로서의 역할을 해서는 안 된다. 립턱은 토머스가 대담하게 자기 신념을 고집한다고 비난한다. 말하는 대로 생각하고, 생각하는 대로 말하는 대담한 행위를 한다고 말이다. 실제로 토머스 대법관은 립턱이 자신을 고발하는 말을 듣고 "기소 내용 그대로 유죄!"라고 말할지도 모른다.

립턱이 토머스 대법관과 논쟁을 벌이게 된 발단은, 토머스가 진보주의자들이 소중히 여기는 판례들을 다뤘다는 것이다. 판례는 미국의 법이론에서 중요한 길라잡이가 되는 원칙으로 군림해 왔다. '선례 구속성의 원칙'(stare decisis), 혹은 "이미 나온 판결을 지지한다"는 원칙은 어떤 법정에서든 앞서의 판결이 현재의 사건에 권위 있는 영향을 지녀야 한다는 뜻이다. 토머스 대법관은 립턱이 지적하다시피 선례를 헌법 본문보다 중요하게 여기지 않는다. 그래서 립턱은 토머스 대법관이 나라의 최고 법원의 일원으로서 위험한 인물이라고 암시한다.

하지만 토머스 대법관은 '선례 구속성의 원칙'을 전부 무시하지는 않는다. 이랬다저랬다 하는 법원은 신뢰를 잃기 쉽다. 하지만 토머스는, 합헌성 판단을 위임받은 심의기구로서의 대법원의 권한을 넘어섰을 뿐만 아니라 헌법을 왜곡해 잘못 판결한 사건에 선례 구속성의 원칙을 적용하는 것이 과연 타당하냐고 의문을 제기한다. 연방 대법원이 이 법적 원리에서 벗어나면, 위로부터 아래를 향하는 하향식 입법이 시작된다. 겨우 다섯 명(대법관의 과반수)의 뜻이 이 땅의 최고법이 되는 것이다.

그래서 토머스 대법관은 헌법 본문을 연방 대법원 판례보다 우선으로 여겨야 한다고 믿는다. 그가 생각하기에 대법원 판례 중에는 헌법의 의미에서 벗어난 것도 있기 때문이다. 그는 법원의 판결이 헌법 문서 자체의 언어와 단어에 구속(拘束)되도록 헌법을 일관성 있고, 근거 있게, 원칙에 입각해 해석하기를 요구한다. 반면 자유주의적 법 해석은 갖가지 권리들을 헌법 본문 안으로 읽어 들임으로써 권리를 창안해 낸다.

토머스 대법관은 이런 유형의 입법적이고 독창적인 헌법 해석을 채택하는 대법원 판결은 무효라고 지적한다. 그런 해석은 문서의 단어들을 버리고 정치 의제를 본문에 개입시키는 해석이기 때문이다. 또한 그런 사건들은, 설령 판례라 하더라도 헌법이 의도한 의미를 결코 나타내지 못하기에 구속력 있는 권위를 가지지 못한다고 지적한다.

자유주의적 몽상가들이 미국 전역에서 낙태나 동성 결혼이 합법화되기를 바랄진대, 그러한 논의는 의사당이나 헌법 제정의회에서 이뤄져야 한다. 그 결과 새로운 수정 헌법이 만들어지고, 거기 표현된 사람들의 뜻을 통해 변화가 이뤄져야 하는 것이다. 헌법에 동의하지 않거나 헌법이 또 다른 종류의 권리를 보호해야 한다고 생각한다면, 헌법 개정이 그 목표를 이루는 방법을 제공해 줄 것이다. 단순히 연방 대법원 판사 과반수가 위에서 아래로 하향식 법적 선언을 하는 것은 정당한 방법이 아니다. 그래서 토머스 대법관은 근거도 없는 권리를 창안해 낸 연방 대법원의 몇몇 판결을 통렬히 비난하면서, 한 번도 있었던 적이 없는 논쟁을 사실상 종식시킨다.

우리는 권위를 거부하는 시대, 헌법 본문에는 우리가 고수하고 존중해야 할 의미가 있다는 주장을 무례하고 억압적으로 여겨 이를 벗어던지려 하는 시대에 살고 있다. 이는 미국인들의 공공 생활에 지극히 중요한 문제다. 헌법은 의미가 있든지 없든지 둘 중 하나다. 법과 법 해석이 실제 본문에 근거하든지, 아니면 우리가 원하는 말만 하도록 본문을 창작하든지 둘 중 하나다.

보수주의자들은 이를 깨닫기 시작했고 그에 따라 대응했다. 이제 2020년이 밝아오는 지금, 연방 대법원은 대통령 선거를 둘러싼 가장 중요한 정치적 쟁점 중 하나가 되었다. 보수주의자들은 고서치와 캐버노 대법관 인준을 축하한 반면, 자유주의자들은 격분하는 태도를 보였고 이제 이러한 보수주의 부활 추세를 뒤집고 법원을 다시 좀 더 "진보적" 궤도에 올려놓는 데 총력을 기울였다.

사실 이십 세기 후반에 보수주의자들이 패닉에 빠졌다면, 보수 성향 판사들이 점점 미국 사법부 판사석을 채워감에 따라 이번에는 자유주의자들이 똑같은 충격에 직면한다. 자유주의자들은 법원의 인적 구성을 자신들에게 유리하게 하고, 판사들에게 임기 제한을 둔다든가 연방 대법원 법관 정원을 늘린다든가 하는 주요 정책 변화를 민주당의 주요 후보 전원에게 요구하고 있다.

그러나 법원을 더 진보적으로 만들기 위해 법을 바꾸는 것이 결국 보수주의자들의 의제에 도움을 주는 결과를 낳을 수 있다는 것을 많은 민주당 의원들이 알고 있다. 산전수전 다 겪고 확고한 입장을 지닌 민주당 의원들은 연방 대법원 판사 정원에 관한 법률을 변경하거나 대법관 임기에 제한을 두는 것에 어떤 위험이 얽혀 있는지 알고 있다. 그런 법률은 자유주의자들에게 도움이 될지 모르지만, 다른 한편으로 대법원 판사 정원이 더 많은 보수주의자들로 채워지는 결과를 낳을 수도 있는 것이다.

이런 위험에도 불구하고 민주당은 정체성 위기에 빠져 있다. 민주당 평당원들 사이에서 비교적 젊은 자유주의자들의 반란이 일어났다. 이들의 의도는 개혁을 계속하려는 게 아니라 혁명을 선동하려는 것이다.

도덕 혁명주의자들은 연방 대법원의 보수주의 성향 다수파가 자신들의 정치적/도덕적 의제에 큰 장벽으로 존재한다는 것을 알고 있다. 보수주의자들 또한 이제 법원이야말로 족쇄 풀린 과격한 자유주의적 의제를 막는 최후의 방어선이라고 믿고 있다. 하지만 연방 대법원은 이 정도까지 정치화되도록 창설된 기관이 아니다. 그것은 "(삼 부 중) 가장 덜 위험한 부"에게 너무 심한 일이기 때문이다.

결론

공화당과 민주당 모두 연방 대법원에, 그리고 공개적으로는 덜하지만 연방 판사진에 마치 레이저 빔을 쏘듯 관심을 집중하고 있다는 것은 현재의 정치에 관해 무언가를 말해 준다. 수백만 유권자들이 연방 대법원의 미래를 염두에 두고 대통령 선거를 생각한다.

이유는 분명하다. 연방 대법원, 그리고 종종 연방 법원들이 이제 국가의 공공 생활에서 엄청나게 큰 역할을 하기 때문이다. 국가의 틀을 짠 이들은 이런 것을 결코 의도하지 않았다. 의회 내의 깊은 정치적 분열은 입법부가 논쟁적 문제를 입법을 통해 해결하지 못하게 하였다.

그리고 대통령의 권한이 더 강력해진다는 것은 입법보다는 행정 통로를 통해 점점 더 많은 정책들이 만들어진다는 뜻이다. 행정 정책이 마음에 들지 않으면 사람들은 그 정책 실행을 막으려고 연방 법원으로 간다. 그래서 사람들은 이제 연방 법원 판사 자리에 정치적으로 집착하고 있다.

좌파에게 이는 이들의 세계관에서 소중히 여기는, 그리고 우리 주변의 모든 도덕/성 혁명을 촉진시켜 온 일련의 판결이 걸린 문제다. 도덕적 진보주의자들에게 가장 중요한 문제는, 어떤 대가를 치러서라도 로 대 웨이드 판결을 지키는 것이다. 닐 고서치와 브렛 캐버노 판사 인준 청문회를 생각해 보라. 고통스러운 고비가 닥칠 때마다(특히 캐버노 청문회 중에) 로 대 웨이드 사건이 불쑥 거대한 모습을 드러내는 쟁점으로 인용되었다.

로 판결이 사라질 경우 낙태를 허용하는 법안을 의회에서 통과시킬 방법이 없다는 현재 진행형 사실을 생각해 보면, 로 판결에 집착하는 게 상당히 납득이 된다. 그것이 2015년 칼럼니스트 찰스 크라우트해머의 요점이었다. 미국인들은 여러 가지 문제에서 점점 자유주의 성향을 갖게 되었지만, 그와 동시에 낙태 문제에 관해서는 미국 역사상 어느 시기보다도 심하게 의견이 나뉘어 있다. 크라우트해머는 이 사실과 관련해 초음파의 공로를 인정했다. 초음파는 태아가 본래적으로 인간이라는 사실을 알려 주는 중요한 역할을 한 게 분명하지만, 낙태에 반대하는 도덕적인 주장을 밀어붙인 낙태 반대 운동 측의 노력도 무시할 수 없다.

또한 도덕 혁명가들은 낙태 문제가 자신들의 주장에서 핵심 기초

석으로 서 있다는 사실을 알고 있다. 태아가 인격을 가진 존재라는 사실이 미국법 안에서 인식되고, 로 대 웨이드 판결이 번복되면, 동성 결혼과 그 외 문제에 이르기까지 모든 판결이 위태로워진다.

이렇게 되면 좌파 측이 낙태 문제, 특히 로 판례에 왜 그렇게 광적으로 집착하는지 설명이 된다. 1965년 그리스올드에서 연방 대법원이 창안해 낸 "프라이버시권"은 1973년 낙태할 "권리"로, 그리고 2015년 동성 결혼을 할 "권리"로 직접적으로 이어졌다. 도덕 혁명가들이 그토록 소중히 여기는 이러한 "권리" 중 어느 것도 헌법에서는 언급되지 않는다.

헌법과 관련해 자유주의자들이 느낀 좌절은 원래 도덕적 쟁점에 관한 게 아니라 연방 정부의 성장과 권한을 헌법이 제한한다는 사실에 관한 것이었음을 유념하라. 1949년부터 1953년까지 국무장관을 지낸 딘 애치슨의 말을 생각해 보라. 그는 헌법이 제약을 가하는 탓에 차질이 생기는 것에 대해 설명하면서 이렇게 말했다. "과거를 돌아볼 때 내가 처리해야 했던 가장 심각한 문제는, 원자력 시대에 십팔 세기 소규모 농민 공화국의 헌법을 갖고 있는 세계 강대국의 외교 정책을 어떻게 조종할 것이냐 하는 것이었다."[5] 애치슨은 그저 다른 사람들이 비교적 간접적으로 해 왔던 주장을 되풀이하고 있었을 뿐이다. 이들이 보기에 정부의 권한을 하나하나 따져서 제한하는 헌법은 한 마디로 시대에 뒤진 헌법이다.

여기서 중요한 연결점에 주목하라. 진보주의자들은 연방 정부가 헌법에서 벗어나 새로운 권한과 권위를 취하기를 바랐다. 1965년으로 뛰어넘어가 그리스올드 판결과 1973년의 로 판결, 그리고 2015년의 오버거펠 판결을 생각해 보라. 연결점이 무엇인가? 헌법이 연방 정부에게 그 어떤 결정권도 주지 않는 문제와 관련해 이제 각 주(州)가 무엇을 정책으로 받아들여야 할지에 대해 법령을 발포할 수 있도록 연방 정부의 역할이 확장되었다는 것이 각 판결 사이의 연결점이다.

이 점을 생각하다 보면 오늘날로 돌아와 미국의 그리스도인들이 어떤 도전에 직면해 있는지를 떠올리게 된다. 2020년 선거를 앞두고 있는 지금, 연방 대법원을 비롯해 연방 사법부의 미래는 미합중국 대통령 선거에 의해 결정될 것이며, 당선되는 대통령은 법관들을 지명할 유일한 권한을 지니고, 상원은 이를 인준할 유일한 권한을 지닌다. 누가 대통령으로 선출되든, 그 사람이 연방 판사 전원을 지명할 것이고, 연방 대법원 법관 중 공석이 생길 경우 대법관 또한 대통령이 지명할 것이다. 2020년 대선 캠페인 과정에서 양당의 최종 후보들은 자신이 대통령이 될 경우 어떤 유형의 판사와 법관들을 지명할 것인지 우리에게 말해 줄 것이다. 이제 대통령 후보가 숨을 곳은 그 어디에도 없다. 많은 것이 이들의 결정에 달려 있다.

양당 후보 모두에게 낙태 문제와 로 대 웨이드 판결이 시험대 역할을 할 것이다. 민주당 후보지명자는 로 판결을 유지하기로 약속하는 판사만 임명하겠다고 서약할 것이다. 공화당 후보 지명자는 로 판결과 반대되는 헌법의 견해를 지지하는 판사만 임명하겠다고 서약할 것이다.

그리스도인은 법정 위로 몰려오는 폭풍우에 종교의 자유의 미래를 포함해 많은 것이 걸려 있다는 걸 알고 있다. 미국 역사상 법원이 이토록 관심의 초점이 된 적은 없었으며, 당연히 그래야 한다.

연방 대법원의 법관들이 법정에 들어와 착석하고 매 재판 일정이 시작될 때, 대법원장은 이렇게 선언하면서 그 날을 연다. "하나님이여 미합중국과 그 명예로운 법정을 구원하소서!"

이것이 우리의 기도이기도 해야 한다.

감사의 말

많은 분들에게 신세를 졌습니다. 이분들이 내 삶과 내 일에 얼마나 큰 도움이 되었는지는 이 책에 잘 표현되어 있습니다. 공통의 염려를 가지고 이런 쟁점들을 함께 논의한 분들, 이 쟁점들에 관해 강연할 수 있도록 나를 청해 주신 여러 교회와 학교, 신학교, 단체 관계자 분들께도 역시 큰 감사의 빚을 졌습니다.

좀 더 구체적으로 말하자면, 서던 뱁티스트 신학교와 보이스 칼리지의 훌륭한 지도자들, 특히 수석 부총장 크레이그 파커와 매튜 홀이 아니었다면 이 책을 쓸 수 없었을 것입니다. 선임 스탭으로 수고하는 존 오스틴은 놀랄 만큼 한결 같은 사람으로, 전체 사무실과 팀 운영에 없어서는 안 되는 탁월한 은사를 지닌 분입니다. 각 사람 모두 섬기는 리더로서 크게 헌신하고 있으며, 이분들과 함께 일하는 것이 저는 자랑스럽습니다.

날마다 나와 함께 일하는 조교와 인턴들에게 특별한 감사를 전합니다. 신학 연구 디렉터로 일하는 코리 히그던은 보기 드물게 명민한 사람으로, 편집을 비롯해 자신이 하는 모든 일에 진심을 다합니다. 원고를 한 챕터 넘겨주면 어서 다음 챕터를 달라고 쉼 없이 채근하고, 모든 과정을 일정에 맞춰 착착 진행합니다. 글 쓰는 사람이라면 이런 일을 해주는 누군가가 옆에 있어야 한다는 것을 잘 알 것입니다. 코리처럼 능숙한 솜씨로 이런 일을 해내는 사람은 거의 없을 것입니다.

케일럽 쇼는 커뮤니케이션 디렉터이자 〈브리핑〉 프로듀서로 일합니다. 하루하루가 혼돈이었다고 밖에 할 수 없는 과정을 함께 헤쳐 나오는 동안 그가 보여 준 열심, 헌신, 꾸준한 태도에 감사합니다. 케일럽은 우리 사무실에 공산주의자 폭도가 쳐들어왔다고 내 방에 와서 전할 때에도 결코 목소리를 높이지 않을 사람입니다. "계획이 어떻게 되십니까? 좋습니다, 그렇게 가시지요."라고만 할 것입니다.

〈브리핑〉의 기술 엔지니어 라이언 모디세트는 재능도 많고 놀라우리만치 융통성 있는 사람으로, 아침 일찍부터 일하고 있을 때가 많습니다. 하지만 불평 한 번 하는 법이 없습니다. 고마운 일이지요, 그의 손에 들어가면 제 목소리는 언제나 안정적입니다.

날마다 사무실에 있을 때면 명민하고 부지런하고 성실하고 유쾌한 인턴들에게 오후 늦게까지 둘러싸여 있습니다. 이들은 엄청나게 큰 도움을 주는 사람들입니다. 이들과 함께 있다 보면 한 해 한 해 지날 때마다 내가 나이 먹는다는 생각을 하지 않을 수 없지만 말입니다. 이들은 하나님께서 주신 소명을 향해 길을 가는 중입니다. 이들은 저마다 자신의 흔적을 남기고 있고, 그 흔적 하나하나가 저는 감사합니다. 패트릭 베스터가드, 그레이엄 포크너, 마크 키이퍼, 데이비드 번스, 제이 윌리엄스, 애런 우덜, 애덤 콜, 애서니 어바일스, 잭 셀라, 제임스 파워가 이 프로젝트를 진행하는 동안 인턴으로 섬겨 주었습니다. 이 청년들 한 사람 한 사람에게 큰 감사를 드립니다.

로버트 월게무스는 줄곧 내 출판 에이전트였지만, 그보다 그는 늘

성실한 친구가 되어 주었습니다. 그는 내가 아는 그 누구보다도 출판에 대해 많은 것을 아는 사람이며, 모든 프로젝트마다 훨씬 좋은 결과물을 내놓았습니다. 최근에는 앤드류 월게무스가 이와 동일한 자세로 모든 책 하나하나에 전문가의 실력을 발휘하고 있지요. 언제나 큰 도움이 되는 분들입니다.

토머스 넬슨 출판사의 웹스터 연스는 발행인일 뿐만 아니라 나를 옹호해 주는 사람이자 친구이자 안내자입니다. 우리가 함께 해 온 일에 대해, 우리가 나눠 온 우정에 대해 감사를 전합니다.

마지막으로, 책을 낼 때마다 우리 어린 두 손자들의 귀여운 훼방과 라일리, 케이티, 크리스토퍼와의 대화 덕분에 새 힘을 얻곤 했음에 감사를 전하고 싶습니다. 이 아이들은 얼마나 큰 선물인지요.

그리고 다른 누구보다도, 다정한 내 아내 메리에게 감사를 전합니다. 아내의 사랑과 지혜와 성실함, 기쁨과 명민함은 내가 무슨 일을 하든 그 일로 스며들어 갑니다. 수십 년의 결혼 생활 동안 아내가 내 삶과 일과 마음에 얼마나 기여했는지는 감히 헤아릴 수 없을 정도입니다. 언제나 사랑함을 전합니다.

미주

머리말 : 폭풍우가 몰려들다

1. Winston Churchill, vol. 1, *The Gathering Storm, The Second World War* (Boston, MA: H. Mifflin, 1948).
2. "In U.S., Decline of Christianity Continues at Rapid Pace," Pew Research Center, October 17, 2019, https://www.pewforum.org/2019/10/17/in-u-s-decline-of-christianity-continues-at-rapid-pace/.
3. Oliver Roy, *Is Europe Christian?* (London: Hurst and Company, 2019), translated by Cynthia Schoch, 35.
4. Tom Holland, *Dominion: The Making of the Western Mind* (London: Little, Brown, 2019), 517.
5. Cited and summarized by Jurgen Habermas in Jurgen Habermas and Joseph Ratzinger, *The Dialectics of Secularization: On Reason and Religion* (San Francisco: Ignatius, 2006), 21.
6. D. Elton Trueblood, *The Predicament of Modern Man* (New York: Harper & Brothers, 1944), 59.
7. Patrick J. Deneen, *Why Liberalism Failed* (New Haven, CT: Yale University Press, 2018), xiv.
8. Churchill, *The Second World War*, 667.

1. 서양 문명 위로 몰려오는 폭풍우

1. Stephen Carter, *The Culture of Disbelief: How American Law and Politics Trivialize Religious Devotion* (New York: Basic Books, 1993), 115.
2. Peter Berger, *The Sacred Canopy: Elements of a Sociological Theory of Religion* (New York: Anchor Books, 1990).

3. Charles Taylor, *A Secular Age* (Cambridge, MA: Belknap Press of Harvard University Press, 2007).
4. Carl F. H. Henry, *God, Revelation, and Authority*, vol. 6, *God Who Stands and Says Part 2* (Wheaton, IL: Crossway, 1999), 454.
5. Carl F. H. Henry, *God, Revelation, and Authority*, vol. 1, *God Who Speaks and Shows, Preliminary Considerations* (Wheaton, IL: Crossway, 1999), 1.

2. 교회에 몰려오는 폭풍우

1. "Church of Canada May Disappear by 2040, Says New Report," CEP Online, November 18, 2019, https://cep.anglican.ca/church-of-canada-may-disappear-by-2040-says-new-report/.
2. Catherine Porter, "A Canadian Preacher Who Doesn't Believe in God," New York Times, February 1, 2019, https://www.nytimes.com/2019/02/01/world/canada/grettavosper-reverend-atheism.html.
3. Colin Perkel, "Atheist United Church Minister to Keep Her Job After Reaching Agreement Ahead of 'Heresy Trial'," *Globe and Mail*, November 9, 2018, https://www.theglobeandmail.com/canada/article-atheist-united-church-minister-to-keep-her-job-after-reaching/.
4. Stephanie Armour, "Trump Exempts Christian Social-Services Group From Non-Discrimination Rule," *Wall Street Journal*, January 23, 2019, https://www.wsj.com/articles/trump-exempts-christian-social-services-group-from-non-discrimination-rule-11548282932.
5. Oliver Thomas, "American Churches Must Reject Literalism and Admit We Got It Wrong on Gay People," *USA Today*, April 29, 2019, https://www.usatoday.com/story/opinion/2019/04/29/americanchurch-admit-wrong-gays-lesbians-lgbtq-column/3559756002/.
6. Isaac Stanley-Becker, "'He Knows Better': Pete Buttigieg Has Made Mike Pence His Target, and the Vice President Isn't Pleased," *Washington Post*, April 11, 2019, https://www.washingtonpost.com/nation/2019/04/11/he-knows-better-pete-buttigieg-has-made-mike-pence-his-target-vicepresident-isnt-pleased/.

3. 인간의 생명 위로 몰려오는 폭풍우

1. Charles Krauthammer, *The Point of It All: A Lifetime of Great Loves and Endeavors* (New York: Random House, 2018), 117.
2. Mike DeBonis and Felicia Sonmez, "Senate Blocks Bill on Medical Care for Children Born Alive After Attempted Abortion," *Washington Post*, February 25, 2019, https://www.washingtonpost.com/politics/senate-blocksbill-on-medical-care-for-children-born-alive-after-attemptedabortion/2019/02/25/e5d3d4d8-3924-11e9-a06c-3ec8ed509d15_story.html.
3. Lisa Respers France, "Hollywood Comes Out in Opposition to Georgia's 'Heartbeat' Bill," CNN, March 29, 2019, https://www.cnn.com/2019/03/29/entertainment/hollywoodgeorgia-heartbeat-bill/index.html.
4. George F. Will, "'Heartbeat Bills' Are Wholesome Provocations in the Abortion Debate," *Washington Post*, May 3, 2019, https://www.washingtonpost.com/opinions/heartbeat-bills-are-wholesome-provocations-in-the-abortion-debate/2019/05/03/6b81f5d8-6cfb-11e9-a66d-a82d3f3d96d5_story.html.
5. Alan Blinder, "Louisiana Moves to Ban Abortions After a Heartbeat Is Detected," *New York Times*, May 29, 2019, U.S., https://www.nytimes.com/2019/05/29/us/louisiana-abortion-heartbeat-bill.html.
6. Editorial Board, A Woman's Right, *New York Times*, December 28, 2018, https://www.nytimes.com/interactive/2018/12/28/opinion/pregnancy-women-pro-life-abortion.html.

4. 결혼 제도 위로 몰려오는 폭풍우

1. Paul A. Murtaugh and Michael G. Schlax, "Reproduction and the Carbon Legacies of Individuals," *Global Environmental Change* 19, no. 1 (2009).
2. Paul Ehrlich, *The Population Bomb* (Cutchogue, NY: Buccaneer Books, 1968).
3. Russell Shorto, "No Babies?—Declining Population in Europe," *New York Times*, June 29, 2008, sec. Magazine, https://www.nytimes.com/2008/06/29/magazine/29Birth-t.html.
4. Anna Louie Sussman, "Opinion | The End of Babies," *New York Times*, November 16, 2019, sec. Opinion, https://www.nytimes.com/interactive/2019/11/16/opinion/sunday/capitalism-children.html.

5. Obergefell v. Hodges, 135 S. Ct. 2584 (2015). See dissenting opinion by Chief Justice John Roberts on pages 3 and 18.

5. 가정 위로 몰려오는 폭풍우

1. Christopher Lasch, *Haven in a Heartless World: The Family Besieged* (New York: Basic Books, 1977).
2. Brigitte Berger and Peter L. Berger, *The War over the Family: Capturing the Middle Ground* (Garden City, NY: Anchor Press, 1983).
3. Jeremiah Keenan, "Canadian Court Rules Parents Can't Stop 14-Year-Old From Taking Trans Hormones," *Federalist*, March 1, 2019, https://thefederalist.com/2019/03/01/canadian-court-rules-parents-cant-stop-14-year-old-taking-trans-hormones/.
4. Jill Croteau, "Gay-Straight Alliance Law Challenged at Alberta Court of Appeal," Globalnews.Ca, December 3, 2018, https://globalnews.ca/news/4725221/gay-straight-alliance-bill-24-court-of-appeal-alberta/.
5. Callum Paton, "'Mother' and 'Father' Replaced with 'Parent 1' and 'Parent 2' in French Schools under Same-Sex Amendment," *Newsweek*, February 15, 2019, https://www.newsweek.com/mother-and-father-replaced-parent-1-and-parent-2-french-schools-under-same-1332748.
6. Ruth Woodcraft, "First They Came for the Home Schoolers," *Evangelicals Now*, May 2019, https://www.e-n.org.uk/2019/05/uk-news

6. 젠더와 성 문제 위로 몰려오는 폭풍우

1. Moisés Kaufman, "A Dangerous Euphoria," *New York Times*, June 16, 2019, U.S., https://www.nytimes.com/2019/06/16/us/moises-kaufman-stonewall-50.html.
2. Kaufman, "A Dangerous Euphoria."
3. Kaufman, "A Dangerous Euphoria."
4. Jeremy Allen, "Chasing the L.G.B.T.Q. Millennial American Dream," *New York Times*, June 13, 2019, U.S., https://www.nytimes.com/2019/06/13/us/lgbtq-millennial-marriage.html.
5. Nathaniel Frank, "A Match Made in Heaven," *Washington Post*, June 21, 2019, https://www.washingtonpost.com/news/posteverything/wp/2019/06/21/feature/a-match-made-in-heaven/.

6. Martina Navratilova, "The Rules on Trans Athletes Reward Cheats and Punish the Innocent," February 17, 2019, Comment, https://www.thetimes.co.uk/article/the-rules-on-trans-athletes-reward-cheats-and-punish-the-innocent-klsrq6h3x.
7. Amy Harmon, "Which Box Do You Check? Some States Are Offering a Nonbinary Option," *New York Times*, May 29, 2019, U.S., https://www.nytimes.com/2019/05/29/us/nonbinary-drivers-licenses.html.
8. Daniel Bergner, "The Struggles of Rejecting the Gender Binary," *New York Times*, June 4, 2019, Magazine, https://www.nytimes.com/2019/06/04/magazine/gender-nonbinary.html.
9. Revoice, "Vision," https://revoice.us/about/our-mission-and-vision/.
10. Revoice, "Vision," https://revoice.us/about/our-mission-and-vision/.
11. Revoice, "Creation and Design," https://revoice.us/about/our-beliefs/statements-of-conviction/statement-on-sexual-ethics-and-christian-obedience/.
12. Mark Galli, "Revoice's Founder Answers the LGBT Conference's Critics," *Christianity Today*, July 25, 2018, https://www.christianitytoday.com/ct/2018/july-web-only/revoices-founder-answers-lgbt-conferences-critics.html.
13. Gregory Coles, *Single, Gay, Christian* (Downers Grove, IL: InterVarsity Press, 2017), 110.
14. Denny Burk and Heath Lambert, *Transforming Homosexuality: What the Bible Says About Sexual Orientation and Change* (Phillipsburg, NJ: P&R Publishing, 2015).
15. Denny Burk and Rosaria Butterfield, "Learning to Hate Our Sin Without Hating Ourselves," *Public Discourse*, July 4, 2018, https://www.thepublicdiscourse.com/2018/07/22066/.
16. Wesley Hill, *Spiritual Friendship: Finding Love in the Church as a Celibate Gay Christian* (Grand Rapids: Brazos, 2015), 78.
17. Nate Collins, *All but Invisible: Exploring Identity Questions at the Intersections of Faith, Gender, and Sexuality* (Grand Rapids: Zondervan, 2017).

7. 미래 세대 위로 몰려오는 폭풍우

1. Christian Smith, *Soul Searching: The Religious and Spiritual Lives of American Teenagers* (New York: Oxford University Press, 2005), 3.
2. Christian Smith, *Souls in Transition: The Religious and Spiritual Lives of Emerging Adults* (New York: Oxford University Press, 2009), 4.
3. Smith, *Souls in Transition*, 45–46.
4. Smith, 12.
5. Smith, 30.
6. Smith, 84.
7. Smith, 155.
8. James Davison Hunter, *Evangelicalism: The Coming Generation* (Chicago: University of Chicago Press, 1987), 34.
9. Gerald F. Seib, "Cradles, Pews and the Societal Shifts Coming to Politics," *Wall Street Journal*, June 24, 2019, Politics, https://www.wsj.com/articles/cradles-pews-and-the-societal-shifts-coming-to-politics-11561382477.
10. Jeffrey M. Jones, "U.S. Church Membership Down Sharply in Past Two Decades," April 18, 2019, Gallup.com, https://news.gallup.com/poll/248837/church-membership-down-sharply-past-two-decades.aspx.
11. The Editorial Board, "America's Millennial Baby Bust," *Wall Street Journal*, May 28, 2019, Opinion, https://www.wsj.com/articles/americas-millennial-baby-bust-11559086198.
12. Roni Caryn Rabin, "Put a Ring on It? Millennial Couples Are in No Hurry," *New York Times*, May 29, 2018, Well, https://www.nytimes.com/2018/05/29/well/mind/millennials-love-marriage-sex-relationships-dating.html.
13. David Brooks, "The Coming G.O.P. Apocalypse," *New York Times*, June 3, 2019, Opinion, https://www.nytimes.com/2019/06/03/opinion/republicans-generation-gap.html.

8. 몰려오는 폭풍우와 문화의 엔진

1. Alvin and Hiedi Toffler, *Future Shock* (New York: Random House, 1970).
2. Megan Townsend, "GLAAD's 'Where We Are on TV' Report Shows Television Telling More LGBTQ Stories Than Ever," glaad.org, September 25, 2018, https://www.glaad.org/blog/glaads-where-we-are-tv-report-shows-television-telling-more-lgbtq-stories-ever.
3. Jessica Shortall, "Why Many Businesses Are Becoming More Vocal in Support of LGBTQ Rights," *Harvard Business Review*, March 7, 2019, https://hbr.org/2019/03/why-many-businesses-are-becoming-more-vocal-in-support-of-lgbtq-rights.
4. Mike Isaac and Kevin Roose, "Facebook Bars Alex Jones, Louis Farrakhan and Others from Its Services," *New York Times*, May 2, 2019, Technology, https://www.nytimes.com/2019/05/02/technology/facebook-alex-jones-louis-farrakhan-ban.html.
5. Bret Stephens, "Facebook's Unintended Consequence," *New York Times*, May 3, 2019, Opinion, https://www.nytimes.com/2019/05/03/opinion/facebook-free-speech.html.
6. Isaac and Roose, "Facebook."
7. "Charles Murray on Elites" *Inside Higher Ed*, September 2, 2008, https://www.insidehighered.com/blogs/university-diaries/charles-murray-elites.
8. Bill Savage, "Lessons Learned," *Stranger*, June 9, 2005, https://www.thestranger.com/seattle/lessons-learned/Content?oid=21744.

9. 종교의 자유 위로 몰려오는 폭풍우

1. Edwin Meese, *Major Policy Statements of the Attorney General, Edwin Meese III, 1985–1988* (Ann Arbor: University of Michigan Library, 1989), 168.
2. Billy Hallowell, "U.S. Civil Rights Commission Chairman Says Religious Freedoms 'Stand for Nothing Except Hypocrisy,'" DeseretNews.com, September 14, 2016, https://www.deseretnews.com/article/865662326/US-Civil-Rights-Commission-chairman-says-religious-freedoms-stand-for-nothing-except-hypocrisy.html.
3. Michael McConnell, "The Problem of Singling Out Religion," *DePaul Law Review* 50, no. 1 (2000): 43–44.

4. Marc D. Stern, "Same-Sex Marriage and the Churches," in *Same-Sex Marriage and Religious Liberty: Emerging Conflicts*, eds. Douglas Laycock, Anthony R. Picarello, and Robin Fretwell Wilson (Lanham, MD: Rowman & Littlefield, 2008), 1.
5. Stern, "Same-Sex Marriage and the Churches," 57.
6. Chai R. Feldblum, "Moral Conflict and Conflicting Liberties," in *Same-Sex Marriage and Religious Liberty: Emerging Conflicts*, eds. Douglas Laycock, Anthony R. Picarello, and Robin Fretwell Wilson (Lanham, MD: Rowman & Littlefield, 2008), 124–125.
7. Feldblum, "Moral Conflict and Conflicting Liberties," 125.
8. Maggie Gallagher, "On Chai Feldblum's Claim That I Misquoted Her," *National Review* (blog), October 28, 2014, https://www.nationalreview.com/corner/chai-feldblums-claim-i-misquoted-her-maggie-gallagher/.
9. Erasmus, "A Court Ruling Makes It Harder for Faith-Based Employers to Discriminate," *Economist*, April 26, 2018, https://www.economist.com/erasmus/2018/04/26/a-court-ruling-makes-it-harder-for-faith-based-employers-to-discriminate.
10. "Equality in America Town Hall with Beto O'Rourke (D), Presidential Candidate," CNN, Transcript, October 10, 2019, http://transcripts.cnn.com/TRANSCRIPTS/1910/10/se.06.html.
11. Michael McGough, "Opinion: Beto O'Rourke's 'Church Tax' Idea Plays into the Conservative Narrative about Same-Sex Marriage," *Los Angeles Times*, October 11, 2019, https://www.latimes.com/opinion/story/2019-10-11/beto-orourke-church-tax-same-sex-marriage-lgbtq.
12. Mark Tushnet, "Abandoning Defensive Crouch Liberal Constitutionalism," Balkinization, May 6, 2016, https://balkin.blogspot.com/2016/05/abandoning-defensive-crouch-liberal.html.
13. Todd J. Gillman, "Trump Calls Beto O'Rourke 'Wacko' for Threat to Revoke Tax-Exempt Status of Religious Groups That Oppose Same-Sex Marriage," *Dallas News*, October 14, 2019, https://www.dallasnews.com/news/politics/2019/10/11/beto-orourke-says-hed-revoke-tax-exempt-status-of-religious-groups-that-oppose-same-sex-marriage/.
14. Frank Bruni, "Religious Liberty, Bigotry and Gays," *New York Times*, January 10, 2015, Opinion, https://www.nytimes.com/2015/01/11/opinion/sunday/frank-bruni-religious-liberty-bigotry-and-gays.html.

결론 : 폭풍우 속으로

1. Russell Kirk, *The Wise Men Know What Wicked Things Are Written on the Sky* (Washington, DC: New York: Regnery Gateway; Distributed by Kampmann, 1987).
2. Carl F. H. Henry, *God, Revelation, and Authority, Vol 3: The God Who Speaks and Shows* (Wheaton, IL: Crossway, 1999), 405.

부록 : 법정 위로 몰려오는 폭풍우

1. *The Federalist Papers* No. 78.
2. Joshua Jamerson, "Democratic Candidates Urged to Back Supreme Court Overhaul," *Wall Street Journal*, March 25, 2019, sec. Politics, https://www.wsj.com/articles/democratic-presidential-candidates-face-calls-to-embrace-supreme-court-overhaul-11553518800.
3. *Griswold v. Connecticut*, 381 U.S. 479 (1965). See the majority decision.
4. Adam Liptak, "Precedent, Meet Clarence Thomas. You May Not Get Along.," *New York Times*, March 4, 2019, U.S., https://www.nytimes.com/2019/03/04/us/politics/clarence-thomas-supreme-court-precedent.html.
5. As cited in Erik von Kuenelt-Leddhin, *The Intelligent American's Guide to Europe* (New Rochelle, NY: Arlington House, 1979), 407.